MARKETING RESEARCH

Understanding and Conducting the Research Process

마케팅 조사론 2e

조사과정의 이해와 실행

| 김도일 지음 |

한 경 사

저자 **김도일** dkim124@ulsan.ac.kr

울산대학교 경영학부 명예교수

고려대학교 경영학과 학사, 일반대학원 경영학과 석사

University of Iowa MBA, Ph.D(마케팅 전공)

울산대학교 산경대학장, 경영대학장

울산대학교 국제교류처장

한국마케팅관리학회 회장

한국마케팅관리학회 편집위원장

한국마케팅학회, 한국경영학회, 한국유통학회, 한국소비문화학회 이사

마케팅조사론(2e)

— 조사과정의 이해와 실행

저 자 김도일

발 행 일 2025년 3월 10일 1쇄

발 행 처 **한경사**

발 행 인 이계남

등록사항 제10-1951호 2000년 4월 14일

주 소 서울시 마포구 신수로 59-1 3층

전화번호 02_717_7264~5

팩스번호 02_717_7226

홈페이지 hankyungsa.co.kr

전자우편 hankyungsa@hanmail.net

I S B N 978-89-6844-517-0 (93320)

가 격 35,000원

머리말

진리가 너를 자유롭게 하리라(요한복음 8:32)
— The truth will set you free(The Gospel of John 8:32)

마케팅조사는 왜 하는 것일까?

조사는 크게 생각하면 과학이라고 할 수 있다. 과학의 목적은 무엇이 발생했는지 알기 위하여, 왜 발생했는지를 이해하고자, 그리고 원인에 따른 결과를 예측하고자 하는 것이다. 이 세상에 원인 없는 결과는 없다. 특정 원인이 특정 결과를 가져오는 것을 원리 또는 진리라고 할 수 있다. 심은대로 거두리라는 말처럼 심으면 그대로 거둔다는 것이나. 바른 원리를 찾고 이러한 원리에 따라서 실행할 때 원하는 결과를 얻을 수 있다.

우리가 원하는 결과를 얻기 위해서는 정확한 원인규명이 이루어져야 한다. 또한 원인에 따른 결과도 명확하게 측정이 되어야 한다. 이렇게 원인과 결과에 대한 정확한 측정이 없이는 그 관계를 바르게 파악할 수 없기 때문이다. 그런 의미에서 사실은 무엇보다도 중요하다. 마케팅조사는 이러한 목적을 달성하기 위하여 원인과 결과 변수에 대한 정확한 측정을 해야 한다.

경영자는 계획하고 실행하고 평가하는 관리과정을 반복하면서 의사결정을 하는 사람이다. 경영자가 잘못된 결정을 내리면 조직에 큰 부정적 영향을 미칠 수 있다. 경영자뿐만 아니라 개인도 현명한 결정을 내리지 못하면 좋은 결과를 얻을 수 없다.

마케팅조사는 경영자의 의사결정을 돕기 위해서 실행되는 것이다. 그러므로 마케팅조사는 경영자의 의사결정문제를 해결할 수 있는 신뢰성 있고 타당성 있는 정보를 제공해야 한다. 경영자는 이러한 사실에 기초해서 의사결정을 해야 한다.

저자는 20여 년간의 마케팅조사론 강의와 연구 및 조사 경험, 그리고 강의에 사용하거나 참고하였던 책들을 기초로 하여 본 저서를 집필하게 되었다. 강의를 하면서 학생들이 잘 이해하지 못하였던 부분들 그리고 실제로 마케팅조사를 잘 수행하지 못했던 모습들을 보면서 마케팅조사과정을 좀 더 잘 이해하고 실제로 마케팅조사를 잘 수행할 수 있도록 이 책을 저술하고자 노력하였다.

조사과정 전체를 이해하고 따라할 수 있도록 부록으로 SPSS 사용법을 설명하면서 실제 SPSS 화면도 캡처해서 첨부하였다. 마케팅조사는 실제로 해보지 않으면 익힐 수 없다. 이 책을 공부하는 학생들은 각 장에서 설명된 분석사례 및 실습과제를 실제로 해보길 바란다.

추가로 이번에 개정판을 내게 되었으며 수정된 주요 내용은 다음과 같다. 빠진 부분을 추가하고 이해를 돕기 위하여 설명을 보충하였다. 또한 1판에서의 오류 및 오타를 수정하였으며 SPSS 화면 캡처를 SPSS 29 버전으로 교체하였다. 마케팅조사 참고로 빅데이터의 의의를 추가하였다. 장의 순서에서 판별분석은 분산분석과 같이 회귀분석의 연장으로 볼 수 있으므로 판별분석을 t검정 및 분산분석 다음으로 배치하였다.

책을 집필하도록 오랫동안 격려하여준 아내와 아들과 딸에게 감사와 사랑을 전한다. 또한 개정판까지 집필을 권유하고 기다려 준 한경사 이계남 사장님과 편집실에도 감사를 드린다. 이 책의 집필에 조언과 수정을 하여준 최우리 교수에게도 감사를 표한다. 이 책으로 마케팅조사를 배우게 될 학생들이 마케팅조사를 잘 익혀서 사실에 기초한 바른 의사결정을 하여 직장에서뿐만 아니라 개인의 삶에 있어서도 좋은 성과를 얻기를 기원한다.

차례

2부 자료의 분석

3부 보고서의 작성 및 발표

CHAPTER 20

부록

1부
마케팅조사의 이해

CHAPTER 01

마케팅조사의 개념

마케팅조사는 왜 하는 것일까? 마케팅조사는 관리자의 의사결정을 돕기 위해서 수행되는 것이다. 관리자의 의사결정문제는 조사자의 조사문제로 전환되어야 한다. 마케팅조사는 전략적 계획과 마케팅관리와 관련된 내용을 조사할 수 있다. 마케팅조사도 조사윤리를 지켜야 한다. 국제화시대에 국제마케팅조사의 필요성이 높아지고 있다. 기업에서 업무수행을 위해서는 마케팅조사능력이 필요하며 마케팅조사전문가가 되기 위해서는 여러 가지 요건을 갖출 필요가 있다.

1.1 마케팅조사 사례의 분석

1. New Coke의 실패 — 무엇이 문제인가?

1985년에 코카콜라 회사는 전형적인 마케팅 실수를 범하였다. 99년간의 성공적인 영업 이후에 그들은 오랫동안의 규칙인 "모체가 되는 원조 Coke를 건드리지 말라"를 무시하고서 원조 Coke 생산을 중단했다. 대신에 보다 달고 부드러운 New Coke를 출시하였다.

처음에 광고와 홍보를 많이 한 도입기 중에는 New Coke는 잘 팔렸다. 그러나 매출은 부진해졌고 원조 Coke 생산 중단에 충격을 받은 대중들은 반격을 가하였다. 회사는 성난 소비자로부터 매일 한 가방 정도의 편지와 1,500통 이상의 전화를 받았다. 원조 코카콜라 애용자 그룹은 항의 시위를 하였고 Coca Cola를 마시지 말자는 내용이 새긴 티셔츠를 나누어주며 회사가 원조 Coke를 생산하지 않는다면 집단소송을 할 것이라고 위협하였다.

3개월 후에 회사는 원조 Coke를 재생산하였고 이름을 Classic Coke라고 명명하였다. 따라서 Classic Coke는 New Coke와 함께 상점에서 팔리게 되었다. 회사는 New Coke가 최고의 상표가 될 것으로 생각했으나 소비자들의 생각은 달랐다. 1985년 말 Classic Coke는 New Coke의 2배가 팔렸다.

원조 Coke를 복귀시킨 빠른 조치가 회사를 잠재적인 파산에서 구출하였다. 회사는 Classic Coke를 주력상표로, New Coke를 보조상표로 마케팅노력을 하였다. Classic Coke는 다시 시장의 선도상표가 되었고 New Coke는 Pepsi와 싸우는 대항마의 역할을 감당하게 되었다. 그럼에도 불구하고 New Coke는 단지 2%의 시장점유율을 차지하였다. 1990년 봄에는 New Coke의 이름을 Coke II로 변경하여 시장에 재도입하였다. 1995년에 Classic Coke는 20% 이상의 시장점유율을 차지하였지만 Coke II는 0.1%를 차지하였다.

왜 New Coke가 시장에 도입되었는가? 무엇이 잘못되었는가?

1980년 초 회사는 선도기업이었지만 Pepsi에게 천천히 시장점유율을 빼앗기고 있었다. 수년 동안 Pepsi는 성공적으로 캠페인을 도입하였다. 소비자가 Pepsi의 달콤한 맛을 더 좋아한다는 것을 보여주는 일련의 광고를 실시하였다. 1985년 초 아직 Coca Cola가 선도기업이었지만 슈퍼마켓에 있어서는 Pepsi가 Coca Cola를 2% 포인트(금액으로는 10억 달러가 됨) 앞섰다. 회사는 시장점유율의 감소를 막기 위해서 무엇인가 해야 하였고 해결책은 Coke의 맛에 있는 것처럼 보였다.

Coca Cola는 회사 역사상 대규모의 신제품 개발프로젝트를 시작하였다. 회사는 새 제조법을 개발하기 전에 2년여 동안 4백만 달러를 시장조사에 사용하였다. 마지막 제조법에만 200,000번의 무상표시험(blind test)을 실시하였다. 무상표시험에서 소비자의 60%는 원조 Coke보다 새로운 제조법의 Coke를 더 좋아하였다. 52%는 새로운 Coke를 Pepsi보다 더 좋아하였다. 결과는 New Coke가 승자인 것처럼 보여주고 있었고 회사는 자신있게 New Coke를 도입하였다.[1]

그러나 무엇이 잘못되었는가?

New Coke 사례에서 무엇이 잘못되었는가? 몇 가지를 든다면 우선적으로 무시험상표에서의 소비자선택과 실제 구매에서의 소비자선택은 그 선택상황이 다르다는 것을 간과한 것이다. 무시험상표에서는 상표를 제거한 상태에서 마셔보고 평가하므로 맛만 평가에 영향을 미치지만, 실제구매에서는 상표를 보면서 선택하므로 맛 이외에 상표의 이미지, 애호도 등 여러 요인이 영향을 미칠 수 있다. 또한 기존 코카콜라의 생산을 중단함으로써 기존 코카콜라를 더 좋아한다고 한 40%나 되는 소비자가 선호하는 제품인 기존 코카콜라가 없어진 것이다. 따라서 결과적으로 코카콜라는 기존 콜라를 선호하

1 자료원: Kotler and Armstrong, Marketing, An Introduction, 1997에서 일부 발췌

는 자신의 고객들을 스스로 내쫓은 것이다. 전통적으로 코카콜라는 미국에서 야구처럼 미국인들에게 오랜 친구와 같은데 이를 없애버림으로써 기존 소비자들의 정서적 분노를 또한 촉발하였다.

2. 한샘키친 밀란 — 성공요인은 무엇인가?

알뜰살뜰 모아 어렵게 장만한 내 집…. 그 중에서도 특히 '나의 첫 부엌'은 소담하면서도 예쁜 공간으로 꾸미고 싶다는 게 많은 주부들의 바람이다. 인테리어업체 한샘의 부엌가구 디자이너 이 대리는 주부들의 심리를 잘 읽어낸 덕에, '밀란'이라는 이름의 부엌가구로 히트를 기록했다.

이 대리가 개발한 '밀란' 시리즈는 21~24평대 아파트를 겨냥한 100만 원대 제품이다. 2.4m짜리 싱크대 기본형이 116만 원. 2001년 3월 출시되어 2001년에만 2만 7,000세트가 팔렸다. 2002년 들어 8월까지 벌써 3만 세트나 팔려, 2년간 누적매출이 850억 원에 달한다. 그 전까지 업계 최고로 잘 팔린 부엌가구가 연 8,000세트였으니, 이 대리는 부엌가구 시장에서 역대 최고의 베스트셀러를 만들어낸 셈이다. 경쟁업체에서도 비슷한 가격의 유사제품이 뒤따라 나왔다.

원래 국내 부엌가구 시장은 비싼 브랜드와 값싼 사제(私製)로 나뉘져 있었다. 한샘은 IMF 이전만 해도 부잣집을 겨냥, 700만~1,000만 원씩 하는 값비싼 부엌가구를 팔았다. 아무리 근사해도 보통 주부들에게 한샘 싱크대는 '그림의 떡'이었다. 그러니 1,000여 개나 되는 중소 싱크대업체로 발길을 돌렸다.

한샘 입장에서도 200만 원 이하의 값싼 제품은 회사 경영에 별 도움이 안 됐다. 6개월씩 투자해 신제품을 개발해봤자 1,000여 개의 사제업체가 한두 달도 안 되어서 유사제품을 훨씬 싼 값에 내놓기 때문이다.

하지만 IMF 이후 한샘은 중저가 시장에도 눈을 돌렸다. 이 대리가 중저가 시장을 겨냥한 프로젝트를 주도하는 임무를 맡았다. 이 대리는 6개월의 개발 작업 끝에 보통 주부들도 브랜드 제품을 가질 수 있게 부엌가구 시장의 흐름을 바꿔놓았다. 이 대리는 대학에서 정보디자인학를 전공하였고 지난 1997년 7월 한샘에 입사했다.

"시장 조사를 해봤어요. 150만 원 안팎의 합리적인 가격대라면 주부들도 사제 싱크대 말고 브랜드 싱크대를 선택할 것이라는 결론이 나왔지요. 이 가격대에서 최고의 품질과 서비스를 내놓자고 작정했습니다."

다른 데서 디자인은 금방 베끼니 소재나 공법을 따라올 수 없게 차별화한다는 전략을 세웠다. 국내에서는 대량생산이 안 되는 CPL이라는 소재를 이탈리아에서 저렴하게 들여왔다.

디자인도 고급스러움을 가미했다. "'작고 아름다운 부엌'을 만들고 싶었습니다. 20평의 작은 아파트일수록 부엌이 훤하게 노출되기 때문에 '예뻐야 한다'고 생각했죠. 그래서 유럽서 유행하는 미니멀 디자인을 도입했어요." 으레 타일을 붙이던 싱크대 앞 벽은 은색 패널로 세련되게 처리했다. 수납공간도 대폭 늘려 자질구레한 부엌살림이 노출되지 않게 처리했다.

이 대리는 "디자인을 단순화한 미니멀리즘 유행 덕에 '밀란'은 생산원가도 절감하고 유행도 앞서나가는 경쟁력 있는 제품이 됐다"고 설명했다. 당초 고객층으로 잡았던 20평대 아파트뿐 아니라 30~40평대 아파트에서도 인기를 끌 정도다.

이 대리는 '밀란' 덕에 작년 말 회사에서 1억 원(세금 떼기 전)의 성과급을 받고, 대리로 특별 승진했다. 성과급의 절반은 자신이 갖고, 나머지 5,000만 원은 개발을 지원했던 다른 팀원들과 나눴다. "연봉보다 더 많은 성과급을 탄 덕에 살림이 쭉 폈다"고 즐거워하는 이 대리는 "예쁜 부엌을 합리적인 가격에 마련하고 싶어하는 주부들을 위해 내년에 더 업그레이드된 '밀란'을 내놓겠다"고 말했다.[2]

한샘키친의 중저가 밀란은 왜 성공을 하였는가? 환경은 기업뿐만 아니라 소비자행동에 영향을 미치는 중요한 한 요인이다. IMF환란 이후 소비자들은 더 가격의식적이 되었다. 이런 상황에서 한샘키친은 중저가 제품을 출시하였다. 중저가 제품을 출시하면서 품질을 떨어뜨리지 않고 고급스런 이미지를 추가하였다. 소재를 저렴하게 들여옴으로

2 자료원: 조선일보, 2002. 8. 30.

써 생산비용을 줄일 수 있어서 가격을 낮출 수 있었다. 가치란 측면에서 살펴보면 편익은 높이고 소비자비용인 가격은 낮춤으로써 가치를 높였다. 이렇게 가격의식적이고 소득이 높지 않은 20평대 아파트의 주부들을 표적으로 선정하여 가치로 포지셔닝을 잘하였다.

3. 3M 탁상스탠드 파인룩스 — 성공요인은 무엇인가?

한국 3M 입사 6년차 박 대리는 인기없던 스탠드의 눈부심을 줄이고 이름을 바꿔 어린이용으로 특화하였다. 국내 시장점유율 1위 3M 본사 마케팅-커뮤니케이션 대상을 휩쓸어 박 대리에게 2007년 작년은 상복이 터진 해였다. 한국 3M 출신으로는 처음으로 3M 본사로부터 글로벌세일즈&마케팅 대상과 글로벌커뮤니케이션 대상을 받았다. 그에게 상을 안겨준 제품은 한 달에 300개도 팔리지 않넌 애물딘지 스탠드였다.

대학 때부터 마케팅에 관심이 많았던 박 대리는 2003년 한국 3M 마케팅 부서로 입사하자 스탠드제품을 맡아보라는 지시가 떨어졌다. 자신이 맡은 제품은 대만 3M에서 수입해 팔던 것으로 연 매출이 1억 원에도 못 미쳤다. 박 대리를 눈여겨본 경영진은 '밑져야 본전'이라는 생각에 그에게 맡겼다. 박 대리는 '아이피스'라는 제품명 대신 '좋은 빛'이라는 뜻의 '파인룩스'로 바꿨다. 10개월에 걸쳐 전자싱가, 대형마트를 돌아다니며 1만 명이 넘는 소비자를 대상으로 조사도 했다. 그는 많은 소비자가 조명기구가 눈부셔 피로를 쉽게 느끼는 것에 주목했다. TV나 모니터에 들어가는 3M의 특허기술을 이용해 스탠드의 눈부심을 줄인 제품을 만들었다. 제품이 공장에서 나오자마자 박 대리는 경쟁사 제품과 파인룩스 제품을 들고 대학 도서관, 독서실, 심지어 미용실까지 찾아다니며 소비자에게 비교체험을 해볼 것을 권유했다. 또 '눈 건강 지키기 노하우' 책자를 만들어 배부하고 어린이들에게 무료로 안과검진을 시켜줬다. 소문이 나면서 시장점유율도 2003년 8.2%에서 2004년 12.6%, 2005년 16.4%로 올라갔다. 자신이 붙은 박 대리는 어린이 전용 스탠드를 만들기로 결심했다. 하지만 회사에서는 연구개발비용 부담과 어린이 전용이라는 제품 콘셉트가 유치하다며 난색을 표했다. 박 대리는 1,000명의 어린이 소비자를 대상으로 한 설문지를 내보이며 밀어붙였다. 파인룩스 키즈 제품은 2006년 선보인 첫해 32억 원어치가 팔렸다. 키즈 제품 선전에 힘입어 3M의 국내 시장 점유율도 2006년 31.4%, 2007년 37.7%로 상승하며 1위에 올랐다. 2007년 매출액은 2002년보다 65배 늘었다.

한국 3M 오피스사업부문 심본부장은 "이제 막 입사한 신입사원에게 브랜드 하나를 통째로 맡길 수 있었던 것은 노련한 전문가보다는 실패를 두려워하지 않는 도전정신을 더 높이 사는 3M의 기업문화 때문에 가능했다"고 말했다. 3M은 전 세계적으로 7만 개에 달하는 제품을 팔고 있다. 스카치테이프처럼 매출 규모가 큰 제품을 제외한 다른 제품군에 대해서는 브랜드매니저 1명에게 개발에서부터 제조, 유통, 광고 및 심지어 포장재까지 결정할 수 있도록 의사결정의 상당 부분을 위임한다. 3M이라는 회사가 번뜩이는 아이디어로 유명하다 보니 '돈 되는 아이디어'라며 찾아오는 중소기업 사장이나 발명가가 많다. 그렇다면 박 대리가 생각하는 진짜 돈 되는 아이디어는 무엇일까. "아이디어 자체만으로는 훌륭하지만 시장 수요가 있을지 의문시되는 경우가 대부분이죠. 제품개발 단계에서부터 정말 시장에서 원하는 제품인지를 소비자 처지에서 수백 번 고민하는 것이 기본입니다."[3]

3M 파인룩스의 성공비결은 무엇인가? 소비자의 불만을 발견하고 이를 해결하는 제품을 개발한 것이다. 즉, 제품개발에 마케팅조사의 결과를 활용한 것이다. 진정으로 소비자가 원하는 것이 무엇인지를 파악하고 이를 제품에 적용한 것이 제품의 성공비결이다.

이렇게 마케팅조사를 잘해서 소비자의 필요와 욕구를 파악하고 또한 기존의 제품이 충족시키지 못한 욕구들을 찾아서 이러한 욕구를 충족시키는 제품을 생산하여 출시하면 히트상품이 될 수 있다. 결과적으로 회사에도 기여하고 본인도 성과를 얻을 수 있는 것이다.

---

3 자료원: 동아일보, 2008. 7. 9.

앞의 사례들에서 보듯이 마케팅조사를 잘 활용하여 바른 의사결정을 내리면 좋은 성과를 올릴 수 있지만, 마케팅조사를 잘못하거나 그 결과를 잘못 해석하여 잘못된 결정을 내리면 큰 손실을 초래할 수 있다. New Coke는 실패사례이지만 한샘키친 밀란과 3M 탁상스탠드 파인룩스는 성공사례이다.

결론적으로 마케팅조사를 잘 활용하면 기업은 성과를 높일 수 있으므로 마케팅조사를 무시하지 말고 반드시 실시해야 한다. 제대로 된 마케팅조사를 실행하고, 바르게 그 결과를 해석하고, 바른 의사결정을 할 필요가 있다. 또한 마케팅조사는 기업뿐만 아니라 비영리 조직체, 개인에게도 성과를 높이기 위해서는 필수적인 요소이다. 따라서 누구든지 마케팅조사를 배우고 실행할 필요가 있다.

1.2 마케팅조사의 정의

마케팅조사는 관리자의 관리적(또는 마케팅) 의사결정과 관련된 정보의 수집, 분석을 체계적으로, 정확하게 그리고 객관적으로 계획하고, 실행하여 그 결과를 관리자(의사결정자)에게 제공하는 과정을 말한다. 마케팅조사의 정의를 세부적으로 살펴보면 다음과 같다.

첫째, 마케팅조사는 마케팅관리 과정에서의 의사결정을 돕기 위하여 실시된다. 1985년 미국마케팅학회(American Marketing Association: AMA)의 정의에 의하면 마케팅은 개인과 조직의 목적을 달성시켜주는 교환을 창출하기 위하여 아이디어, 제품 및 서비스의 개념정립, 가격결정, 촉진 및 유통을 계획하고 실행하는 과정이다(Marketing is the process of planning and executing the conception, pricing, promotion, and distribution of goods, ideas, and services to create exchanges that satisfy individual and organizational goals). 따라서 마케팅조사는 계획하고 실행하고 평가하는 마케팅관리과정의 의사결정을 돕기 위한 것이다.

관리자의 의사결정을 돕기 위하여 마케팅정보시스템(marketing information system)은 마케팅관리자의 정보욕구를 파악하여 마케팅정보시스템의 하위 시스템 — 마케팅첩보(marketing intelligence) 시스템, 마케팅조사(marketing research) 시스템, 내부데이터베이스(internal database) 시스템, 정보분석(information analysis) 시스템을 활용하여 관리자가 계획하고, 실행하고, 통제하는 관리활동과 관련된 의사결정을 돕도록 정보를 제공한다(Kotler and Armstrong, 2000).

미국마케팅학회는 마케팅조사를 정보를 통하여 소비자, 고객 및 대중을 마케터와 연결시키는 기능으로 정의하며 이러한 정보는 마케팅기회와 문제를 식별하고 정의하며, 마케팅활동을 계획하고 정교화하고 평가하며, 마케팅성과를 추적하며, 과정으로서의 마케팅에 대한 이해를 증진시키는데 사용된다(Marketing research is the function which links the consumer, customer, and public to the marketer through information — information used to identify and define marketing opportunities and problems; generate, refine, and evaluate marketing actions; monitor marketing performance; and improve our understanding of marketing as a process, AMA, 1995). 이렇게 마케팅조사를 통하여 얻어진 정보는 계획하고 평가하는 마케팅관리과정의 경영활동에 사용된다.

또한 관리자의 의사결정을 돕기 위한 마케팅조사의 목적을 과학의 관점으로도 살펴볼 수 있다. 과학의 목적은 일반적으로 (1) 알고자, (2) 이해하고자, 그리고 (3) 예측하고자 하는 것이다.

먼저 어떤 현상(phenomena), 즉 무엇(what)이 발생했는지를 알기 위하여, 그리고 왜(why) 이러한 결과가 발생했는지를 이해하기 위하여, 즉 어떠한 요인이 현재의 결과를 발생시켰는지를 이해하고자 하는 것이다. 이렇게 어떠한 현상, 즉 결과가 발생했고 어떠한 원인이 그 결과를 발생시켰는지를 이해한 다음에, 그 원인과 결과의 관계를 파악할 수 있다. 이러한 원인과 결과의 관계에서 원인을 변화시키면 그 결과가 어떻게 될 것인지를 예측할 수 있게 된다. 예를 들어 가격과 수요와의 관계를 추정하였다면 가격을 변경하였을 때 수요가 어떻게 될 것인지를 예측할 수 있다. 이와 같이 마케팅조사도 알기 위하여, 이해하기 위하여 그리고 예측하기 위하여 실시된다.

둘째, 마케팅조사는 체계적으로 실시되어야 한다. 즉, 조사 과정의 각 단계들이 전체적으로 미리 계획되어 일관성 있는 한 과정으로 실시되어야 한다. 각 단계에서 사용되는 절차들은 방법론적으로 올바르고, 잘 문서화되어야 하고, 미리 계획되어야 한다.

셋째, 마케팅조사는 측정하고자 하는 대상의 실제 상태에 대한 정확한 정보를 제공해야 한다. 즉, 측정하고자 하는 것을 정확하게 측정해야 하며, 측정값과 참값의 오차가 적어야 한다. 즉, 타당성이 있어야 한다. 또한 동일 개념을 한 항목으로 반복하여 측정하거나 여러 항목으로 측정하는 경우 동일 개념을 측정하므로 이들 측정치 간에 차이가 적어야 한다. 즉, 신뢰성이 높아야 한다. 이와 같이 측정된 자료는 타당성과 신뢰성이 있어야 한다.

마케팅조사 참고 ::: 탐색에서 사람이 범하는 오류

사람은 탐색하는 데 있어서 오류를 범하게 된다. Babbie는 다음과 같은 오류를 지적하고 있다. 따라서 정확한 탐색을 위해서는 이러한 오류를 범하지 않아야 한다.

1. **부정확한 관찰**: 정확하게 보지 않음, 대충 봄, 주의 깊게 보지 않음.
2. **선택적 관찰**: 선택적으로 봄, 전체를 다 안 보고 일부만 봄.
3. **중간에 관찰을 끝냄**: 관찰을 끝까지 하지 않음.
4. **과도한 일반화**: 한 집단에서 얻어진 결과를 관련성이 적은 집단에 적용함. 예를 들어 여성을 대상으로 얻어진 결과가 남성에게도 해당된다고 함.
5. **연역된 정보**: 자신이 갖고 있는 일반적인 지식과 배치되는 관찰에 대하여 자신의 생각이 지지되도록 설명(즉, 연역된 정보)을 꾸며냄. 예를 들어 미국인이 개인주의라고 생각하는 사람이 집단주의적 성향이 강한 미국인을 만났을 때 이러한 불일치 상황을 설명하기 위해 그의 조상 또는 부모 중 동양인이 있을 것이라고 생각함.
6. **비논리적인 추론**: 논리성이나 합리성이 없는 설명을 함. 예를 들어 가격이 높으면 품질이 나쁘다고 생각함.
7. **자기입장에서 이해**: 자기위주로, 자신의 입장에서 현상을 이해함.
8. **이해할 수 없는 부분의 신비화**: 이해할 수 없는 현상을 단순히 신비적, 초자연적으로 돌림.

자료원: Earl Babbie, The Practice of Social Research, 1983.

넷째, 마케팅조사는 객관적으로 실시되어야 한다. 조사는 조사자의 주관이나 신념, 오류 등에 의해서 편향될 수 있으므로 이러한 조사자의 특성이나 오류가 조사에 영향을 미치지 않도록 해야 한다.

1.3 마케팅관리와 마케팅조사의 관계

마케팅관리와 마케팅조사는 밀접한 관련성을 가지고 있다. 마케팅관리의 내용이 마케팅관리자가 행하는 의사결정의 내용이 되므로 마케팅관리의 내용이 바로 마케팅조사의 내용이 된다. 따라서 마케팅관리의 내용에 대하여 마케팅조사가 이루어질 수 있다.

마케팅관리는 계획, 실행 그리고 평가의 단계로 이루어진다. 먼저 계획과 관련하여 전략적 계획과 마케팅계획에 대한 지식이 필요하다.

1. 전략적 계획과 마케팅조사

전략적 계획은 기업의 목표와 역량, 그리고 변화하는 마케팅 기회 간에 전략적 적합성을 개발하고 유지하는 과정이다(Kotler and Armstrong, 1997). 전략적 계획은 일반적으로 다음과 같은 단계로 이루어진다.

기업사명의 정의 ⇒ 상황 분석 ⇒ 기업목표 설정 ⇒ 현 비즈니스 포트폴리오의 분석 ⇒ 성장전략의 수립

기업사명이 무엇인지 그리고 우리의 사업은 무엇인지 등 소비자의 필요와 욕구에 기초한 소비자지향적 관점에서의 정의가 필요하다. 상황 분석은 일반적으로 사용되는 SWOT 분석이 이용될 수 있다. S는 Strengths(강점), W는 Weaknesses(약점), O는

Opportunities(기회), 그리고 T는 Threats(위협)로 강점과 약점은 기업과 관련된 부분이며 기회와 위협은 환경에 대한 부분이다. 해외시장의 조사의 경우 해외시장의 환경에 대한 기회와 위협의 조사가 이루어져야 한다. 환경은 인구통계, 경제, 법률, 사회, 문화 등의 거시환경에 대한 조사가 이루어질 수 있다.

이에 기초하여 기업전체로서의 목표를 설정해야 하며, SMART(Specific, Measurable, Achievable, Relevant, Time-bound)한 목표를 세워야 한다. 각 사업부서들의 현황을 파악하기 위하여 전략적 사업단위들에 대한 현 비즈니스 포트폴리오를 분석해야 한다. 한 기법으로 BCG(Boston Consulting Group) 매트릭스는 상대적 시장점유율과 시장성장률의 두 요인의 고저에 의하여 물음표(question mark), 별(star), 현금젖소(cash cow), 개(dog)들로 구분한다. 그 다음으로 성장전략을 수립하는데 제품과 시장의 2차원으로 신제품과 현제품 그리고 신시장과 현시장으로 구분하여 현시장과 현제품의 전략은 침투전략, 현제품과 신시장의 전략은 시장개발전략, 현시장 및 신제품의 전략은 제품개발전략 그리고 신제품과 신시장의 전략은 다각화 전략으로 구분한다. 기업의 상황에 맞게 이들 전략 중 적절한 성장전략을 선택해야 한다.

전략적 계획과 관련하여 마케팅조사는 〈표 1-1〉과 같은 내용을 조사할 수 있다.

표 1-1 ● 전략적 계획과 마케팅조사 내용

전략적 계획의 단계	마케팅조사의 내용
기업사명 및 사업의 정의	• 소비자의 필요와 욕구의 파악 및 사업 정의의 부합성 분석
상황 분석	• 기업의 강점 및 약점의 분석 • 환경의 기회 및 위협의 분석 • 거시적 환경의 분석
기업목표설정	• 목표의 적절성 분석
현 비즈니스 포트폴리오의 분석	• 각 사업부의 분석
성장전략의 수립	• 각 성장전략과 기업과의 부합성 분석 • 성장전략의 선택

2. 마케팅관리과정과 마케팅조사

마케팅관리과정은 경영관리과정의 한 부분이므로 계획, 실행 그리고 평가의 순환단계를 갖는다.

1) 마케팅계획과 마케팅조사

마케팅계획은 다음 단계들로 구분된다.

상황 분석 ⇒ 마케팅목표설정 ⇒ 마케팅전략수립 ⇒ 마케팅믹스설계

상황 분석은 SWOT 분석을 주로 사용하며 마케팅목표는 기업목표설정과 유사하며 하위 기능인 마케팅측면에서 목표를 세우는 것이다. 목표를 실행하기 위하여 전략을 수립하게 된다. 기본적인 전략 세 가지는 STP 전략으로 시장세분화(market segmentation), 표적시장선정(targeting), 그리고 포지셔닝(product positioning)으로 구분된다.

시장세분화에서 어떠한 변수들로 시장세분화를 할 것인지, 즉 인구통계적 변수, 심리적 변수, 구매행동 변수, 사용상황 변수 및 추구효익 변수들을 사용할 수 있다. 또한 세분화의 요건인 측정가능성, 이익이 가능한 규모, 마케팅믹스 변수로 세분시장에의 접근가능성 및 각 세분시장의 마케팅믹스 변수에 대한 차별적 반응들을 조사할 수 있다.

표적시장 선정을 위해서는 각 세분시장의 프로필을 기술한다. 주로 각 변수들의 평균값을 가지고 그 세분시장을 평가하게 된다. 주로 평가되는 표적시장 선정 요건은 매력성, 경쟁적 우위 및 자사와의 부합성이다.

매력성은 세분시장의 크기, 이익 등의 현재의 모습뿐 아니라 미래의 성장도 고려해야 한다. 즉, 잠재력 및 성장률 등도 고려해야 한다. 경쟁에서는 자사와 경쟁사의 강점 및 약점을 분석하여 경쟁적 우위를 가질 수 있는지를 평가해야 한다. 부합성은 세분시장이 기업의 목표, 자원, 기존의 마케팅 믹스와 부합되어야 하는 것을 의미한다. 포지셔

닝은 선정한 시장에 대하여 제품, 가격, 촉진 및 유통의 마케팅믹스 변수를 가지고 자사 제품에 대한 이미지를 심는 것이다. 따라서 어떠한 변수들로 어떠한 이미지를 심을 것인지를 결정해야 한다. 또한 현 이미지가 어떠한지를 조사할 수 있다. 경쟁자와 관련하여 자사 제품 및 자사의 이미지가 어떠한지 그리고 재포지셔닝(repositioning)이 필요한지를 결정해야 한다. 이러한 이미지를 그린 것이 포지셔닝맵(positioning map) 또는 제품지각도(perceptual map)이다.

마케팅믹스 전략으로 제품과 관련하여 제품에 대한 만족도, 인지도, 선호도, 애호도 및 재구매율 등을 조사할 수 있다. 신제품과 관련하여 신제품의 수용 및 잠재력을 시험시장(test market)을 사용하여 조사할 수 있다. 가격과 관련하여 가격의 적정성 및 가격민감도 등을 조사할 수 있다. 촉진과 관련하여 광고문안 및 광고매체 및 촉진수단에 대하여 조사할 수 있다. 또한 판매원에 대한 조사 및 상권, 판매영역 및 보상에 대한 조사를 할 수 있다. 유통과 관련하여 유통업체의 이미지, 성과 그리고 유통채널 및 유통업체 판촉수단에 대한 조사를 할 수 있다.

2) 마케팅실행과 마케팅조사

마케팅실행도 중요한 요소이다. 아무리 마케팅계획이 좋아도 마케팅실행이 좋지 않으면 목표를 달성할 수 없다. 따라서 실행이 제대로 되고 있는지를 파악해야 한다. 전제조건으로 조직구조가 제대로 되어 있는지 그리고 적합한 인재를 적재적소에 배치하였는지를 평가해야 한다. 또한 실행문화가 확립되어 있는지도 점검할 필요가 있다. 종업원들이 실행할 수 있는 능력과 기술을 갖추고 있는지 그리고 실행에 대한 지원이 잘 이루어지고 있는지 등을 점검할 필요가 있다.

3) 마케팅평가와 마케팅조사

마케팅평가는 실행 이후 중요한 활동이다. 계획 및 실행이 제대로 되었는지 그리고 계획한대로 결과를 얻었는지를 평가해야 한다. 목표와 성과와의 비교가 이루어져야 하며 차이가 난 경우 왜 그러한 차이가 났는지를 분석해야 한다. 따라서 매출액, 수익성, 시장점유율, 소비자만족 등의 결과가 목표와 일치하였는지, 그리고 불일치한 경우 원인을 분석할 수 있다.

또한 마케팅믹스 변수의 결과변수에 대한 효과 분석을 실시할 수 있다. 이는 제품, 가격, 촉진, 유통 등의 특정 마케팅믹스 변수의 변화가 매출, 수익, 소비자만족, 시장점유율 등의 성과변수에 어떠한 영향을 미쳤는지를 분석하는 것이다, 예를 들어 가격탄력성 분석, 제품 및 서비스의 만족도 분석, 유통경로효과 분석, 광고효과 분석, 촉진 분석 등이 가능하다.

표 1-2 ● 마케팅관리과정과 마케팅조사 내용

마케팅관리과정의 단계		마케팅조사의 내용
마케팅계획	상황 분석	● 기업의 강점 및 약점의 분석 ● 환경의 기회 및 위협의 분석 ● 거시적 환경의 분석 ● 미시적 환경의 분석
	마케팅목표설정	● 목표의 적절성 분석
	시장세분화전략	● 시장세분화 변수의 선택 ● 시장세분화 요건의 평가
	표적화전략	● 세분시장의 프로필 기술 — 매력성, 경쟁적 우위 및 자사와의 부합성
	포지셔닝전략	● 포지셔닝맵의 작성 ● 마케팅믹스 변수의 현 이미지 조사 ● 재포지셔닝
	제품전략	● 기존제품의 만족도, 인지도, 선호도, 애호도, 재구매율 조사 ● 신제품의 수용 조사
	가격전략	● 가격의 적정정 조사 ● 가격의 민감성 조사
	촉진전략	● 광고문안 조사 ● 광고매체 조사 ● 촉진수단 조사 ● 판매원 및 보상 조사 ● 상권 및 판매영역 조사

표 1-2 • 마케팅관리과정과 마케팅조사 내용 (계속)

<table>
<tr><th colspan="2">마케팅관리과정의 단계</th><th>마케팅조사의 내용</th></tr>
<tr><td>마케팅계획</td><td>유통전략</td><td>• 유통업체 이미지 조사
• 유통채널 조사
• 유통업체 판촉수단에 대한 조사</td></tr>
<tr><td rowspan="3">마케팅실행</td><td>조직구성</td><td>• 조직구성의 적절성</td></tr>
<tr><td>인원배치</td><td>• 인원의 배치 분석</td></tr>
<tr><td>감독</td><td>• 구성원의 실행 능력 조사
• 실행의 지원 조사</td></tr>
<tr><td rowspan="2">마케팅평가</td><td>성과의 측정</td><td>• 마케팅 믹스의 결과의 측정</td></tr>
<tr><td>성과의 평가</td><td>• 성과변수의 분석
— 제품매출, 제품 및 서비스의 만족도 등
— 가격효과
— 광고효과
— 촉진 분석
— 유통경로효과 분석 등</td></tr>
</table>

1.4 마케팅조사의 윤리

마케팅조사자는 조사를 하면서 조사의 윤리를 준수해야 한다. 통계법 5장은 통계응답자의 의무 및 보호 등을 언급하고 있다.

제33조 (비밀의 보호)

① 통계의 작성과정에서 알려진 사항으로서 개인이나 법인 또는 단체 등의 비밀에 속하는 사항은 보호되어야 한다.

② 통계의 작성을 위하여 수집된 개인이나 법인 또는 단체 등의 비밀에 속하는 자료는 통계작성 외의 목적으로 사용되어서는 아니 된다.

제34조 (통계종사자 등의 의무)

통계종사자, 통계종사자이었던 자 또는 통계작성기관으로부터 통계 작성업무의 전부 또는 일부를 위탁받아 그 업무에 종사하거나 종사하였던 자는 직무상 알게 된 사항을 업무 외의 목적으로 사용하거나 다른 자에게 제공하여서는 아니 된다.

또한 응답자에 대해서도 성실한 응답을 요구하고 있다.

제32조 (통계응답자의 성실응답의무)

통계응답자는 통계의 작성에 관한 사무에 종사하는 자로부터 통계의 작성을 목적으로 질문 또는 자료제출 등의 요구를 받은 때에는 신뢰성 있는 통계가 작성될 수 있도록 조사사항에 대하여 성실하게 응답해야 한다.

미국의 마케팅조사협회(MRA)의 윤리코드는 응답자에 대한 책임, 의뢰자 및 정보판매회사에 대한 책임, 조사자의 전문적 책임에 대하여 자세하게 기술하고 있다. 몇 가지를 살펴보면 응답자에 대한 책임 중 상업적 또는 정치적 홍보 등의 비조사 활동을 조사로 위장하면 안 된다고 규정하고 있다. 또한 한국의 통계법과 같이 응답자 및 의뢰자의 정보를 비밀로 유지해야 한다고 기술하고 있다. 전문적 책임으로 조사 결과를 정확하고 정직하게 보고해야 하며 유효한 자료를 조작하거나 누락해서는 안 된다고 규정하고 있다.

1.5 국제마케팅조사

1. 국제마케팅조사의 필요성

글로벌 시대에는 세계시장을 대상으로 기업활동을 하기 때문에 국제조사의 필요성이 대두된다. 우리나라 기업은 국내뿐 아니라 해외에서도 많은 마케팅활동을 하고 있다. 우리나라의 수출입이 GDP에서 차지하는 비중은 30%를 넘고 있다. 해외시장의 존재는 관리자로 하여금 국제마케팅조사를 하지 않을 수 없게 한다. 또한 국내에서도 외국기업의 존재뿐 아니라 외국인들의 거주는 이들에 대한 마케팅조사의 필요성을 야기하고 있다.

2. 국제마케팅조사의 유의사항

국제마케팅조사는 해외 한 국가를 대상으로 이루어질 수도 있고 또는 여러 국가를 대상으로 이루어질 수도 있다. 앞에서 언급한 마케팅조사의 정의를 따르면 국제마케팅조사는 국제마케팅과 관련된 정보의 수집, 분석을 체계적으로 정확하게 그리고 객관적으로 계획하고 실행하여 그 결과를 관리자에게 제공하는 과정으로 정의할 수 있다.

국제마케팅의 주요 의사결정은 글로벌 마케팅 환경의 분석, 해외시장 진출 여부의 결정, 진출할 해외시장의 결정, 해외시장 진입방법에 대한 결정, 글로벌 마케팅프로그램의 결정 등을 들 수 있다. 따라서 국제마케팅조사는 이러한 의사결정을 돕기 위한 정보의 제공에 목적이 있다. 국제시장이 국내시장과 인종, 언어, 문화 등 여러 면에서 다르고 또한 국제시장에 익숙하지 않다는 점 때문에 국제마케팅조사는 국내마케팅조사보다 더 어렵다. 또한 국제마케팅조사는 비용도 더 많이 소요되고 기간도 더 걸릴 수 있음을 고려해야 한다. 여러 국가에서 조사를 실사하는 경우에는 한 국가에서 실시하는 것보다 조사가 더 복잡해진다. 국내소비자와 다른 해외 소비자들의 차별성을 파악하기 위해서는 탐색적 조사의 필요성이 높아진다. 심층면접법이나 표적집단면접법을 통하여 심층적 동기를 찾는 것이 필요할 수 있다. 또한 조사방법을 결정할 경우에도 그 나라의 문맹률, 전화보급률, 면접 문화 등에 대한 고려가 필요하다.

이와 같이 국제마케팅조사를 실시하는 경우에 국내시장과 국제시장의 환경적 차이에 유의해야 한다. 인구통계적 환경, 경제적 환경, 자연적 환경, 기술적 환경, 정치법률적 환경, 문화적 환경 등에서 차이를 보인다. 여러 국가를 대상으로 조사를 실시하는 경우에는 각국의 조사 결과를 비교하여 유사성과 차이점을 파악하고자 할 수 있다. 또한 한 외국국가를 대상으로 조사하는 경우에도 우리나라와 비교해서 그 차이점과 유사성을 이해하고자 하는 목적을 가질 수 있다. 외국시장의 현상을 이해하려고 할 때 자기준거기준(self-reference criterion)에 의하여 자국위주로 해석하는 오류를 범할 수 있기 때문에 객관적 입장에서 조사를 실시할 필요가 있다.

여러 국가에서 조사를 하는 경우에는 조사 결과가 비교가능할 수 있도록 조사 내용 및 방법이 동등해야 한다. 예를 들어 여러 국가에서 설문지를 사용하여 동일한 조사를 실시하는 경우 각 나라말로 된 설문지가 내용이 일치해야 한다. 우리나라와 외국에서 조사를 실시하는 경우 우리나라의 설문지를 외국어로 번역하고 그 번역한 설문지를 다시 우리말로 번역하는 재번역(back translation)의 단계를 거친다. 원문과 번역된 내용이 차이가 있는 경우 번역을 수정하여 차이가 없도록 해야 한다. 이러한 경우 그 나라 언어뿐 아니라 문화에 대해서도 잘 알고 있는 사람을 선정하여 번역하게 함으로써 번역상의 오류를 줄일 수 있다.

자체적으로 국제마케팅 조사를 실시할 수도 있으나 현지 시장에 밝은 현지 마케팅 조사회사를 이용하는 것도 한 방법이 될 수 있다. 조사를 의뢰하고 그 결과에 대한 분석은 자체적으로 실시하거나 또는 조사 전체를 의뢰할 수도 있다.

1.6 마케팅조사 능력의 필요성 및 전문가의 요건

마케팅조사는 마케팅조사회사에서만 필요한 것이 아니라 기업에서도 업무를 행하기 위해서는 마케팅조사가 필요하다. 조사전문가에 의뢰를 해야 하는 상황도 있을 수 있으나 기업이 직접 마케팅조사를 해야 하는 경우도 있다. 또한 조사전문가가 행한 마케팅조사 결과를 이해하기 위해서는 마케팅조사에 대한 지식이 필요하다.

이렇게 마케팅조사는 기업내에서 필수적인 요소이기 때문에 기업의 구성원은 마케팅조사 능력을 갖출 필요가 있다. 물론 조사회사에 입사하기 위해서는 마케팅조사 능력이 더 필요하며 마케팅 조사전문가가 되는 것이 필요할 수 있다. 기업들을 위한 조사뿐 아니라 여론조사 등 사회적으로도 조사 내용은 광범위하다고 할 수 있다.

마케팅조사 능력을 키우고 마케팅조사 전문가가 되기 위해서는 다음과 같은 요소가 필요하다. 물론 마케팅조사론 과목을 수강하여 조사에 대한 지식을 갖추고 실습을 통하여 계속적으로 마케팅조사 능력을 배양하고 향상시켜야 한다. 또한 마케팅조사와 관련된 지식과 기술을 계속적으로 학습할 필요가 있다.

- 주요 마케팅과목의 수강: 마케팅의 목적 및 기능들을 알고 있어야 한다.
- 심리학 및 소비자행동론의 수강: 사람을 대상으로 조사하기 위해서는 사람을 이해해야 한다.
- 주요 경영과목의 수강: 기업이 어떻게 경영되는지 그리고 조직을 이해해야 올바른 의사결정을 할 수 있다.
- 통계학의 수강: 자료처리 및 분석에는 통계지식이 필요하다.

- 컴퓨터 관련 기술 및 통계프로그램의 사용 능력의 습득: 자료의 처리 및 분석에 사용되는 통계프로그램 및 처리프로그램을 실행할 줄 알아야 한다.
- 인간관계 능력 및 의사소통 기술의 습득: 조사문제를 이해하기 위해서는 조사 의뢰자의 협조가 절대적으로 필요하다. 또한 조사는 팀으로 이루어진다. 따라서 인간관계 능력 및 의사소통은 조사에서 매우 중요하다.
- 효과적인 문서 작성 및 발표 능력: 조사의 결과를 제공하고 공유하기 위해서는 보고서를 작성하고 그 결과를 발표해야 하므로 문서 작성 및 발표 능력은 매우 중요하다.
- 창의성의 개발: 조사문제 및 변수 간의 관계성을 파악하고 해결책을 제시하는데 창의성이 필요하다.
- 시사지식의 습득: 시사지식의 습득은 문제 및 트렌드를 발견하고 이해하는 데 도움을 준다. 이를 위해 경제 관련 신문을 읽는 것이 필요하다.
- 외국어 능력: 해외시장을 조사하는 경우에는 국제어인 영어의 사용 능력이 필요하다. 또한 국내에도 외국계 기업이 진출해 있으므로 영어로 소통이 필요하다. 또한 조사대상국의 언어를 아는 것도 도움이 된다.

결론적으로 마케팅조사능력은 실습을 통하지 않고는 습득할 수 없다. 실제적으로 조사를 실행함으로써 조사능력을 배양해야 한다. 또한 각 마케팅조사마다 조사를 평가하고 다른 사람들로부터 피드백을 받음으로써 조사능력을 향상시킬 필요가 있다.

부록: 사회조사분석사

관련부처: 통계청

시행기관: 한국산업인력공단 http://www.q-net.or.kr

시험의 개요

사회조사분석사란 다양한 사회정보의 수집·분석·활용을 담당하는 새로운 직종으로 기업, 정당, 지방자치단체, 중앙정부 등 각종 단체의 시장조사 및 여론조사 등에 대한 계획을 수립하고 조사를 수행하며 그 결과를 분석, 보고서를 작성하는 전문가이다. 사회조사를 완벽하게 끝내기 위해서는 '사회조사방법론'은 물론이고 자료분석을 위한 '통계지식', 통계분석을 위한 '통계패키지프로그램' 이용법 등을 알아야 한다. 또, 부가적으로 알아야 할 분야는 마케팅관리론이나 소비자행동론, 기획론 등의 주변 관련분야로 이는 사회조사의 많은 부분이 기업과 소비자를 중심으로 발생하기 때문이다. 사회조사분석사는 보다 정밀한 조사업무를 수행하기 위해 관련분야를 보다 폭넓게 경험하는 것이 중요하다.

수행직무

기업, 정당, 정부 등 각종 단체에 시장조사 및 여론조사 등에 대한 계획을 수립하여 조사를 수행하고 그 결과를 통계처리 및 분석, 보고서를 작성하는 업무

진로 및 전망

각종 연구소, 연구기관, 국회, 정당, 통계청, 행정부, 지방자치단체, 용역회사, 기업체, 사회단체 등의 조사업무를 담당한 부서 특히, 향후 지방자치단체에서의 수요가 클 것으로 전망됨.

사회조사분석사2급 시험내용

① 시험과목

- 필기:
  1. 조사방법론 I(30문제: 과학적 연구의 개념, 조사설계의 이해, 자료수집방법)
  2. 조사방법론 II(30문제: 개념과 측정, 측정의 타당성과 신뢰성, 표본추출의 설계)
  3. 사회통계(40문제: 기초통계량, 확률이론 및 확률분포, 추정, 가설검정, 분산분석, 회귀분석)
- 실기: 사회조사실무 (설문작성, 단순통계처리 및 분석)

② 검정방법

- 필기: 객관식 4지 택일형 100문제(150분)
- 실기: 복합형 [작업형 2시간 정도+ 필답형 2시간]

③ 합격기준

- 필기: 매과목 40점 이상, 전 과목 평균 60점 이상
- 실기: 60점 이상

④ 시험횟수

- 일 년 3회 실시

CHAPTER

02

마케팅조사의 과정

마케팅조사의 과정은 일반적으로 다음과 같은 순서로 진행된다.

1. 문제의 정의
2. 조사의 설계
3. 자료의 수집
4. 자료의 분석, 해석 및 관리적 시사점의 도출
5. 보고서 작성 및 발표

각 단계에 대한 상세한 내용은 각 장별로 다루어질 것이며 2장에서는 개관적으로 마케팅조사의 단계를 설명할 것이다.

조사자는 먼저 마케팅조사를 실시할 것인지를 결정해야 한다. 마케팅조사를 실시하기로 결정하였으면 조사를 실시하기에 앞서 조사를 어떻게 할 것인가에 대한 대략적 계획인 조사계획서를 작성해야 한다. 조사의뢰를 받은 경우에는 조사계획서를 조사의뢰자에게 서면 또는 발표로 제시하여 조사계획에 대한 동의를 얻는 것이 필요하다. 조사계획에 대한 조사의뢰자의 피드백을 받아 수정하여 최종 동의를 얻어야 한다.

2.1 마케팅조사의 실시 여부의 결정

마케팅조사의 실시 여부의 결정은 다음과 같은 요소를 고려해야 한다.

1. 의사결정의 중요성: 의사결정이 중요할수록 의사결정문제를 해결하기 위한 조사의 필요성이 커진다.
2. 필요 정보의 보유 여부: 의사결정에 필요한 정보를 가지고 있지 않는 경우에는 조사를 할 필요성이 높아진다.
3. 정보의 기대가치와 조사비용의 고려: 조사를 실시하게 되면 조사를 통하여 얻게 되는 정보의 기대가치가 조사를 시행하는 비용보다 당연히 커야 한다.
4. 시간과 예산의 고려: 조사를 하려면 조사를 실시할 충분한 시간과 예산이 있어야 한다.

2.2 마케팅조사의 과정

마케팅조사는 일반적으로 다음과 같은 단계로 진행된다.

1. 문제의 정의

마케팅조사를 실시하기 위해서는 먼저 조사할 문제를 정의해야 한다. 어떠한 문제를 해결할 것인지 문제가 명확히 정의되어야 그 정의된 문제를 해결하기 위한 조사가 수행될 수 있다. 문제를 잘못 정의하였을 경우 해결해야 하는 문제는 당연히 해결되지 못할 것이다.

조사는 마케팅관리과정의 계획하고 실행하고 평가하는 데 있어서 관리자가 의사결정문제를 해결하는 데 필요한 정보를 제공하기 위한 목적으로 수행되므로 우선적으로 관리자의 의사결정문제를 인식해야 한다. 문제를 인식하지 못하면 해결의 필요성을 느끼지 못할 것이다. 따라서 관리자가 문제를 인식해야 조사자가 조사를 수행할 수 있다.

조사자가 조사를 수행하기 위해서는 인식된 관리자의 의사결정문제가 조사자의 조사문제로 전환되어야 한다. 즉, 조사자는 관리자의 의사결정문제를 해결하기 위한 조사문제를 설정해야 한다. 따라서 조사문제는 의사결정문제에 기초해야 하고 부합되어야 한다.

조사의 목적을 기준으로 조사의 유형을 구분할 때 한 유형인 탐색조사는 일반적으로 문제를 파악하기 위한 조사이다. 따라서 탐색조사에 쓰이는 방법들을 통하여 문제를 파악하게 된다. 예를 들어 의사결정자 또는 관리자들과의 면담 또는 내부 자료 및 외부 자료의 분석을 통하여 문제를 파악하게 된다. 그 문제를 발생시킨 문제의 배경을 이해하는 것은 문제의 파악에 도움을 준다. 이렇게 문제를 잘 파악해야 조사할 문제를 잘 정의할 수 있다. 문제를 정의할 때 어디까지 조사할 것인지, 즉 문제의 범위를 시간과 비용에 맞게 적절하게 정할 필요가 있다.

2. 조사의 설계

문제를 정의한 후에는 실제로 문제를 해결하기 위해서 조사를 어떻게 할 것인지에 대한 계획을 세워야 한다. 조사를 잘하기 위해서는 계획을 잘 세워야 한다. 조사의 설계는 조사의 실행에 대한 계획을 세우는 것을 말한다. 진행과정을 단계별로 보여주는 플로차트(flowchart)의 도표로 작성하면 쉽게 눈에 들어와 이해하기가 쉽다.

조사의 설계에서 조사과정의 다음 단계인 자료수집을 위한 계획을 세워야 한다. 즉, 자료수집방법, 자료의 형태, 표본의 선정, 변수의 측정방법 등 자료수집 및 관련 사항에 대하여 구체적인 계획을 세워야 한다. 또한 그 다음 단계인 자료의 분석에서 수집한 자료를 어떠한 분석기법을 사용하여 분석할 것인지를 계획해야 한다. 자료의 분석기법에 따라 자료의 측정척도가 달라지므로 분석기법도 미리 계획을 세워야 한다. 예를 들어 회귀분석을 사용하는 경우 종속변수는 등간 또는 비율척도이어야 하므로 종속변수의 측정은 등간 또는 비율척도로 이루어지도록 계획을 세워야 한다.

3. 자료의 수집

자료수집의 계획에 따라 실제적으로 자료를 수집하게 된다. 자료는 1차 자료와 2차 자료로 구분되는데 남이 이미 조사해 놓은 2차 자료를 먼저 수집하는 것이 시간과 비용 측면에서 더 효율적이다. 1차 자료를 수집할 때 실사에서는 결과의 신뢰성에 영향을 미치지 않도록 오류를 잘 통제해야 한다. 그러기 위해서는 실사의 책임 담당자는 조사의 목적을 잘 알고 있어야 하며 실사의 계획을 세우고 실사를 통제해야 한다. 표본계획에 따라 응답자들을 확보해야 한다. 조사원들을 모집하여 이용하는 경우에는 조사원들이 제대로 자료를 수집할 수 있도록 교육 및 훈련을 실시하고 실사를 해야 한다.

4. 자료의 분석, 해석 및 관리적 시사점의 도출

자료를 수집하였으면 분석을 위해서 자료를 입력해야 한다. 일반적으로 응답항목의 수치를 엑셀에 입력한다. 다지선다형 질문의 경우에는 각 질문에 응답한 항목의 수치를 입력하면 된다. 자유응답형 질문의 경우에는 범주별로 분류하여 숫자를 부여한다.

분석은 일반적으로 먼저 각 변수에 대한 분석을 실시하여 변수의 평균, 빈도 등의 분포 및 성격을 파악한다. 각 변수의 분석만으로도 조사목적을 어느 정도는 달성할 수 있다. 이어서 변수 간의 관계에 대한 분석을 실시하게 된다. 변수 간의 관계 파악이 조사의 주된 목적일 수 있다.

또한 분석 결과를 해석해야 한다. 즉, 분석 결과가 무엇을 의미하는지를 설명해야 한다. 분석 결과에 기초하여 이러한 결과를 관리자가 어떻게 이용할 수 있는지의 관리적 시사점을 도출해야 한다. 마케팅조사의 정의에서 언급된 것처럼 조사의 목적은 관리자의 의사결정을 돕고자 하는 것이다. 따라서 관리자가 조사 결과를 어떻게 이용할 수 있는지를 제시해야 한다.

5. 보고서 작성 및 발표

조사 결과를 관리자에게 제공하기 위해서 또는 그 결과를 공유하기 위해서는 조사에 대해서 문서로 보고서를 작성해야 한다. 전체적인 내용을 짧은 시간 안에 파악하기 쉽도록 요약하여 보고서에 포함시킨다. 분석 결과 중 일반인이 이해하기 어려운 통계적인 부분은 너무 자세하게 설명하는 것보다는 중요한 부분만 제시하고 나머지 부분은 가독성을 높이기 위하여 제외하거나 필요한 부분은 부록으로 첨부하는 것이 좋다.

일반적으로 조사자는 보고서를 제출하고 또한 그 결과를 발표하게 된다. 발표는 일반적으로 관계자들 앞에서 하게 되며 적절한 시간내에 발표를 마쳐야 한다. 전체적인 내용을 이해하기 쉽도록 조사과정의 단계별로 내용을 정리하여 파워포인트로 발표 파일을 만들어 발표시 배부하는 것이 좋다. 따라서 보고서 작성 및 발표를 잘하기 위해서는 문서 작성 및 발표에 대한 기술 및 요령이 필요하다. 발표 전에 발표 연습을 해보는 것은 발표를 잘하는 데 도움을 준다.

마케팅조사 참고 ::: 빅데이터의 의의

정보기술의 발전에 따라 다양한 종류의 대규모 데이터의 생성, 수집, 분석 및 활용이 가능해졌다. 빅데이터(big data)란 데이터를 수집, 저장, 관리, 분석하는 데 있어서 기존의 데이터베이스 관리 도구의 역량을 넘어서는 대량의 정형 데이터(고정된 필드에 저장된 데이터) 또는 비정형 데이터(규격화된 필드에 저장되지 않은 데이터로, 텍스트 문서 및 이미지, 동영상, 음성 데이터 등)의 집합 및 이러한 데이터로부터 가치를 추출하고 결과를 분석하는 기술을 의미한다. 빅데이터는 규모, 속도, 다양성, 진실성, 시각화의 특징을 갖는다.

빅데이터 분석기법으로 정형 데이터를 분석하기 위하여 SPSS, SAS, JASP, R 등을 이용한 기존의 통계자료분석기법이 사용되며 비정형데이터를 분석하기 위해서는 R, 파이썬 등을 이용한 텍스트마이닝, 오피니언마이닝, 소셜네트워크분석 등이 사용된다.

빅데이터는 마케팅분석(marketing analytics), 고객분석(customer analytics), 자료분석(data analytics), 데이터마이닝(data mining)으로 불리기도 한다. 이러한 분석들에서 중요한 전제는 분석 대상인 각 개인들이 다르다는 것이다. 고객관계관리(Customer Relationship Management, CRM)는 이러한 전제하에서 궁극적으로 소비자, 고객의 서로 다른 필요와 욕구를 충족시키고자 하는 것이다.

빅데이터를 통하여 소비자에게 맞춤화된 제품과 서비스를 제공함으로써 기업은 더 나은 성과를 얻을 수 있다. 빅데이터, 고객분석 또는 마케팅조사의 본질은 모두 관리자의 의사결정을 돕고자 하는 것이다. 관리자는 더 나은 의사결정을 통하여 더 나은 가치를 창출할 수 있게 되는 것이다.

2.3 조사계획서의 작성

조사자는 조사를 하기 전에 조사계획서를 반드시 작성해야 한다. 어떤 조사라도 조사계획서를 작성하여 조사일정을 염두에 두며 일정에 맞추어 차질없이 조사를 진행하는 것이 좋다.

조사계획서에 들어갈 내용은 일반적으로 다음과 같다.

1. 조사제목: 조사제목은 조사목적에 부합되어야 하며 조사의 내용을 전체적으로 반영하는 것이 좋다.
2. 조사의 배경 및 목적: 조사의 목적을 기술하기 전에 이 조사를 왜 하게 되는지, 즉 조사의 배경을 먼저 설명하는 것이 조사의 목적 및 필요성을 이해하는 데 도움을 준다.

   조사의 배경을 기술한 후에는 이 조사를 왜 하는지, 즉 조사의 목적을 기술해야 한다. 조사문제를 해결하는 것이 조사의 목적이 된다. 따라서 조사문제를 명확하게 정의하고 기술해야 한다. 또한 조사문제의 해결 또는 이 조사가 왜 중요한지를 기술하는 것은 조사의 필요성을 이해하는 데 도움을 준다. 조사문제의 해결이 관리자의 의사결정문제의 해결에 도움이 되는지를 평가해야 한다.
3. 조사의 내용: 조사자는 의사결정자가 필요로 하는 정보를 제공해야 한다. 따라서 조사자는 어떠한 정보를 얻을 것인지를 조사의 내용에서 기술해야 한다.

   조사의 목적에 기초하여 조사해야 할 내용을 전체적으로 정리해서 기술해야 한다. 일반적으로 큰 제목 밑에 세부적 조사항목들을 기술한다.

4. 자료수집방법: 자료수집방법은 2차 자료 및 1차 자료의 수집방법에 대한 기술이다. 어떠한 2차 자료와 1차 자료를 어떻게 수집할지를 설명해야 한다. 1차 자료에서는 어떠한 표본을 대상으로 조사할 것인지를 기술한다.
5. 자료분석방법: 수집한 자료를 분석하기 위해서 어떠한 통계 분석기법을 사용할 것인지를 설명해야 한다. 사용되는 통계 분석프로그램을 언급할 수 있다.
6. 조사일정 및 비용: 의사결정자가 정보를 필요로 하는 시기에 정보가 제공되어야 한다. 따라서 정해진 시간 안에 조사보고서를 제출해야 한다. 조사보고서 제출시점을 정하고 역순으로 조사과정의 각 단계별로 종결시점을 정해야 한다.

   또한 각 단계에서 필요한 활동을 하는데 드는 비용을 추산하고 일반적으로 예비비를 추가하여 총 예상비용을 결정한다.
7. 참여인력 및 프로필: 끝으로 참여인력의 구성과 그들의 프로필을 간단하게 설명한다.

일반적으로 조사의 각 단계를 도표화하여 눈에 들어오도록 체계화하여 보여주는 것이 좋다. 일반적으로 플로차트를 사용하여 단계별로 조사과정을 기술할 수 있다.

표 2-1 ● 조사계획서의 내용

1. 조사제목
2. 조사의 배경 및 목적
3. 조사의 내용
4. 자료수집방법
5. 자료분석방법
6. 조사일정 및 비용
7. 참여인력 및 프로필

조사계획서의 예

1. 조사제목

학교소속감 또는 동일시와 학교생활 참여 및 기부와의 관련성에 관한 조사

2. 조사의 목적

- 조사의 배경: 학생들은 학교에의 소속감이 낮은 경우 수업뿐 아니라 학교활동에의 참여도 저조하게 된다. 또한 야간 학생은 주간 학생과 달리 어려운 환경 가운데서 공부를 해야 한다. 주간에 일을 하고 야간에 공부를 하므로 학교에의 소속감이 낮은 경우에는 수업에의 출석도 저조하게 된다. 학생들은 졸업한 후에 학교에의 후원뿐만 아니라 학교 이미지 등 학교 발전 및 위상에 중요한 역할을 담당하게 된다.
- 조사문제: 학생의 학교에의 소속감 또는 동일시는 학생의 학업 및 학교생활에 큰 영향을 미칠 수 있다. 따라서 본 조사는 학교소속감과 학생의 학교생활 참여와의 관련성을 살펴볼 것이다. 또한 졸업 후에 학교의 발전을 위한 기부의도와의 관련성도 살펴볼 것이다.

3. 조사의 내용

1) 소속감

소속감은 학문적으로 조직동일시의 개념으로 연구되었다. 따라서 조직동일시의 구성항목들은 어떠한 것들이 있는지 살펴보고자 한다.

2) 참여

학교생활에의 참여는 수업, 학생회 프로그램, 동아리 활동 등 여러 분야로 구분될 수 있다. 참여의 유형과 활동들을 살펴볼 것이다.

3) 기부

기부는 물질적 기부와 시간적 기부로 크게 구분할 수 있다. 학교에의 기부 유형을 살펴보고 기부의도를 확인해 보고자 한다.

4. 조사의 방법

1) 질적 조사

심층면접법 또는 표적집단면접법을 통하여 소속감의 내용 및 구성항목에 대하여 살펴보고 학교활동에의 참여 및 기부의도 등을 파악하고자 한다.

2) 서베이 조사

재학생 및 졸업생을 대상으로 그들의 소속감 및 학교프로그램에의 참여, 기부의도 및 기부활동에 대하여 조사하고자 한다.

5. 조사일정 및 비용

조사일정은 다음과 같다. 12주 기간으로 아래 순서로 조사를 수행한다.

1. 조사문제의 정립 및 문헌고찰 — 4주
2. 질적 조사 — 2주
3. 설문지 작성 — 2주
4. 설문지 수집 — 1주
5. 자료입력, 분석, 해석 및 관리적 시사점의 도출 — 2주
6. 보고서 작성 — 1주

비용은 설문지 인쇄, 설문지 수집, 자료입력, 분석 및 보고서 인쇄 등에 드는 비용을 추산하여 합계하고 이 추산비용에 10% 정도를 예비비로 산정하여 총 비용을 산정한다.

조사 내용	1주	2주	3주	4주	5주	6주	7주	8주	9주	10주	11주	12주
조사문제의 정립 및 문헌고찰	━	━	━	━								
질적 조사					━	━						
설문지 작성							━	━				
설문지 수집									━			
자료입력 및 분석, 시사점 도출										━	━	
보고서 작성												━

- 설문지 인쇄비: 200부 × 4쪽 × 50원 = 40만 원
- 설문지 수집 인건비: 4명 × 10만 원 = 40만 원
- 자료입력비: 1인 × 10만 원 = 10만 원
- 자료분석비: 1인 × 5만 원 = 5만 원
- 보고서 인쇄비: 5만 원
- 예비비: 100만 원(설문지 인쇄비 + 설문지 수집인건비 + 자료입력비 + 자료분석비 + 보고서 인쇄비) × 0.1 = 10만 원
- 총 비용: 110만 원

실습과제

조사문제를 설정하고 조사계획서를 작성하라.

CHAPTER 03

문제의 정의

마케팅조사과정의 첫 단계는 문제의 정의이다. 어떠한 문제를 조사할 것인지를 명확히 정의해야 한다. 그러기 위해서는 조사할 문제가 무엇인지 명확히 파악해야 한다. 문제를 파악하기 위해서 일반적으로 탐색조사를 실시한다. 탐색조사는 의사결정자와의 면담, 전문가(또는 경험자)와의 면담, 2차 자료 조사, 조사대상자와의 인터뷰(질적 조사), 사례조사 등을 들 수 있다.

문제를 파악하기 위해서는 먼저 앞에서 언급한 마케팅관리과정의 측면에서 살펴볼 필요가 있다. 계획하고 실행하고 평가하는 데 있어서 어떠한 문제가 발생하였는지를 살펴볼 필요가 있다.

3.1
조사문제의 정의

1. 조사문제 정의의 중요성

마케팅조사과정은 조사문제의 정의로부터 시작한다. 따라서 조사문제를 잘 정의해야 조사의 목적을 달성할 수 있다. 만약 조사문제를 잘못 정의하는 경우에는 다른 문제를 조사하게 되어 정작 해결하고자 하는 문제를 해결할 수 없게 된다. 초래되는 시간과 비용 및 노력을 낭비하는 결과를 가져오게 된다.

조사문제의 정의에는 시간과 탐색 노력이 필요하다. 따라서 조사문제의 정의를 소홀히 하지 말고 조사과정에서 조사문제의 정의에 많은 시간을 투입하여야 한다.

2. 의사결정문제와 조사문제의 관계

조사는 의사결정 문제의 해결에 도움을 주기 위한 것이므로 의사결정자의 의사결정문제를 이해하고 이를 잘 해결하기 위하여 조사문제를 정의해야 한다. 따라서 마케팅조사문제를 정하기 위해서는 먼저 경영자의 의사결정문제를 규명해야 하며, 경영자의 의사결정문제에 기초하여 마케팅조사문제를 설정해야 한다. 즉, 조사자는 의사결정자와의 면담을 통하여 의사결정문제를 파악하고 정의해야 한다. 또한 마케팅조사는 의사결정에 도움이 되기 위해서 하는 것이므로 의사결정자 및 업체 관계자와의 면담이 반드시 필요하다. 의사결정자와의 면담은 문제의 배경 및 문제의 정의 그리고 가능한 해결책의 파악에 도움을 준다. 의사결정자와의 면담을 통하여 의사결정자가 어떠한 의사결정문제를 가지고 있는지 그리고 어떠한 의사결정문제를 해결하고 싶은지 등을 파악해야 한다. 의사결정자도 의사결정문제에 대하여 명확한 인식이 없는 경우가 있을 수 있으므로 면담을 통하여 문제를 명확히 할 필요가 있다.

또한 의사결정을 내려야 하는 상황을 알 필요가 있으며, 의사결정을 내리는 의사결정자의 특성도 파악할 필요가 있다. 의사결정자가 위험에 대한 가지는 태도는 대안들의 범위에 영향을 미칠 수 있다. 의사결정자가 생각하는 의사결정과 관련된 대안들 및 각 대안들의 결과에 대해 조사할 필요가 있다.

의사결정자 및 업체관계자의 면담은 의사결정을 해야 하는 업무를 이해하는 데 도움을 주어 문제를 명확히 파악할 수 있게 하며 조사자가 갖는 의문사항들을 어느 정도 해결할 수 있다. 또한 업체의 현장을 살펴보는 것은 문제의 파악 및 해결책 강구에 도움을 줄 수 있다. 면담에서 얻은 내용을 확인할 수도 있고 새로운 사실을 추가로 발견할 수도 있다.

조사자는 의사결정자의 의사결정문제를 조사자의 조사문제로 전환해야 한다. 따라서 조사문제는 의사결정문제와 부합되어야 한다. 즉, 조사문제를 해결하는 것이 의사결정문제를 해결하는 것이 되어야 한다. 예를 들어, 관리적 의사결정문제로 점포 1의 단골고객을 늘리기 위해선 무엇을 해야 하는가? 이러한 경우 마케팅조사문제는 점포 1의 상대적 강점과 약점을 파악하는 것이나 또는 점포애호도에 영향을 미치는 요인들을 찾고 이들 요인에 대하여 다른 주요 경쟁자들과 비교하는 것이 될 수 있다.

3. 조사문제의 파악

문제를 잘 정의하기 위해서는 문제를 잘 파악할 필요가 있다. 문제의 파악에는 창의성이 요구된다. 보이지 않던 문제나 변수 간의 새로운 관계를 발견하는 것은 기존의 관점으로 보던 방식에서 새로운 관점으로 보는 방식이 필요할 수 있다. 즉, 새로운 시각에서 사물을 볼 필요가 있다. 일상 업무를 하면서 단순히 업무만 하는 것이 아니라 문제에 대하여 원인 및 해결책을 항상 생각하는 자세가 필요하다. 문제를 해결하기 위해 또 다른 방법은 없는지를 생각하는, 즉 수평적 사고(lateral thinking)를 실행하는 것도 도움이 될 수 있다. 또한 조사하고자 하는 대상(또는 현상)을 깊게 관찰하는 것은 보이지 않던 심층적 문제를 보게 할 수도 있다.

먼저 마케팅관리과정의 측면에서 문제를 살펴볼 필요가 있다. 관리과정은 계획하고 실행하고 평가하는 것이다. 계획에서 세웠던 목표가 실행에 의한 성과와 일치하지 않는다면 왜 그러한 차이가 났는지 파악할 필요가 있다. 이러한 차이와 차이의 원인 규명은 마케팅조사를 하기 위한 이유가 될 수 있다.

관리과정에서 상황 분석은 목표를 수립하기 위한 중요한 전단계이다. 환경이 어떻게 변화하였고 어떻게 변화할 것인지 그리고 이러한 환경변화가 기업에 어떠한 영향을 미치는지는 중요한 마케팅조사의 내용이 된다. 환경변화가 기업에 유리하게 변화하는 기회인지 아니면 부정적으로 영향을 미치는 위협인지 파악할 필요가 있다. 기업들 전체에 영향을 미치는 거시적 환경으로 인구통계적 환경, 경제적 환경, 자연환경, 기술적 환경, 정치적 환경, 사회 문화적 환경 등을 들 수 있다. 개별 기업에 영향을 미치는 미시적 환경으로 자사, 공급자, 중간상, 소비자, 경쟁자, 공중(publics; 금융, 언론, 정부, 소비자 단체, 지역사회 등의 이해관계자) 등을 들 수 있다. 특히 환경의 주요 요소인 자사, 소비자, 경쟁자에 대해서 살펴볼 필요가 있다. 자사의 강점과 약점을 파악하고 경쟁자에 대해서도 강점과 약점을 파악할 필요가 있다. 특히 소비자에 대하여는 표적시장과 관련하여 인구통계적 특성, 소비자행동과 관련된 변수들 예를 들어 라이프스타일, 동기, 개성, 학습, 지식, 구매행동, 태도 등을 살펴볼 수 있다.

목표를 달성하기 위한 전략의 효과에 대해서도 파악할 필요가 있다. 제품, 가격, 촉진, 유통의 마케팅믹스 변수에 대한 전략들이 그 목표달성에 어느 정도로 기여했는지 그 효과를 파악할 필요가 있다. 예를 들어 제품에서 신제품의 출시, 기존제품의 개선이 성장에 기여하였는지, 가격변경은 효과가 있었는지, 판촉 등의 촉진활동은 효과적이었는지, 신규 유통채널은 효과적이었는지 등을 파악할 필요가 있다. 이렇게 마케팅관리과정에 기초하여 문제를 파악한 후에 조사할 문제를 정립할 필요가 있다.

4. 조사문제의 정의 및 범위

마케팅조사문제의 정의는 다음과 같은 특성을 갖는 것이 좋다.

1. 의사결정문제를 해결하는 데 필요한 모든 정보를 조사자가 수집할 수 있도록 하는 정의
2. 조사 진행의 길잡이를 하는 정의

조사자는 당연히 관리자의 의사결정문제를 해결해야 하기 때문에 의사결정문제를 해결할 수 있는 조사문제를 정의해야 한다. 따라서 조사문제는 의사결정문제를 해결하는 데 필요한 모든 정보를 수집할 수 있도록 정의되는 것이 좋다.

또한 조사문제는 무엇을 조사해야 하는지 다음 단계에 대한 길잡이의 역할을 수행해야 한다. 조사문제가 명확하지 않으면 무엇을 조사해야 하는지 지침을 제공하지 못할 것이다.

한편 정의된 조사문제의 범위는 될 수 있는 한 적절한 것이 좋다. 물론 이상적인 경우는 범위를 적절하게 잡는 것이다. 그러나 적절한 범위에 대한 판단은 쉽지 않을 수 있다. 범위와 관련하여 정의는 범위가 넓은 정의와 좁은 정의로 구분할 수 있다. 즉, 조사범위를 넓게 잡을 수도 있고 좁게 잡을 수도 있다. 그러나 넓은 정의는 조사에서 다음 단계에 대한 명확한 지침을 제공하지 못한다는 단점이 있다. 예를 들어 제품의 마케팅 전략의 설정으로 문제를 설정할 경우 다음에 무엇을 해야 하는지 명확하지 않게 된다. 반대로 좁은 정의는 특정 대안이 제외될 수 있고, 의사결정문제의 중요 요소가 고려되지 못할 수 있다. 예를 들어 경쟁제품의 가격인하에 대하여 가격대응을 어떻게 할 것인가로 문제를 정의한 경우에는 비가격대응 같은 대안들이 고려되지 않을 수 있다.

따라서 문제의 범위를 적절하게 정해야 하나 이에 대한 판단이 명확하지 않을 수 있으므로 이에 대한 해결책으로 먼저 넓은 정의를 내리고 넓은 정의에 대하여 세부적으로 좁은 정의를 내리는 것이다.

예를 들면 넓은 정의로 시장에서의 백화점의 경쟁 전략의 결정을 든다면 이에 대해 좁은 정의는 다음과 같은 항목들로 세부적으로 정할 수 있다.

1. 지역경제의 성격
2. 소비자들의 선호 백화점
3. 소비자 선택에 영향을 미치는 요인들

3.2
가설의 설정

1. 가설의 개념

조사문제는 가설(hypothesis) 형태로 기술될 수 있다. 가설은 아직 증명되지 않은 주장으로 일반적으로 두 변수 간의 관계를 기술한다. 가설을 그림으로 나타내면 "X → Y"의 형태가 되며 이를 문장으로 기술한 것, 즉 X는 Y에 영향을 미친다고 기술한 것이 가설이다. 예를 들어 조사문제가 소비자만족이 제품의 재구매에 영향을 미치는지 알고 싶은 것이라면 가설은 소비자만족은 재구매에 영향을 미친다고 기술할 수 있다. 이와 같이 가설은 만족과 재구매의 관계처럼 변수와 변수와의 관계를 기술한 것이다. 가설은 이렇게 검증가능하도록 조사문제를 기술한다. 이러한 가설을 일반적으로 연구가설(research hypothesis)이라고 한다. 이러한 연구가설이 맞는지 또는 맞지 않는지를 실제 자료를 가지고 통계 분석을 통하여 검증하게 된다. 가설의 설정은 연구방법인 연역법에서 시행하는 방법이다. 연역법에서는 가설을 설정하고 관찰을 통하여 가설에 대한 자료를 수집해서 가설이 맞으면 채택하고 가설이 틀리면 기각하게 된다. 이러한 연역적 방법에서 중요한 것은 가설이 논리적으로 타당해야 하며 그 가설에 대한 증거가 존재해야 한다.

2. 좋은 가설의 특성

일반적으로 조사가설은 다음과 같은 특성을 가지고 있을 때 좋은 가설로 평가된다. 우선적으로 조사문제를 해결할 수 있어야 한다. 조사가설은 실증적으로 검증이 가능해야 한다. 즉, 실제 자료를 가지고 그 가설이 맞는지 또는 틀리는지를 판단할 수 있어야 한다.

조사가설은 이론적 또는 경험적 배경에서 도출되어야 한다. 특히 학술적 연구의 가설은 이론에 기초해야 하며 논리적 근거를 가지고 있어야 한다. 다른 경험적 사실이나 이론과 배치되어서는 안 된다. 또한 문장으로 기술되기 때문에 간결하고 이해하기가 쉬워야 한다.

결론적으로 가설의 기술에 있어서 다음과 같은 요건을 갖출 때 가설은 좋은 가설로 평가된다. 조사문제를 해결할 수 있어야, 경험적으로는 검증가능해야, 이론에 근거해야, 논리적이어야, 간결하고 이해하기 쉬워야 한다. 가설의 기술에 앞서 먼저 가설의 근거를 기존 연구 또는 조사, 이론 등에 기초하여 제시해야 한다.

마케팅조사 참고 ::: 귀납법과 연역법의 비교

귀납법(induction)과 연역법(deduction)은 과학적 지식을 얻는 두 가지 연구방법이다. 귀납법은 관찰을 통하여 규칙성(형태)을 발견하고 임시적 결론을 내리게 된다. 반면 연역법은 가설을 설정하고 관찰을 통하여 가설이 맞으면 채택하고 맞지 않으면 기각한다.

예를 들어 귀납법에서는 학생들의 학점과 주당 공부시간을 관찰하여 공부시간이 늘어날수록 학점이 높아진다는 관계성을 발견하면 공부시간이 많을수록 학점이 좋다고 결론을 내린다.

연역법에서는 학생들의 공부시간이 많을수록 학점이 좋다고 가설을 세우고 학생들의 학점과 주당 공부시간에 대한 자료를 수집하여 검증한 결과 실제적으로 공부시간이 많을수록 학점이 높으면 공부시간이 많을수록 학점이 좋다는 가설을 채택한다.

귀납법에서 관찰을 통하여 얻어진 임시적 결론에 대하여 계속적인 관찰을 통하여 실증적 일반화를 하게 되며 이러한 실증적 일반화를 통하여 이론이 구축된다. 가설은 이러한 이론에 기초하여 설정되며 검증을 위하여 관찰이 뒤따른다. 이렇게 과학은 이론-가설-관찰-실증적 일반화의 순환적 과정을 갖는다. 이론-가설-관찰은 연역법에 해당되는 부분이며 관찰-실증적 일반화-이론은 귀납법에 해당되는 부분이라고 할 수 있다. 귀납법의 방법을 사용하여 여러 학생들을 관찰한 결과 공부시간과 학점간의 관계에 대한 실증적 일반화를 하게 되고 공부시간이 많을수록 학점이 좋다는 이론을 구축한다. 연역법에서는 이러한 이론에 기초하여 공부시간과 학점에 대한 가설을 설정하고 관찰을 통하여 검증하게 된다. 따라서 귀납법과 연역법은 과학적 지식을 얻는 상호 보완적인 방법이다.

자료원: Earl Babbie, The Practice of Social Research

실습과제

정의한 조사문제에 대하여 가설을 설정하라.

CHAPTER

04

조사의 설계

조사의 설계에서는 조사를 실제적으로 어떻게 할 것인지에 대하여 계획을 세워야 한다. 탐색조사, 기술조사 및 인과조사 중 어떤 조사를 할 것인지를 결정해야 한다. 탐색조사는 기술조사 및 인과조사의 전단계로 실시할 수도 있다. 인과조사의 방법으로는 실험을 사용한다.

4.1 조사의 종류

조사는 조사의 목적에 의하여 크게 탐색조사, 기술조사, 그리고 인과조사로 구분할 수 있다. 용어자체가 조사의 목적을 나타내고 있다. 탐색조사는 용어 그대로 탐색, 즉 대상 또는 현상에 대해서 알아보고자 조사하는 것을 말한다. 기술조사는 특정 대상 또는 상황의 특성이나, 변수들 간의 상관관계를 기술하는 조사를 말하며 인과조사는 원인과 결과의 관계를 파악하고자 하는 조사를 말한다.

1. 탐색조사

조사를 처음 실시할 때 일반적으로 그 문제에 대하여 잘 모르는 경우가 많다. 이러한 경우 탐색조사(exploratory research)를 실시하게 된다. 탐색조사를 하게 됨에 따라 그 문제에 대해 더 잘 알게 되며 통찰력 및 아이디어를 얻을 수 있다.

다음과 같은 여러 방법들이 탐색조사에 사용된다. 여러 방법들은 서로 중복되는 부분이 있으며 여러 방법들을 함께 사용하여 문제를 파악할 수 있다.

1. 의사결정자(관리자 또는 업무담당자)와의 인터뷰
2. 전문가(경험자)와의 인터뷰
3. 2차 자료 조사
4. 조사대상자와의 인터뷰(질적 조사)
5. 사례조사

3장에서 언급한 것처럼 조사는 의사결정문제를 해결하기 위한 것이므로 의사결정자와의 인터뷰는 문제를 이해하고 파악하는 데 도움을 준다. 중간 단계의 관리자 또는 실제 업무를 행하는 담당자와의 인터뷰는 구체적으로 조사문제의 이해 및 해결에 도움을 줄 수 있다.

전문가 또는 경험자와의 인터뷰는 제품에 대한 의견을 구하는 데 도움을 준다. 예를 들어 제품에 대한 만족도 및 재구매의도를 조사하는 경우 경험자들을 대상으로 하게 된다. 또한 제품 개선 및 신제품개발 등에 대하여 의견을 구하는 경우 경험자들을 대상으로 조사할 수 있으며 그 분야에 대한 전문적 지식을 가진 전문가들에게 조언을 구할 수도 있다. 예를 들어 백화점 서비스 개선에 대하여 서비스 전문가 및 이용객을 대상으로 의견을 구할 수 있을 것이다.

2차 자료 조사는 남이 이미 조사해 놓은 자료를 수집하는 것이다. 인터뷰나 서베이, 또는 실험을 통하여 직접 얻는 1차 자료보다 시간 및 노력에 있어서 2차 자료를 수집하는 것이 경제적이므로 2차 자료를 먼저 조사하는 것이 좋다.

질적 조사는 설문지를 통하여 수치적 정보를 얻는 양적 조사와 달리 조사대상자와 인터뷰를 행함으로 언어적 정보를 자료로 수집하게 된다. 탐색적 조사에 사용될 수 있는 대표적 질적 조사기법은 일대일 심층면접법(depth interview) 및 표적집단면접법(focus group interview)을 들 수 있다.

일대일 심층면접법은 특정 문제에 대하여 개인에게 일대일로 깊이 있게 물어보는 방법이다. 표적집단면접법은 소집단으로 하여금 특정 문제에 대하여 자유롭게 토론하게 함으로써 해결책을 찾고자 하는 방법이다.

사례조사는 조사하고자 하는 문제와 유사한 사례를 조사하는 것이다. 유사한 사례를 살펴봄으로써 조사하고자 하는 문제를 더 잘 파악할 수 있다. 그러나 사례가 문제와 정확히 일치하지 않을 수 있으므로 사례조사가 문제를 완전히 해결할 수는 없을 것이다.

2. 기술조사

기술조사(descriptive research)는 집단의 특성을 기술하거나 변수 간의 상관관계를 기술하는 조사를 말한다. 특정 집단의 특성은 일반적으로 평균과 분산으로 기술할 수 있다. 특정 속성의 평균은 그 집단의 대표값이며, 분산은 구성원들의 값이 그 평균에서 얼마나 떨어져 있는지를 나타낸다.

기술조사에서 변수들 간의 관계는 인과관계가 아닌 상관관계를 의미한다. 상관관계는 두 변수가 단지 서로 관련되어 있다는 것을 의미한다. 양의 상관관계는 두 변수가 같은 방향으로 움직인다는 것을 의미한다. 즉, 두 변수가 함께 증가하거나 또는 함께 감소하는 것을 의미한다. 음의 상관관계는 두 변수가 다른 방향으로 움직인다는 것을 의미한다. 즉, 한 변수는 증가하는데 다른 변수는 반대로 감소하는 것 또는 한 변수는 감소하는데 다른 변수는 증가하는 것을 의미한다.

집단의 특성을 조사할 때 집단을 어느 한 시점에서 조사하는 것은 횡단적 조사라고 한다. 반면 종단조사는 여러 시점에서 집단을 반복적으로 조사하는 것을 말한다. 일반적으로 사람을 선별하여 패널(panel)을 구성하여 이들 패널 구성원들을 대상으로 종단조사를 한다. 이러한 종단조사를 하게 되면 시간에 따른 집단의 특성변화를 볼 수 있다. 예를 들어 패널에서 특정 브랜드의 시장점유율의 변화를 볼 수 있다.

3. 인과조사

인과조사(causal research)는 말 그대로 원인과 결과의 관계를 조사하는 것을 말한다. 상관관계에서 한 단계 더 나아가 한 변수가 원인으로 작용하고 다른 변수가 결과로 나타나는지를 파악하고자 하는 것이다. 예를 들어 가격을 높이면 매출이 어떻게 될 것인지를 파악하는 것이다.

인과관계(causation)가 성립하기 위해서는 다음의 조건을 충족시켜야 한다.

1. 동반발생 또는 동반변동(concomitant variation)
2. 시간적 순위(time order)
3. 외생변수의 통제(control of extraneous variables)

동반발생 또는 동반변동은 두 사건이 함께 발생하거나 또는 함께 변동하는 것을 의미한다. 시간적 순위는 원인이 결과보다 시간적으로 앞서는 것을 말한다. 외생변수의 통제는 실제 현상에서는 여러 원인들이 존재할 수 있으므로 특정 원인 이외에 다른 원인들이 결과에 영향을 미치지 못하게 하는 것을 말한다. 즉, 다른 원인이 존재하지 않는 것을 말한다. 외생변수를 통제한다는 것은 외생변수가 발생하지 않거나 변하지 않고 고정되어 있는 것을 의미한다. 예를 들어 오비이락이란 말에서 까마귀가 날고 까마귀가 난 나무의 배가 떨어졌을 때, 까마귀 난 것이 배 떨어진 것의 원인인지를 살펴보고자 한다. 첫 번째 조건은 까마귀가 난 것과 배가 떨어진 사건이 함께 발생하였으므로 충족되었다. 두 번째 조건인 시간적 순위는 까마귀 난 것이 배가 떨어진 것보다 먼저 발생하였으므로 충족이 되었다. 세 번째 조건인 다른 원인이 존재하지 않는다면 까마귀 난 것이 유일한 원인이 된다. 그러나 까마귀가 날았지만 배가 떨어지도록 바람이 심하게 부는 것과 같은 다른 원인이 존재한다면 까마귀 난 것은 원인이 아닐 수 있다.

동반발생 또는 동반변동은 두 사건이 서로 관련성이 있다는 상관관계(correlation)를 의미하며 동반발생 또는 동반변동만으로 인과관계가 성립되지 않는다. 그 외 시간적 순위와 외생변수의 통제조건이 필요하다. 인과관계가 성립하기 위한 한 가지 조건으로 동반발생 또는 동반변동이 필요하다. 즉, 인과관계의 필요조건으로 상관관계가 성립해야 한다.

마케팅조사 참고 ::: "닭이 먼저냐, 달걀이 먼저냐" 답 나왔다

"닭이 먼저냐, 달걀이 먼저냐"라는 오랜 의문에 영국 과학자들이 "닭이 먼저"라고 답했다. AFP 통신 등 외신들은 14일(현지시간) 잉글랜드 소재 셰필드 대학과 워릭 대학 공동 연구진의 연구결과를 인용해 닭이 없으면 달걀이 존재할 수 없다고 소개했다.

공동 연구진은 영국 정부의 슈퍼컴퓨터 '헥토르'로 "닭이 먼저냐, 달걀이 먼저냐"라는 오랜 의문을 푸는 데 도전했다.

열쇠는 달걀 껍질에 있었다. 달걀 껍질을 형성하는 닭의 단백질 '오보클레디딘-17(OC-17)'에 주목한 것. 사실 과학자들은 OC-17의 존재를 이미 알고 있었다. OC-17은 달걀 껍데기 형성에서 매우 중요한 역할을 담당하는 단백질이다.

연구진은 이번에 헥토르까지 동원해 OC-17이 어떻게 달걀 껍질을 형성하는지 정확하게 알아냈다. 슈퍼컴퓨터 시뮬레이션 결과 OC-17은 일종의 촉매로 달걀 껍질의 주재료인 결정체 형성을 유발하는 것으로 밝혀졌다. 탄산칼슘 입자를 방해석 결정체로 전환시켜 달걀 껍질이 형성되도록 도와주는 것.

결정체 핵이 스스로 성장할 수 있을만큼 커지면 OC-17은 달걀 껍질 형성 과정에서 이탈해 떨어져 나와 같은 과정을 되풀이한다. 이런 과정이 단기간에 여러 차례 지속되면서 달걀 껍질은 완벽하게 형성되는 것이다.

연구팀은 이번에 OC-17을 닭의 난소에서 발견해 달걀이 닭의 난소에서만 만들어진다는 사실도 알아냈다. 닭 난소에 OC-17이 없으면 달걀은 만들어지지 않는다. 닭 없이 달걀이 존재할 수 없다는 뜻이다.

이번 연구를 이끈 셰필드 대학의 존 하딩 교수는 "달걀 껍질의 형성 과정이 밝혀진 게 매우 흥미롭지만 이번 연구결과가 새로운 인공물질 설계 등에 활용될 수 있다는 게 더 고무적인 일"이라고 말했다.

자료원: 아시아경제신문, 2010. 07. 15.

4.2 실험의 개념

실험(experiment)은 원인과 결과의 관계, 즉 인과관계를 알기 위해 행해지는 방법이다. 실험은 다음과 같은 요소들이 필요하다.

1. 실험변수의 조작
2. 실험결과의 관찰
3. 외생변수의 통제

실험변수의 조작이 이루어지고, 즉 실험변수의 값의 변화가 먼저 이루어지고 실험결과를 관찰하게 된다. 단 실험에 영향을 미칠 수 있는 다른 외생변수들은 통제된 상태에서 실험변수가 조작되고 실험결과가 관찰된다. 예를 들어 실험실에서 온도가 일정하게 통제된 상태에서 압력을 높이면 부피가 줄어들게 된다. 온도가 일정하게 고정된 것은 외생변수를 통제한 것이고 압력을 높이는 것은 실험변수를 조작한 것이며 부피가 줄어드는 것을 실험결과로 관찰하는 것이다.

1. 실험설계의 기본모형

실험설계(experimental design)의 모형은 기본적으로 다음과 같다.

O_1	X	O_2

O_1은 사전측정, X는 실험변수에 노출, O_2는 사후측정을 의미한다. 예를 들어 브랜드광고를 보기 전 사전 태도의 측정(O_1), 그리고 광고를 본 후 사후 태도의 측정(O_2)을 하는 것이다. 실험변수에의 노출은 광고를 본 것(X)을 말한다. 사후측정값에는 실험변수뿐만 아니라 외생변수의 영향도 포함된다. 따라서 사후측정에서 사전측정을 빼면 다음과 같은 결과를 얻는다.

$$O_2 - O_1 = \text{실험변수효과} + \text{외생변수효과}$$

O_2에서 O_1을 차감한 해에는 실험변수효과와 외생변수효과가 혼합되어 있다. 즉, 광고의 효과와 광고와 관련이 없는 기타 외생변수의 효과가 혼재되어 있다. 예를 들어 외생변수는 실험기간 중에 발생한 광고와 관련이 없는 사건 등을 들 수 있다. 순수한 실험변수효과만 얻기 위해서는 외생변수효과를 제거해야 한다. 이를 위해 실험변수에 노출된 실험집단(experimental group) 외에 실험변수의 노출이 없는 통제집단(control group)이 필요하다.

O_1	X	O_2	(실험집단)
O_3		O_4	(통제집단)

O_4에서 O_3을 빼면 통제집단에는 실험변수의 노출이 없기 때문에 외생변수효과만 있게 된다.

$$O_4 - O_3 = \text{외생변수효과}$$

따라서 다음과 같은 결과를 갖는다.

$$O_2 - O_1 \quad = \text{실험변수효과} + \text{외생변수효과}$$
$$O_4 - O_3 \quad = \text{외생변수효과}$$

위의 식 $(O_2 - O_1)$에서 $(O_4 - O_3)$를 빼면 외생변수효과는 제거된다.

결과적으로 실험집단의 해에서 통제집단의 해를 빼면 실험변수효과만을 얻을 수 있다.

$$(O_2 - O_1) - (O_4 - O_3)$$
$$= (\text{실험변수효과} + \text{외생변수효과}) - (\text{외생변수효과}) = \text{실험변수효과}$$

2. 외생변수의 종류

실험결과에 영향을 미치는 외생변수들은 다음과 같다.

1. 비관련 사건(history): 실험기간에 일어난 관련없는 사건을 의미한다. 예로 옛 두산전자가 낙동강에 폐놀유를 유출한 것이 그 당시 같은 그룹의 회사였던 OB의 맥주 매출에 부정적 영향을 미친 사건을 들 수 있다.
2. 성숙효과(maturation effect): 실험기간 중에 일어난 실험집단의 특성 변화를 의미한다. 어린 아이들을 대상으로 영양제의 효과에 대해 조사하는 경우 아이들은 신체적으로 성장하게 되어 특성이 변화하게 된다. 아이들의 성장에는 영양제의 효과도 있겠지만 자연적인 신체 발육도 포함된다.
3. 시험효과(testing effect): 시험효과는 주시험효과(main testing effect)와 상호작용시험효과(interactive testing effect)로 구분된다. 주시험효과는 동일한 측정을 반복함으로써 사전측정이 사후측정에 영향을 미치는 것을 말한다. 상호작용시험효과는 사전측정이 실험변수에 대한 실험대상자의 반응에 영향을 미치는 것을 의미한다.

4. 측정수단의 변화(instrument variation): 측정방법이 실험기간 동안에 달라지는 것을 말한다. 즉, 사전측정과 사후측정에서 측정수단이 다른 것을 의미한다.
5. 통계적 회귀(statistical regression): 측정이 반복되는 경우 나중 측정치들이 정상적인 평균치로 회귀하려는 현상을 의미한다. 예를 들어 시험을 볼 때 처음 보면 실수가 있어서 제 실력이 안 나올 수 있지만 여러 번 보게 되면 제 실력이 나올 수 있다.
6. 비교집단 간의 표본의 차이(different selection of respondents for comparison groups): 실험집단과 통제집단으로 구분되어 있는 경우 두 집단이 실험변수에 노출되기 전에 같지 않고 차이가 나는 것을 의미한다. 예를 들어 온라인 쇼핑몰에서의 구매의도를 측정하는 경우 통제집단이 실험집단보다 젊은 층이 더 많다면 통제집단에서 구매의도가 더 높게 나타날 것이다.
7. 실험대상의 소멸(experimental unit mortality): 실험기간에 실험대상이 이탈하는 것을 말한다. 예를 들어 실험대상이 사전측정에는 참여하였으나 사후측정에 참여하지 않을 수 있다.

3. 외생변수의 통제방법

외생변수의 영향을 통제하기 위하여 다음과 같은 방법들이 사용될 수 있다.

1. 제외(elimination): 외생변수로 작용할 수 있는 요인이 실험상황에 개입되지 않도록 하는 것을 의미한다. 예를 들어 결혼 여부가 외생변수로 작용할 수 있는 경우 기혼자는 제외하고 미혼자만을 대상으로 조사할 수 있다.
2. 균형화(matching): 실험집단과 통제집단이 특정 변수에 있어서 동일한 분포를 갖도록 하여 집단의 차이가 영향을 미치지 않도록 하는 것을 말한다.
3. 상쇄(counter balancing): 순서가 결과에 영향을 미치는 경우 순서를 변경하여 반복 측정하는 것을 말한다. A, B 두 집단의 측정에 있어서 일부는 A, B 순서로 나머지는 B, A 순서로 측정하는 것이다.

4. 무작위화(randomization): 무작위로 실험대상을 실험집단과 통제집단에 배정하는 것을 의미한다. 무작위로 배정하는 경우 외생변수들의 영향이 상쇄되는 효과를 얻을 수 있다.
5. 구분화(blocking): 전체 집단을 요인의 수준별로 구분하여 실험하는 것을 의미한다. 예를 들어 소득이 외생변수로 작용할 수 있는 경우 소득별로 집단을 구분하여 각 집단별로 같은 실험을 하는 것을 의미한다.

4. 내적타당성과 외적타당성

실험에서 외생변수를 통제하면 결과변수의 변화는 실험변수에 의해 일어난 것이라고 추정할 수 있다. 이렇게 결과변수의 변화가 실험변수에 의해서만 발생하는가를 내적타당성(internal validity)이라고 한다. 내적타당성을 높이기 위해서는 외생변수를 잘 통제해야 한다. 외적타당성(external validity)은 그 실험 상황이 얼마나 현실과 일치하는가를 의미한다. 외적타당성을 높이기 위해서는 현실과 일치되도록 외생변수를 통제하지 말아야 한다.

따라서 내적타당성과 외적타당성은 서로 반대적이다. 내적타당성을 높이면 현실에서 영향을 미치는 외생변수를 통제하게 되므로 외적타당성은 낮아지게 된다. 반대로 현실과 일치되게 하면 외적타당성은 높아지나 외생변수를 통제하지 못하므로 내적타당성은 낮아지게 된다.

내적타당성과 외적타당성이 서로 상충되므로 적절한 균형을 이루는 실험설계가 필요하지만, 일반적으로 연구조사에 있어서는 원인과 결과의 관계를 아는 것이 더 중요하다고 할 수 있으므로 내적타당성을 높이는 것이 외적타당성보다 우선된다.

5. 실험설계의 종류

외생변수를 어느 정도로 통제하는가에 의하여 세 가지 실험설계로 구분될 수 있다.

1. 원시실험설계(pre-experimental design): 외생변수를 거의 통제하지 못하는 실험설계이다. 실험대상자가 실험변수에 언제 노출되는지, 또한 실험대상자가 누구인지, 그리고 언제 측정할 것인지에 대해 전혀 통제를 하지 못한다.
2. 진실험설계(true-experimental design): 외생변수를 거의 완벽하게 통제하는 실험설계이다. 누가 실험변수에 노출되고 누가 실험변수에 노출되지 않는지를 통제하며, 실험변수의 노출시기 및 측정시기도 통제한다. 실험집단과 통제집단에 실험대상자를 무작위로 배정한다.
3. 유사실험설계(quasi-experimental design): 진실험설계와 비슷하지만 실험변수의 노출 대상 및 시기를 통제하지 못하는 실험설계로 현장실험의 경우가 해당이 된다. 그러나 누구를 언제 측정할지는 통제할 수 있다. 유사실험설계에서는 실험집단과 통제집단에의 실험대상자를 할당하는 것이 무작위로 이루어지지 못한다.

1) 원시실험설계의 종류

(1) 단일집단 사후측정 실험설계

X	O_2

단일집단 사후측정 실험설계(one-shot case study)는 실험변수에 노출 후에 결과를 측정하는 것이다. 예를 들어 광고에 노출된 후에 광고태도를 측정하는 것이다. 이 실험설계의 문제는 실험변수에 노출되기 전의 값을 모른다는 것이다. 즉, 사전에 태도가 어느 정도인지를 알지 못하므로 광고에 의하여 태도가 얼마나 좋아졌는지를 알 수가 없다.

(2) 단일집단 사전사후측정 실험설계

O_1	X	O_2

단일집단 사전사후측정 실험설계(one-group pretest-posttest design)는 단일집단 사후측정 실험설계에서 사전측정을 추가한 것이다 이 설계의 문제점은 사후측정에서 사전측정값을 빼면 실험변수의 효과 외에 외생변수의 효과도 함께 포함된다는 것이다. 예를 들어 광고에 의한 태도의 증가도 있지만 본 상표의 광고태도에 경쟁자의 광고도 영향을 미칠 수 있다.

(3) 실험집단-통제집단 사후측정 비교 실험설계

	X	O_2
		O_4

실험집단-통제집단 사후측정 비교 실험설계(static group design)는 실험집단과 통제집단으로 구분하되 사전측정을 제외한 것이다. 사전측정을 제외한 이유는 사전측정으로 인한 시험효과의 외생변수의 영향을 통제하기 위한 것이다. 실험집단과 통제집단을 무작위로 배정하여 구분하지 않았기 때문에 두 집단이 유사하다는 보장이 없으므로 비교집단 간의 표본의 차이가 발생할 수 있다. 따라서 실험집단과 통제집단의 외생변수가 같다는 보장이 없다.

2) 진실험설계

(1) 실험집단-통제집단 사전사후측정 실험설계

(R)	O_1	X	O_2
(R)	O_3		O_4

R은 두 집단에 실험대상을 무작위(Random)로 할당하는 것을 의미한다. 실험집단-통제집단 사전사후측정 실험설계(pretest-posttest control group design)는 실험대상을 실험집단과 통제집단에 무작위로 배분하여 사전 사후 측정을 한다.

실험설계의 기본모형에서 설명하였듯이 $(O_2 - O_1)$에서 $(O_4 - O_3)$를 빼면 외생변수 효과는 제거되고 실험변수의 효과만 얻게 된다.

(2) 실험집단-통제집단 사후측정 실험설계

(R)	X	O_2
(R)		O_4

R은 두 집단에 실험대상을 무작위로 할당하는 것을 의미한다. 실험집단-통제집단 사후측정 실험설계(posttest-only control group design)는 실험집단-통제집단 사전사후측정 실험설계와 달리 사전측정을 시행하지 않는다.

실험집단-통제집단 사전사후측정 실험설계에서 모든 외생변수가 제거되는 것은 아니다. 즉, 사전측정을 하게 되면 외생변수에서 시험효과는 존재하게 된다. 실험집단에서는 사전측정이 실험변수의 반응에 영향을 미치는 상호작용시험효과와 사전측정이 사후측정에 영향을 미치는 주시험효과가 발생할 수 있고 통제집단에서는 실험변수에의 노출이 없으므로 사전측정이 사후측정에 영향을 미치는 주시험효과만 발생하게 된다. 따라서 실험집단에서 통제집단을 빼도 상호작용시험효과는 제거되지 않는다. 이러한 문제점을 제거하기 위하여 위의 실험집단-통제집단 사전사후측정 실험설계에서 사전측정을 제거한 것이다. 그러나 실험집단-통제집단 사후측정 실험설계는 사전측정을 하지 않았으므로 실험변수에 노출 전의 값을 알 수 없다.

(3) 솔로몬 4집단 실험설계

(R)	O_1	X	O_2
(R)	O_3		O_4
(R)		X	O_5
(R)			O_6

R은 두 집단에 실험대상을 무작위로 할당하는 것을 의미한다. 솔로몬 4집단 실험설계(Solomon four-group design)는 실험집단-통제집단 사전사후측정 실험설계와 실험집단-통제집단 사후측정 실험설계를 통합한 것이다.

실험집단-통제집단 사전사후측정 실험설계에서 사전측정의 외생변수의 영향, 그리고 실험집단-통제집단 사후측정 실험설계에서 사전측정을 하지 않음으로 인한 단점을 제거하기 위하여 위의 두 실험설계를 통합한 것이다. 4번의 실험을 해야 하기 때문에 시간 및 노력이 당연히 더 들어가게 된다.

3) 유사실험설계

(1) 실험집단-통제집단 사전사후측정 실험설계

O_1	X	O_2
O_3		O_4

진실험설계와 달리 유사실험설계에서는 실험집단과 통제집단에 실험대상이 무작

위로 배정되지 않는다. 따라서 유사실험설계인 실험집단-통제집단 사전사후측정 실험설계(nonequivalent control design)에서는 두 집단이 동등하다는 보장을 할 수 없다.

(2) 시계열 실험설계

$$O_1 \quad O_2 \quad O_3 \quad X \quad O_4 \quad O_5$$

시계열 실험설계(time series design)는 실험집단과 통제집단으로 구분할 수 없을 때 한 집단에 대하여 여러 번 측정을 하는 것을 말한다. 시계열 중간에 실험대상자는 실험변수에 노출된다. 실험변수가 있는 기간이 실험집단의 역할을 하고 실험변수가 없는 기간이 통제집단의 역할을 하게 된다. 따라서 실험변수가 있는 기간의 변화가 실험변수의 효과를 추가로 포함하게 된다. 실험변수가 포함된 기간과 그렇지 않은 기간이 다르므로 비관련 사건, 성숙효과, 측정수단의 변화 등의 외생변수를 통제하지 못하게 된다.

〈그림 4-1〉에서 매출과 판촉(그림에서 X)의 관계를 시계열 실험을 통하여 살펴보면 A는 판촉과 매출의 대표적인 형태이다. 판촉으로 인하여 매출이 일시적으로 증가하였으나 미래구매를 당겨오게 되어 매출이 줄고 이러한 구매한 제품이 소비된 다음에는 원래대로 돌아가 일시적 증가의 효과가 있는 경우이다. B는 판촉 후에도 지속적으로 증가하고 있으므로 지속적 증가의 효과가 있는 경우이나, C는 판촉과 관계없이 계속적 증가를 보이고 있으므로 판촉의 효과가 없는 경우이다. D는 전혀 변화가 없어 효과가 없는 경우이다. E는 판촉 후에 감소율이 줄어들었으므로 판촉의 효과가 있는 경우이나, F는 판촉의 감소율을 줄이지 못하였으므로 판촉의 효과가 없는 경우이다.

그림 4-1 • 시계열 실험의 결과

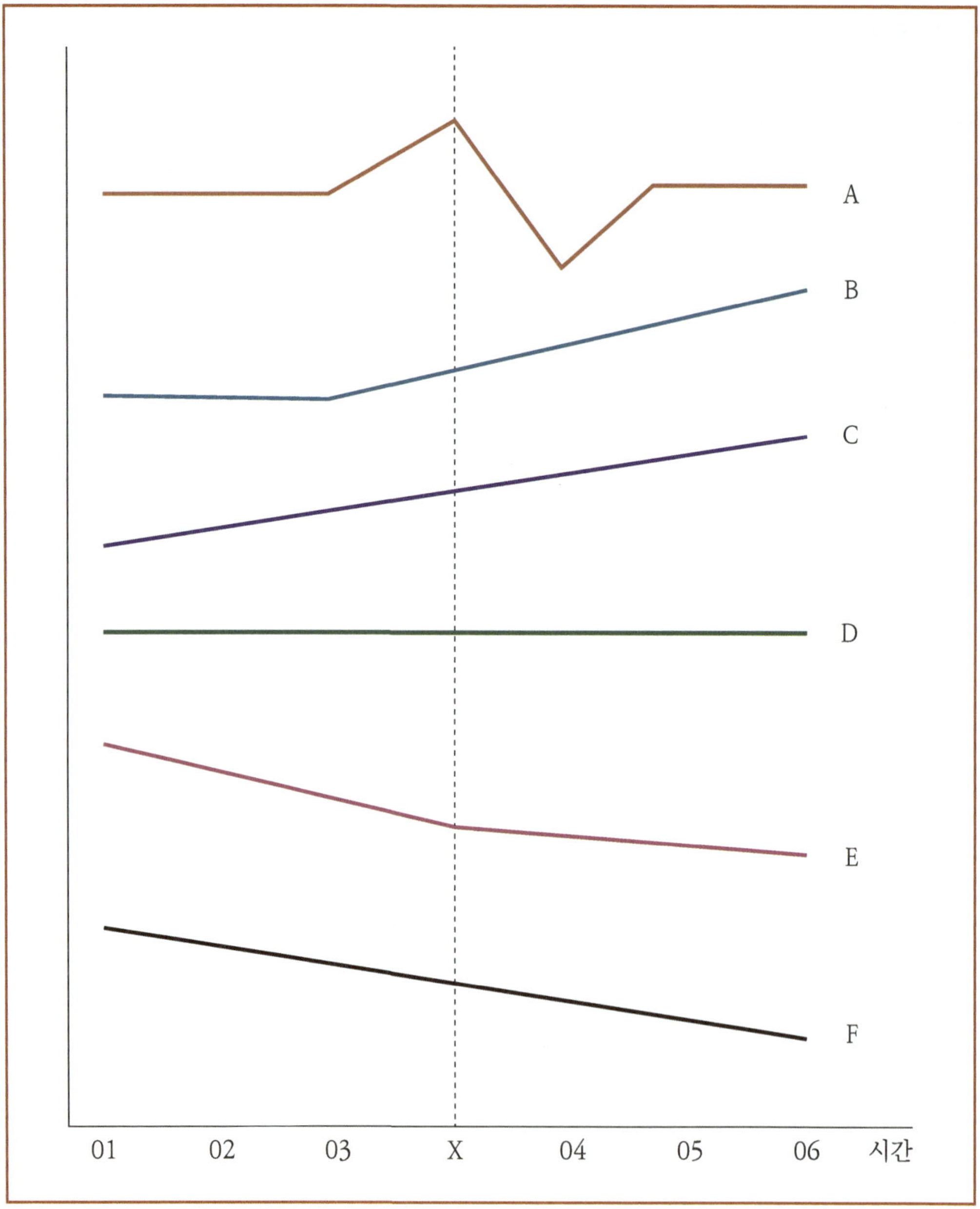

실습과제

- 다음 패널데이터를 사용하여 A상표의 2기 시장점유율을 계산하라.
  (A, B의 2대안만 있는 경우 A상표의 2기 시장점유율 공식: A의 1기 시장점유율 × A의 재구매율+(1 – A의 1기 시장점유율) × B에서 A로의 전환율)

		2기		구매자 수
		A	B	
1기	A	810	90	900명
	B	30	70	100명
구매자 수		840명	160명	총 1,000명

- 다음 패널데이터를 사용하여 2기에 행한 A상표 광고의 효과를 계산하라.
  (힌트: 실험집단과 통제집단별로 2기의 A상표의 시장점유율(MS_2)을 계산하여 실험집단의 ($MS_2 - MS_1$)에서 통제집단의 ($MS_2 - MS_1$)를 차감하라.)

통제집단 (A상표 광고에 노출되지 않음)

		2기		시장점유율
		A	B	
1기	A	0.9 (810/900)	0.1 (90/900)	0.9 (900/1000)
	B	0.3 (30/100)	0.7 (70/100)	0.1 (100/1000)

실험집단 (A상표 광고에 노출)

		2기		시장점유율
		A	B	
1기	A	0.95	0.05	0.9
	B	0.40	0.60	0.1

CHAPTER 05

자료의 수집

수집하는 자료는 1차 자료와 2차 자료로 구분할 수 있다. 1차 자료는 조사자가 직접 실험 또는 서베이 등을 통하여 얻는 자료를 말한다. 2차 자료는 남이 이미 조사해 놓은 자료를 의미한다. 따라서 2차 자료는 시간, 비용, 노력을 절감할 수 있는 장점이 있다. 그러므로 자료수집 시 2차 자료부터 수집해야 한다. 그러나 2차 자료는 현 조사에 적합하지 않을 수 있으므로 2차 자료가 현 조사에 적합한지를 확인해야 한다.

5.1
2차 자료

1. 2차 자료수집 시의 유의사항

2차 자료는 다른 조사자가 조사해 놓은 자료이기 때문에 다음과 같은 점을 유의해야 한다.

1) 조사문제와의 부합성

2차 자료(secondary data)는 다른 조사자가 자신의 조사목적을 위해 수집하였기 때문에 현 조사문제에 정확히 부합되지 않을 수 있다. 따라서 2차 자료를 처음 수집한 다른 조사자의 조사목적과 현 조사의 목적이 일치할수록 2차 자료는 현 조사문제에 부합될 것이다. 수집목적이 일치할수록 그 2차 자료가 이용될 가능성이 높다.

또한 2차 자료가 현 조사에 이용되기 위해서는 자료의 수치들이 현 조사의 요구사항과 일치해야 한다. 변수의 정의, 측정단위 및 항목의 분류 등에 있어서 일치해야 한다. 예를 들어 소득이 총 소득을 의미하는지 아니면 가처분소득을 의미하는지와 같은 변수의 정의가 일치해야 부합성이 높아지게 된다. 측정단위에서 현 조사는 가구에 대한 소득 조사인데 2차 자료는 개인의 소득을 조사하였다면 부합성이 떨어지게 된다. 또한 항목의 분류에서 연령을 20대, 30대, 40대, 50대 이상으로 분류하여 조사하고 싶은데 2차 자료는 25세 미만, 25세 이상에서 45세 미만, 45세 이상에서 65세 미만으로 측정하였다면 2차 자료의 부합성은 떨어지게 된다.

2) 자료수집 및 분석방법의 적절성

올바른 방법을 사용하여 자료를 수집하였는지를 파악해야 한다. 올바른 방법을 사용하지 않고 얻어진 자료들은 타당성 및 신뢰성이 떨어지게 된다. 표본추출방법, 자료수집방법, 측정방법 등이 적절하였는지 그리고 통계 분석방법을 통하여 얻어진 자료의 경우 그 분석방법이 적절하였는지를 살펴보아야 한다.

3) 자료의 정확성

자료가 정확한지를 파악해야 한다. 자료수집에 있어서 오류가 발생할 수 있다. 따라서 오류가 어느 정도로 통제되었는지 등을 살펴보아야 한다. 2차 자료는 조사자가 2차 자료의 조사과정에 참여하지 않았기 때문에, 즉 남이 수집해 놓은 자료이기 때문에 그 정확성을 파악하기가 어렵다. 따라서 자료가 정확한지 확인하기 위해 여러 원천의 자료를 찾아서 다른 자료들과 비교하는 것이 필요하다.

4) 자료의 수집시점

자료의 수집시점이 오래될수록 그 당시와 현재와의 차이가 커질 가능성이 있다. 따라서 자료가 최근일수록 정보의 가치는 높아질 것이다. 될 수 있는 한 최신의 자료를 수집하는 것이 좋다.

5) 자료원천의 신뢰성

자료를 신뢰할 수 있으려면 기본적으로 자료원천을 신뢰할 수 있어야 한다. 원천의 전문성, 신뢰성, 평판 등을 평가해야 한다. 신뢰할 수 있는 원천으로부터의 자료를 수집해야 할 것이다. 인터넷의 자료는 누구든지 임의적으로 올릴 수 있기 때문에 자료의 신뢰성을 확인할 필요가 있다.

2차 자료가 다른 원천에서 재인용한 경우에는 처음 원천을 찾아서 정보를 확인할 필요가 있다.

2. 2차 자료의 종류

2차 자료는 내부 또는 외부에서 얻을 수 있다. 필요한 정보를 어떤 원천에서 얻을 수 있는지를 알고 있어야 그 정보가 필요할 때 정보를 용이하게 수집할 수 있을 것이다.

내부 자료는 각 관련 부서 또는 내부 데이터베이스로부터 필요한 자료를 입수할 수 있다. 다음과 같은 자료를 들 수 있다.

- 기업의 성과에 관한 재무 자료: 매출액, 이익 등
- 판매관련 자료: 판매송장(sales invoice), 판매원 고객 방문보고서(call report), 판매원 실적, POS 자료 등
- 고객 관련 자료: 고객이름, 주소, 전화번호 등의 인적사항, 구매제품, 구매날짜, 구매액, 구매빈도, 신용카드 이용 자료 등

외부 자료가 외부기관이 인쇄물로 발간한 경우에는 인쇄물을 수집하게 되며, 홈페이지나 웹사이트에 자료를 수록한 경우에는 인터넷으로도 열람 또는 수집이 가능하다. 외부기관은 정부 및 지자체, 협회, 광고회사 및 조사 및 컨설팅회사, 언론 및 학회 등을 들 수 있다. 이 중 상업용 자료로 신디케이트(syndicated) 자료는 조사기관이 기업고객들에게 판매하기 위하여 수집한 자료를 의미한다.

- 정부관련 자료: 통계청(www.kostat.go.kr) 등
- 인터넷검색엔진: 네이버(www.naver.com), 구글(www.google.com), 다음(www.daum.net), 야후(www.yahoo.com) 등
- 학회 자료: 한국경영학회(www.kasba.or.kr), 한국마케팅학회(www.kma.re.kr), 한국마케팅관리학회(www.kmma.re.kr), 한국유통학회(www.kodia.or.kr), 한국소비자학회(www.kscs.or.kr), 한국광고학회(www.koads.or.kr) 등

- 학술논문검색: 한국교육학술정보원(www.riss.kr), 디비피아(www.dbpia.co.kr), EBSCO-BSP(경영경제학술지), ProQuest, ScienceDirect 등
- 신디케이트 자료: Nielsen, IRI 및 KANTAR 회사의 소비자 패널조사데이터, TV시청률 자료 등

5.2
1차 자료

1차 자료(primary data)는 질적 자료(qualitative data)와 양적 자료(quantitative data)로 구분할 수 있다.

질적 자료는 정성적 조사에 의해서 얻어지는 말로 된 언어적 정보를 의미하며 양적 자료는 정량적 조사에 의해서 얻어지는 숫자인 양적 정보를 의미한다. 4장에서 설명한 탐색조사가 정성적 조사에 해당된다. 정량적 조사에는 기술조사 및 인과조사가 포함된다.

기술조사는 서베이(survey)와 관찰방법(observation)으로 구분되며 인과조사는 실험에 의해서 행해진다.

1. 정성적 조사

1) 표적집단면접법

표적집단면접법(focus group interview)은 특정 주제에 관하여 소집단의 토론을 통하여 자료를 수집하는 질적조사의 한 방법으로 진행자에 의해서 토론이 이루어진다.

(1) 사전준비

표적집단면접법을 실행하기 위해서는 사전 준비가 필요하다. 우선적으로 참석자들을 모집해야 한다. 참석자들은 표적시장을 고려하여 이들 중에서 선발해야 한다. 표적집단의 구성원은 유사한 특성을 가진 사람들을 선정하여 집단이 될 수 있는 한 동질적인 것이 좋다. 또한 하나의 집단만을 대상으로 하는 것보다는 여러 개의 집단을 선정하여 표적집단면접법을 행하면 표적시장의 다양성을 더 잘 반영할 수 있다. 표적집단의 구성원의 수는 차이가 있을 수 있으나, 일반적으로 8명에서 12명 정도로 구성된다. 장소는 참석자들이 편안함을 느낄 수 있는 작은 방이 선호된다. 시간은 대략 2시간 정도 소요된다.

표적집단면접법에서 진행자는 중요한 역할을 담당하므로 사전준비 및 실행에 있어서 다음과 같은 점을 유의해야 한다.

진행자는 표적집단면접법을 실시하기 전에 미리 조사 의뢰회사의 문제, 문제의 배경 및 얻고자 하는 정보를 파악해야 하며 그 주제에 대하여 내용 및 용어 등을 학습해야 한다.

토의주제와 관련하여 참석자들에게 물을 질문들 및 응답자의 말을 명확히 하기 위한 추가질문들을 작성해야 한다. 예를 들어 특정 문제에 대하여 사람들이 어떠한 해결책을 가질 수 있다고 생각하느냐? 당신은 어떠한 해결책을 생각할 수 있는냐 등의 질문을 먼저 할 수 있다. 응답을 명확히 하기 위한 추가적 질문으로 그러한 해결책을 어떻게 찾을 수 있는지, 그러한 해결책에 대하여 어떻게 생각하는지 등을 물을 수 있다.

진행자는 참여자들과 공감적 유대감을 가져야 하며 친근함이 있어야 한다. 전체적인 그림을 생각하면서 토의가 계획대로 진행될 수 있는 엄격성도 지니고 있어야 하지만 유연하게 토의를 진행할 필요가 있다.

참석자들의 토의를 잘 듣는 청취자가 되어야 하며 중요 내용들을 기록하면서 잘 기억할 필요가 있다. 또한 모든 참석자들이 참여하도록 격려하며 관여시켜야 한다.

(2) 실행

표적집단면접법의 실행은 도입부, 본 토론, 종결로 이루어진다.

1. 도입부: 참석자들 간에 친밀감을 형성하는 시간(5분에서 10분 정도)을 갖는다. 토론에서 상대방을 지명하기 위하여 이름표를 작성한다. 조사의 목적을 설명하여 참석자들로 하여금 왜 모였는지를 명확히 설명한다. 또한 진행방법 및 유의사항에

마케팅조사 참고 ::: 표적집단면접법의 사례

주부 난상토론
히트상품 비결

"주부들을 모아놓고 난상토론을 벌여
사업아이디어를 얻어요"

최근 여성들에게 큰 인기를 얻고 있는 각선미 보정 운동기구 '세븐라이너 슬림'을 개발한 지인텍의 사업 노하우다.

지인텍이 자체 개발한 아이디어 제품인 세븐라이너 슬림은 최근 CJ39쇼핑에서 독점으로 판매해 17주 연속 매진 돌풍을 일으키고 있는 상품이다.

다리 근육을 풀어주고 피로를 해소해 주는 이 제품은 여성들 사이에서 입소문으로 전해져 큰 인기를 누리고 있다. 세븐라이너는 다리가 약 7도 각도가 나올 때 가장 아름답다고 해서 붙은 이름이다.

최근 일본 도요타통산에 세븐라이너 슬림 5만 대(100억 원 규모)를 수출하는 등 수출에도 박차를 가했다. 2002년 1분기에만도 매출 60억 원을 올렸다.

지인텍은 지금까지 비염치료 보조기 '코크린', 속눈썹 성형기 '아이컬' 등 연속적인 아이디어상품을 내놓았다.

이렇게 신개념 상품을 연이어 히트시킨 지인텍의 비결 중 하나는 주부들을 모아놓고 벌이는 난상토론이다. 매주 주부 20명을 모아놓고 난상토론을 벌이되 회사관계자들은 전혀 참여하지 않는다. 그대신 비디오로 녹화해두고 주부들의 의견을 철저히 분석한다.

토론자들의 구성을 20대에서 40대까지 연령층을 고르게 배치하고 홈쇼핑 구매자 65%, 백화점 구매자 35%로 배치한다. 칭찬보다는 혹독한 비판을 유도해 그들의 의견을 겸허히 받아들인다.

지인텍은 지난해 세븐라이너의 개발비와 광고비 등 대대적인 투자비용으로 상당한 적자를 봤다. 결국 제품 역시 투자한 만큼 팔리지 않아 회사가 어려워질 위기에 처했다.

주부들의 난상토론 결과 40만 원대인 가격이 너무 비쌀 뿐만 아니라 꼭 필요하지 않은 기능은 빼도 좋을 것이라는 의견이 속속 개진됐다. 그래서 기존 세븐라이너 기능 중 네 가지에서 두 가지로 줄이고, 가격은 절반으로 낮춘 세븐라이너 슬림을 다시 개발했고 이것이 크게 인기를 끌게 됐다.

후속 제품으로 구상하고 있는 '생명가전'에 대한 아이디어도 검증을 받은 뒤 개발에 나설 예정이다.

자료원: 매일경제신문, 2002. 04. 30.

대하여 설명을 한다. 유의사항에는 토론에서 모든 참석자들이 의견을 말하도록 요청되며 문제에 대해 정답이나 오답이 없다는 것이 포함된다.

2. 본 토론: 진행자는 조사목적과 관련된 질문을 함으로써 참석자들 간에 토론이 진행되도록 유도한다. 진행자는 간섭을 자제하면서 모든 참석자들이 토론에 참여하도록 격려해야 한다.
3. 종결: 토론을 요약하여 참석자들로 하여금 확인을 하도록 한다. 감사의 인사를 하고 종료한다.

2) 심층면접법

심층면접법(depth interview)은 표적집단면접과 달리 피면접자에게 1대1로 깊이 있게 물어보는 방식이다. 특정 주제에 대하여 깊이 있는 정보를 얻기 위해서는 면접기술이 필요하다. 더 깊은 정보를 얻기 위하여 또는 미진한 응답에 대하여 캐어묻기(probing) 방법을 사용하여 더 깊이 질문을 하게 된다. 캐어물을 때는 추궁하듯이 물어보는 것이 아니라 정중하게 의견을 물어야 한다. 캐어묻기 질문으로 "말씀하신 뜻이 무엇인가요?", "더 자세히 말씀하여 주시겠습니까?", "왜 그렇게 생각하십니까?" 등의 질문을 할 수 있다.

캐어묻기 기법으로 사다리 기법(laddering technique)을 사용할 수 있다. 이는 응답자의 내면에 있는 궁극적 이유를 찾아내기 위하여 앞에서 응답한 내용을 단서로 연속적으로 이어지는 질문을 하는 것이다. 이러한 이유들은 사다리처럼 계층을 형성하게 된다. 예를 들어 피면접자가 특정 제품이 좋다고 답변했을 때 그 제품을 왜 좋아하는지, 그리고 응답한 좋아하는 이유에 대하여 구체적으로 어떤 속성을 의미하는지 등 심층적 이유를 캐묻을 수 있다.

(1) 사전준비

심층면접법을 실시하기 위해서는 사전에 준비를 해야 한다. 질문항목을 선정해야 하며 선정한 항목이 타당성이 있는지를 평가하기 위해 사전조사를 실시해야 한다. 면접원을 선정하고 면접을 제대로 수행할 수 있도록 훈련이 필요하다. 면접자가 피면접자의 응답에 영향을 미칠 수 있으므로 피면접자는 커뮤니케이션 능력을 갖출 필요가 있으며 조사의 주제와 얻고자 하는 정보가 무엇인지에 대하여 숙지해야 한다.

피면접원을 선정함에 있어서 심층면접법은 제한된 소수의 사람을 대상으로 면접하므로 적절한 면접대상자를 선정하는 것이 중요하다. 따라서 모집단을 적절히 대표할 수 있는 사람들로 선정해야 한다.

(2) 실행

면접자에 대한 소개를 하고 면접의 목적을 설명한다. 면접의 목적은 구체적인 설명보다 조사의 주제 및 중요성 등을 언급한다. 또한 피면접자가 어떻게 선정되었는지를 설명할 수 있다.

면접자는 피면접자의 조사에 대한 거부감을 줄이기 위하여 피면접자와 조사 초기에 유대감을 형성할 필요가 있으며 친근하게 대해야 한다. 면접원은 피면접자들에 대하여 일관성있세 중립직이고 공평한 태도를 가져야 한다. 면접을 실행하면서 면접내용을 기록한다. 기록은 면접 중에 이루어지며 녹음을 할 수도 있다.

3) 투사법

투사법(projective technique)은 응답자가 자신의 진실된 응답이 자기 이미지에 손상을 주기 때문에 대답하기를 꺼려하거나 자신의 느낌을 명확하게 표현하기 어려운 경우에 사용하는 기법이다. 어떤 상황에서 제3자라면 어떻게 했을 것이라고 생각하는지 또는 불명확한 자극을 해석하도록 함으로써 응답에 반영된(즉, 투사된) 응답자의 내면적 생각이나 느낌을 조사하는 간접적 방법이다.

(1) 단어연상법

단어연상법(word association)은 특정 주제와 관련된 단어를 제시하고 각 단어에 대하여 응답자로 하여금 가장 먼저 떠오르는 단어를 답하도록 하는 것이다. 제시되는 단어목록에는 조사의 목적을 숨기기 위하여 중립적인 단어들도 포함시킬 수 있다. 환경오염에 대하여 조사하는 경우 자동차매연, 일회용제품, 공장배출물질 등과 같은 관련어와 청바지, 지자체 등과 같은 중립적인 단어를 사용하여 단어목록을 만들 수 있다.

(2) 문장완성법

문장완성법(sentence completion)은 응답자에게 불완전한 문장을 제시하고 완성하도록 하는 방법이다.

자동차 매연은 ______________________________

일회용 제품은 환경에 ______________________________

공장 배출물질은 ______________________________

(3) 만화완성법

만화완성법(cartoon completion)은 만화를 사용하여 특정 상황에 있어서 한 사람의 말에 대해 다른 사람이 어떻게 대답할지를 기술하도록 하는 방법이다. 다음과 같은 그림은 만화완성법의 한 예이다.

(4) 주제통각검사법

주제통각검사법(thematic apperception test)은 모호한 그림을 보여주고 응답자로 하여금 느낌이나 연상되는 내용을 대답하게 하는 기법이다. 다음과 같은 그림을 보여주고 답하게 할 수 있다.

(5) 제3자 기법

제3자 기법(third-person technique)은 직접적으로 자신의 행동을 말하는 대신 제3자라면 어떻게 할 것이라고 생각하는지 의견을 말하도록 요청하는 기법이다.

다른 남편은 자신의 아내를 때린다고 생각하십니까?

2. 기술 조사

기술 조사에 의한 1차 자료의 수집 방법은 서베이(survey)와 관찰(observation)로 구분할 수 있다. 서베이는 응답자들을 대상으로 질문함으로써 정보를 수집하는 방법이다. 서베이는 관찰방법보다 다수의 응답자를 대상으로 다양한 정보를 얻을 수 있고 정보수집이 신속하며 적은 비용이 들어가는 장점이 있다. 그러나 응답자와 관련하여 무응답 등의 비표본오류가 발생할 수 있으며, 조사자와 관련해서도 조사자가 응답자의 답변을 잘못 입력하거나 면접자에 따라 응답자의 응답이 달라질 수 있는 오류가 발생할 수 있다.

관찰방법은 행동을 관찰하는 것으로 행동의도를 묻는 것이 아니라 실제 발생한 행동을 측정하기 때문에 행동을 측정하는 경우에 있어서 서베이보다 더 나은 방법이다. 또한 행동이 자주 발생하고 지속시간이 짧은 경우에는 저비용으로 그리고 신속하게 관찰할 수 있다.

관찰방법의 단점으로는 왜 그러한 행동을 했는지 행동만 보고는 그러한 행동의 동기를 정확히 알 수 없다는 것이다. 또한 행동은 여러 요인에 의하여 영향을 받기 때문에 요인에 따라 행동이 달라질 수 있다. 예를 들어 상황에 따라 선호하는 음식이 다를 수 있다.

때로는 어떤 행동은 관찰하는데 시간이 오래 걸리고 비용이 많이 들 수 있다. 특정 행동은 상대방의 동의없이 관찰하는 것은 비윤리적이므로 문제를 발생시킬 수 있다.

일반적으로 서베이를 많이 사용하나 각 방법의 단점을 보완하기 위하여 서베이와 관찰의 두 가지 방법을 병행하여 사용할 수 있다.

1) 서베이

서베이는 응답자들을 대상으로 질문함으로써 정보를 수집하는 방법이다. 일반적으로 설문을 미리 작성하여 조사하게 된다.

서베이는 실행 방법에 의해 대인면접법, 전화면접법, 우편 서베이, 온라인 서베이 등으로 구분될 수 있다.

1. 대인면접법: 대인면접법(personal interview)은 조사자가 응답자와 대면접촉을 하면서 질문을 함으로써 자료를 수집하는 방법이다. 가정에서의 면접(in-home personal interview), 매장이나 매장주변에서 쇼핑객들을 대상으로 하는 면접(mall-intercept personal interview), 컴퓨터 앞에서 화면에 나타난 질문에 응답하는 면접(computer-assisted personal interview) 등으로 구분할 수 있다.

대인면접법은 응답자가 질문내용을 잘 이해하지 못할 때 조사자가 설명을 하는 등의 장점이 있는 반면 조사자가 응답에 영향을 미칠 수 있는 단점도 있다.

2. 전화면접법: 전화면접법(telephone interview)은 전화를 사용하여 인터뷰를 하는 방법이다. 전화면접법은 신속하게 저렴한 비용으로 조사를 실행할 수 있다. 하지만 대상자가 면접요청에 응하지 않을 수 있으며, 전화의 특성상 오랜 시간 인터뷰를 하기가 힘들므로 많은 내용을 물어볼 수 없다.
3. 우편서베이: 우편서베이(mail survey)는 우편으로 발송된 설문지에 응답자가 답을 하고 회신하여 자료를 수집하는 방법이다. 일반적으로 반송용 봉투를 사용하여 우편으로 회수하게 된다. 우편서베이는 저렴한 비용으로 많은 내용을 물어볼 수 있는 장점이 있으나 응답률이 낮고 회수기간이 길다는 단점이 있다.
4. 온라인서베이: 온라인서베이(online survey)는 이메일(e-mail)을 사용하여 설문을 발송하여 응답하게 하거나 인터넷 웹사이트(internet website)에 설문을 올려놓고 응답을 요청하는 방법 등이 있다.

   온라인으로 설문에 응답을 요청하는 경우 설문응답에 참여하는 자들과 참여하지 않는 자들과의 표본차이(selection bias)가 발생할 수 있으므로 유의할 필요가 있다.

2) 관찰방법

관찰방법은 현상이나 대상의 행동을 관찰하고 기록하는 방법이다. 관찰방법은 여러 가지 기준에 의하여 다음과 같이 분류될 수 있다.

(1) 확정된 관찰 대 미확정된 관찰

확정된(structured) 관찰은 현상이나 행동에 대해 관찰할 특정 내용이 미리 명확히 결정되어 있는 것을 의미하며 일반적으로 구체적으로 관찰할 내용이 정해져 있는 양식에 기록하게 된다. 따라서 현상이나 행동에 대해 관찰하기로 정해진 부분만 기록한다. 미확정된 관찰은 미리 관찰할 특정 내용이 정해져 있지 않은 상태에서 관찰하는 것을 말한다. 따라서 관찰자가 유연성있게 어떤 현상의 일부를 관찰할 수 있으며 어떤 경우에는 그 현상의 전체를 관찰할 수 있다. 예를 들어 쇼핑에서 확정된 관찰은 선택한 제품만 볼 수 있으나 미확정된 관찰은 쇼핑하는 것을 그냥 관찰할 수 있다.

(2) 공개적 관찰 대 비공개적 관찰

공개적(undisguised) 관찰은 피관찰자가 자신이 관찰되고 있다는 것을 아는 것을 의미하며 비공개적 관찰은 피관찰자가 자신이 관찰되고 있다는 것을 모르는 것을 의미한다. 비공개적 관찰에서는 피관찰자는 자신이 관찰되고 있다는 것을 모르므로 평소와 같게 행동하게 될 것이다. 그러나 비공개적 관찰에서는 남의 행동을 몰래 본다는 윤리적 문제가 대두될 수 있다. 반면 공개적 관찰에서는 피관찰자는 평소와 다르게 행동할 수 있으므로 실제와 다른 결과를 얻을 수 있다.

(3) 자연적 관찰 대 인위적 관찰

자연적 관찰은 정상적 행동이 일어나는 실제 상황에서 관찰하는 것이고 인위적 관찰은 행동을 관찰하기 위하여 만들어진 인위적 상황(contrived setting)에서 관찰하는 것이다. 예를 들어 구매행동을 실제 매장에서 관찰하는 것은 자연적 관찰에 해당되며 사무실 공간을 모의 매장으로 꾸며서 구매행동을 관찰하는 것은 인위적 관찰에 해당된다.

(4) 직접 관찰 대 간접 관찰

직접 관찰은 행동이 일어나는 시점에 직접 행동을 관찰하는 것을 말하며 간접 관찰은 실제 행동을 보는 것이 아니라 일어난 행동의 결과를 관찰하는 것이다. 간접 관찰은 직접 관찰이 불가능한 경우에 사용할 수 있다. 예를 들어 어떤 생수를 마시는지 소비하는 브랜드를 직접 관찰하거나 쓰레기통에 버려진 생수통을 보고 어떤 생수를 마시는지 간접적으로 관찰할 수 있다.

(5) 인간에 의한 관찰 대 기계에 의한 관찰

인간에 의한 관찰은 어떤 현상을 사람이 관찰하는 것을 말하며 기계에 의한 관찰은 기계가 관찰하는 것을 말한다. 사람이 관찰하는 것은 인간의 내적 변동성 때문에 관찰할 때마다 그 측정치가 달라질 가능성이 존재한다. 그러나 기계는 항시 측정치가 일정한 객관적인 자료를 얻을 수가 있다. 기계에 의한 측정의 예로는 비디오를 활용한 관찰이나 시청률 측정을 하는 피플미터(people meter) 등을 들 수 있다.

실습과제

설정한 조사문제에 대하여 어떠한 2차 자료를 사용할 것인지 자료원천을 탐색하라.

CHAPTER 06

측정

측정이란 대상의 속성에 숫자를 부여하는 것을 의미한다. 측정을 위해서는 먼저 측정하고자 하는 변수가 정의되어야 한다. 측정의 척도는 명목, 서열, 등간, 비율척도가 있으며 이 중 한 가지 척도를 사용하여 측정을 하게 된다. 측정은 오차가 포함되므로 신뢰성 및 타당성을 가져야 한다.

6.1 측정의 의미

측정(measurement)을 하기 위해서는 대상의 속성에 일정한 법칙에 따라 숫자를 부여해야 한다. 예를 들어 특정 소비자가 10세인 경우에는 소비자의 나이에 10이란 숫자를 부여하고 20세인 경우에는 20이란 숫자를 부여한다. 성별의 경우 남자, 여자는 숫자로 나타나지 않지만 남자에게 1, 여자에게 2의 숫자를 부여하여 구분할 수 있다. 개성 및 태도와 같은 추상적 개념도 숫자를 부여하여 관찰가능해지며 처리가능한 자료가 된다. 변수는 측정에서 부여되는 숫자가 여러 값을 갖게 되는, 즉 그 숫자가 변하는 수를 의미한다. 위의 예에서 나이는 여러 다른 값을 가질 수 있으므로 변수가 된다.

6.2 변수의 정의

변수(variable)를 측정하기 위해서는 그 변수가 무엇을 의미하는지 정의되어야 한다. 일반적으로 마케팅 변수는 물리적 형태의 속성보다는 개념적이고 추상적인 경우가 많다. 예를 들어 태도, 만족은 눈에 보이지 않는 추상적 변수이다. 따라서 변수가 관찰 가능하도록 측정하기 위해서는 먼저 이러한 추상적 개념이 무엇을 의미하는지 명확히 할 필요가 있다. 즉, 변수의 개념적 정의(conceptual definition)를 내릴 필요가 있다. 이러한 개념적 정의는 국어사전에서 기술된 단어의 뜻과 같이 다른 단어를 사용하여 정의된다. 예를 들어 사랑은 남을 좋아하는 마음이라고 정의할 수 있고 라이프스타일은 사람들이 사람이 살아가는 방식이라고 정의할 수 있다.

조작적 정의(operational definition)는 실제적으로 측정을 실행하기 위한 정의를 의미한다. 즉, 대상의 속성에 숫자를 부여하기 위한 정의를 의미한다. 사랑의 개념적 정의로 남을 좋아하는 마음이라고 할 때 이러한 개념적 정의에 기초하여 얼마나 자주 보고 싶은지 또는 만나는지 등으로 조작적 정의를 내리고 이러한 측정항목으로 구체적으로 얼마나 좋아하는지를 측정할 수 있다.

라이프스타일을 사람이 살아가는 생활방식이라고 개념적으로 정의할 때 라이프스타일 측정도구인 사이코그래픽스(psychographics)의 세 가지 차원이 활동(activity), 관심(interest), 의견(opinion)이므로 이러한 차원을 조작적 정의로 하여 라이프스타일을 구체적으로 측정할 수 있다.

변수가 추상적이고 개념적인 경우에 개념적 정의를 내릴 필요가 있으며 키, 몸무게 등의 구체적인 물리적 속성은 개념적 정의를 내릴 필요가 없다. 조작적 정의는 개념적 정의에 기초하여 설정되는 것이므로 조작적 정의는 개념적 정의에 부합되어야 한다.

6.3 척도의 종류

측정이란 대상의 속성에 숫자를 부여하는 것이기 때문에 측정을 하기 위해서는 어떤 자로 잴 것인지를 정해야 한다. 즉, 척도가 필요하다. 척도에는 네 가지 종류가 있다.

1. 명목척도(nominal scale): 분류, 확인의 목적을 가짐
2. 서열척도(ordinal scale): 순위를 가짐
3. 등간척도(interval scale): 간격이 동일함
4. 비율척도(ratio scale): 절대 0점이 존재함

예를 들어 명목척도는 축구선수의 등 번호와 같이 분류 및 확인을 위한 척도이다. 서열척도는 1등, 2등처럼 순위를 나타내는 척도를 말한다. 등간척도는 온도와 같이 간격이 똑같은 척도를 말한다. 비율척도는 절대 0점이 있는 몸무게와 같은 척도를 의미한다. 명목척도와 서열척도는 그 측정값이 크기를 나타내지 않는 비계량척도이기 때문에 산술평균 등의 사칙연산을 할 수 없다. 등간척도와 비율척도는 계량척도로 숫자가 크기를 나타내기 때문에 산술평균을 할 수 있다. 비율척도는 등간척도의 특성을 가지며, 등간척도는 서열척도의 특성을 가지며 서열척도는 명목척도의 특성을 갖는다. 즉, 상위척도는 하위척도의 특성도 갖는다. 예를 들어 몸무게는 절대 0점을 가지므로 비율척도이나 10kg과 11kg의 간격은 11kg과 12kg의 간격과 같으므로 등간척도가 되며, 70kg은 60kg보다 무거우므로 순위가 있어 서열척도가 되며, 70kg은 특정인의 체중일 수 있으므로 특정인을 나타내는 명목척도가 될 수 있다.

각 척도들의 대표값은 명목척도인 경우에는 최빈수, 서열척도인 경우에는 중위수, 등간척도와 비율척도인 경우에는 평균값을 주로 사용한다.

6.4 척도법

척도법(scaling technique)은 척도를 이용한 측정방법을 말한다.

1. 명목척도를 활용한 척도법

명목척도는 분류 및 확인의 목적으로 사용되기 때문에 선다형 질문으로 측정을 많이 한다. 예를 들어 성별을 묻는 질문으로 응답자가 '1. 남자 2. 여자' 중에 선택을 하거나 직업의 질문으로 '1. 학생 2. 회사원 3. 공무원 4. 자영업 5. 기타'를 들 수 있다.

2. 서열척도를 활용한 척도법

1) 순위법

순위법(ranking)은 각 대상들에 순서를 매기는 것이다. 예를 들어 브랜드의 선호 순위를 매기거나 선호하는 브랜드 1위, 2위, 3위의 브랜드명을 기재하도록 할 수 있다.

2) 범주순위법

범주순위법(ordered category sorting)은 순위를 매길 대상들이 많은 경우에 이들 대상들을 몇 개의 범주로 구분하고 이 범주에서 대상들의 순위를 매기는 것을 말한다. 호텔의 서비스 품질을 성급에 의하여 구분하고 각 성급에서 호텔들의 서비스 품질의 순위를 매길 수 있다.

3. 등간척도를 활용한 척도법

등간척도는 간격이 같은 척도이므로 등간척도의 변수를 측정하기 위해서는 체크 항목 간에 간격이 같은 척도점을 사용하게 된다. 여러 등급으로 구분하므로 등급법(rating method)이라고 한다. 예를 들어 브랜드에 대한 만족도를 5점 척도로 하여 측정할 수 있다. 1은 매우 불만족, 2는 불만족, 3은 보통, 4는 만족, 5는 매우 만족으로 측정할 수 있다.

유의할 점은 앞의 예에서 매우 만족 5와 만족 4의 간격과 만족 4와 보통 3의 간격은 엄밀한 의미에서 같다는 것을 보장할 수 없다. 따라서 등급은 서열척도이지만 간격들이 같다는 등간척도로 간주하면 등간척도를 사용하는 여러 통계기법을 적용할 수 있다는 장점이 있으므로 등간척도로 간주하여 통계처리를 하게 된다.

1) 리커트척도

리커트척도(Likert scale)는 질문에 대한 동의 정도를 묻는 것으로 등급법을 활용하여 측정한다. 예를 들어 '당신은 이 브랜드에 만족하십니까'란 질문에 '1. 전혀 그렇지 않다 2. 그렇지 않다 3. 보통이다 4. 그저 그렇다 5. 매우 그렇다'의 5점 척도로 측정할 수 있다.

2) 의미차별화척도

의미차별화척도(semantic differential scale)는 서로 반대되는 말을 척도의 양 끝에 배치하여 척도점의 한 곳에 체크하게 하는 척도법이다. 예를 들어 전혀 만족하지 않는다와 매우 만족한다를 양 끝에 배치하여 5점 척도로 측정할 수 있다.

전혀 만족하지 않는다 ____ ____ ____ ____ ____ 매우 만족한다

3) 스타펠척도

스타펠척도(Stapel scale)는 의미차별화척도를 변형한 것으로 척도점의 양 끝에 레이블을 붙이는 대신 평가기준으로 하나의 평가항목을 제시하고 양쪽에 양의 값과 음의 값을 가진 척도점을 설정하여 한 곳에 체크하게 하는 것이다.

−5	−4	−3	−2	−1	만족한다	+1	+2	+3	+4	+5

4. 비율척도를 활용한 척도법

비율척도는 등간척도의 특성에 더하여 절대 0점이 존재하는 척도이다.

1) 고정총합법

고정총합법(constant sum method)은 여러 요소들의 상대적 중요성을 측정하기 위해서 쓰이는 방법으로 총합이 고정되어 있는 척도법이다. 예를 들어 제품선택의 기준으로 가격, 서비스, 내구성을 고려할 때 각각의 중요성 합이 100이 되게 중요성 점수를 부여하도록 응답자에게 요구하는 것이다.

2) 비율분할법

비율분할법(fractionation)은 응답자에게 기준이 되는 자극과 비교하여 조사하고자 하는 자극을 평가하게 하는 것이다. 예를 들어 A 브랜드의 품질을 1이라고 할 때 B 브랜드의 품질은 얼마나 되는지를 물어볼 수 있다.

마케팅조사 참고 ::: 척도법 선택 시 고려사항

1. 항목의 수

한 변수를 한 항목으로 측정하거나 여러 항목으로 측정할 수 있다. 한 변수를 여러 항목으로 측정하는 경우에 이들 항목들은 같은 변수를 측정하는 것이므로 서로 간에 신뢰성이 높아야 한다. 즉, 항목들 간의 상관계수가 높아야 한다. 다항목의 예로 제품에 대한 태도를 세 가지 항목들로 측정할 수 있다. 제품이 좋다(나쁘다), 제품을 좋아한다(싫어한다), 제품에 대해 좋게(안좋게) 생각한다. 이들 세 가지 항목은 모두 태도를 측정하기 때문에 상관관계가 높아야 한다. 다항목의 경우 항목들의 평균값을 변수값으로 사용할 수 있다. 앞의 태도의 예에서 세 항목의 평균값을 태도의 값으로 사용할 수 있다.

2. 척도점 수

척도점의 수가 적은 것보다 많은 것이 측정치 간의 차이를 더 크게 나타낸다. 예를 들어 4점 척도에서 2와 3의 두 측정치가 5점 척도에서는 2와 4로 체크될 수 있어 차이가 더 분명해진다. 척도점의 수는 홀수이거나 짝수가 된다. 실제로 중간의 응답이 존재하는 경우에는 측정에서 홀수의 척도점을 사용하여 중간점을 선택할 수 있게 해야 한다. 짝수의 척도점을 이용하는 경우에는 중간점이 존재하지 않게 된다. 척도점의 수가 홀수인 경우 중간값이 기준점이 된다. 일반적으로 홀수인 5점 척도를 많이 사용한다.

3. 척도점의 설명

일반적으로 응답자들은 설명, 즉 레이블(label)이 붙어 있는 척도점을 레이블이 붙어 있지 않은 척도점보다 선택할 가능성이 더 높기 때문에 각 척도점에 대하여 레이블을 붙이는 것이 낫다. 일반적으로 5점 척도를 많이 사용하여 각 점에 대하여 설명을 달게 된다. 예를 들어 '1. 전혀 만족하지 않는다 2. 만족하지 않는다 3. 보통이다 4. 만족한다 5. 매우 만족한다'로 각 척도점을 표현할 수 있다.

6.5 측정항목들의 신뢰성 및 타당성

변수를 측정하면 측정값은 참값 이외에 오차를 포함하게 된다. 오차를 줄여야 참값에 가까워지게 된다. 오차는 체계적 오차(systematic error)와 비체계적(또는 무작위) 오차(unsystematic or random error)로 분리된다. 체계적 오차는 한 방향으로의 오차를 의미하며 비체계적 오차는 일정한 방향없이 발생하는 오차를 의미한다. 체계적 오차의 예를 들면, 저울의 바늘이 처음에 5kg에 위치해 있다면 무게를 잴 때마다 실제 무게에 5kg이 더해질 것이다. 비체계적 오차는 무게를 잴 때 저울의 바늘이 가만히 있지 않고 계속 양방향으로 왔다 갔다 하며 무게가 변하는 모습의 오차를 의미한다.

측정값 = 참값 + 오차
= 참값 + 체계적 오차 + 비체계적 오차

체계적 오차와 비체계적 오차로 신뢰성과 타당성을 설명하면 신뢰성이란 비체계적 오차가 적은 것을 의미하며 타당성은 오차가 적은, 즉 체계적 오차와 비체계적 오차가 둘 다 적은 것을 의미한다. 따라서 신뢰성이 없으면 타당성도 없게 된다. 〈그림 6-1〉에서 보는 것처럼 그림 ①은 신뢰성 및 타당성이 있는 경우, 그림 ②는 신뢰성만 있는 경우, 그림 ③은 신뢰성 및 타당성이 없는 경우이다.

그림 6-1 ● 측정 자료의 신뢰성 및 타당성

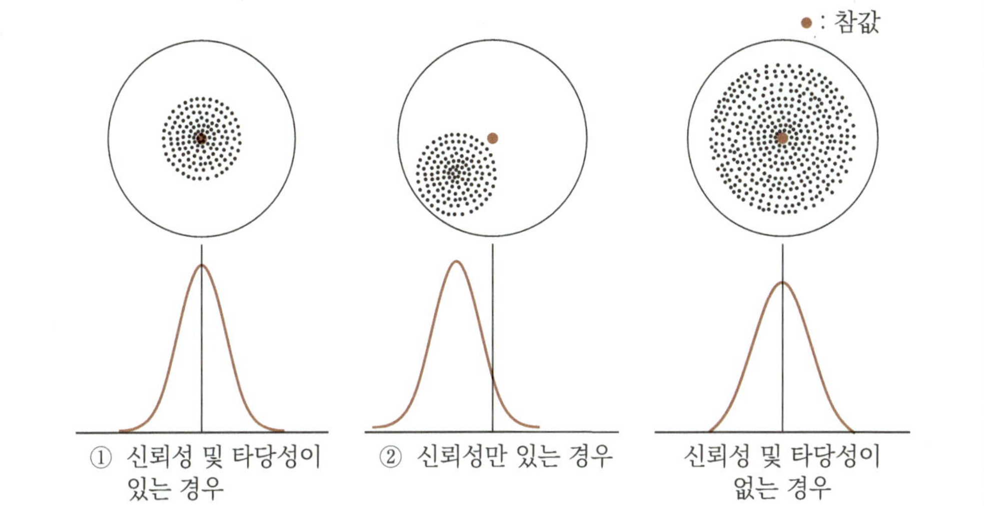

1. 신뢰성

신뢰성(reliability)이란 믿을 수 있다는 뜻으로 어떤 사람을 믿을 수 있으려면 그 사람의 말이나 행동이 수시로 바뀌지 않아야 한다. 이와 같이 측정에서 신뢰성이란 동일 개념을 측정하는 측정치들이 일관적인지, 즉 측정치들 간의 차이가 적은지를 의미한다. 예를 들어 저울이 몸무게를 잴 때 마다 수치가 다르다면 신뢰성이 없는 저울일 것이다. 신뢰성의 측정방법은 다음과 같다.

1) 동일측정도구를 사용한 2회 측정치의 상관도

동일측정도구를 사용한 2회 측정치의 상관도(test-retest reliability) 방법은 같은 측정도구를 사용하여 측정한 후에 다시 측정하여 이들 측정치들 간의 차이가 적은지를 확인하는 것이다. 두 측정치들 간의 차이가 적은지는 상관계수를 사용하여 평가한다. 일반적으로 상관계수가 0.6 이상인 경우 신뢰성이 높다고 말한다. 재측정을 하기 때문에 측정 후에 재측정이 바로 이어지는 경우에는 첫 번째 측정의 여운이 남아있게 되어 첫 번째 측정이 재측정에 영향을 미칠 수 있는 반면 너무 간격이 긴 경우에는 그 기간 동안 요인들의 값이 변할 수 있어 측정값에 영향을 미칠 수 있다. 따라서 이러한 점을 고려하여 일반적으로 2주간의 간격을 두고 재측정이 이루어진다.

2) 동등한 두 가지 측정도구에 의한 측정치의 상관도

동등한 두 가지 측정도구에 의한 측정치의 상관도(alternative-form reliability) 방법은 두 가지 동등한 측정도구에 의하여 각각 측정치를 구하여 이들 측정치들 간의 상관관계를 구하는 것이다. 예를 들어 영어실력을 측정하기 위하여 TOEIC과 TOEFL을 사용하는 경우 두 측정치들 간의 상관계수가 높아야 신뢰성이 있다고 평가할 수 있다. 이 방법을 사용하기 위해서는 매우 동등한 두 가지 측정도구가 존재하거나 개발되어야 한다. 일반적으로 새롭게 개발한 측정도구가 신뢰성이 있다는 것을 입증하려면 기존에 신뢰성이 있다고 인정되는 측정도구와 상관관계가 높아야 한다.

3) 내적 일관성

내적 일관성은 한 개념을 여러 항목들로 측정한 경우에 이들 항목들 간에 차이가 적은 정도를 의미한다. 즉, 이들 항목들 간에 상관관계가 높은 것을 의미한다. 내적 일관성은 일반적으로 크론바하 알파값(Cronbach's alpha)을 구하여 신뢰성을 측정한다.

크론바하 알파값의 공식은 다음과 같다.

$$\alpha = \frac{K}{K-1}\left(1 - \frac{\sum_{i=1}^{K}\sigma_{Xi}^2}{\sigma_X^2}\right)$$

K : 문항 수

σ_X^2 : 전체 문항에 대한 분산

σ_{Xi}^2 : 각 문항에 대한 분산

크론바하 알파값은 상관계수로 최대값은 1이며 0.6 이상이면 신뢰성이 높다고 할 수 있다. 크론바하 알파값을 구하기 위해서는 각 개념에서 모든 항목들의 측정값이 양의 상관관계를 가져야 한다. 응답자가 다항목에 응답할 때 주의를 하지 않고 한 쪽으로만 체크하는 것을 막기 위하여 다항목 중 특정 항목들의 코딩을 반대로 하여 응답하게 할 수 있다. 예를 들어 만족에 대하여 제품 품질과 서비스로 5점 척도로 측정하는 경우 제품 품질은 점수가 커질수록 만족도가 커지지만 서비스에서는 점수가 커질수록 불만족이 커지는 것으로 측정할 수 있다. 따라서 제품 품질과 서비스는 척도의 측정이 반대방향이므로 양의 상관관계를 갖지 않고 음의 상관관계를 갖게 된다. 이런 경우 측정 후에 한쪽을 역코딩(reverse coding)해 주어야 한다. 예를 들어 5점 척도의 경우 서비스를 역코딩했을 때 1은 5로, 2는 4로, 3은 3으로, 4는 2로, 5는 1로 바꾸어 주어야 한다.

2. 타당성

타당성(validity)은 측정값이 측정하고자 하는 것을 정확하게 측정하였는지를 의미한다. 따라서 오차가 없는, 즉 체계적 오차와 비체계적 오차가 모두 없는 것을 의미한다. 타당성의 유형을 들면 다음과 같다

1) 내용타당성

내용타당성(content validity)은 외관타당성(face validity)이라고도 불리며 측정항목의 내용이 보기에 측정하고자 하는 영역을 잘 반영하고 있는가 하는 주관적 평가이다. 예를 들어 영어능력을 측정하기 위해서는 TOEIC과 같은 영어시험을 봐야지, 역사시험을 보면 안 되는 것이다.

2) 기준관련타당성

기준관련타당성(criterion-related validity)은 예측타당성(predictive validity)이라고도 불리며, 변수의 측정치와 관련성이 있는 것으로 여겨지는, 즉 기준으로 여겨지는 기준변수와의 상관관계가 높은 것을 의미한다. 예를 들어 대학에서 수능점수를 입학 평가기준으로 사용하는 경우 수능점수는 대학에 들어온 후 학업성과를 나타내는 학점과 상관관계가 높아야 할 것이다.

3) 개념타당성

개념타당성(construct validity)은 측정항목들이 실제적으로 측정하고자 하는 개념을 측정하고 있는지를 의미한다. 즉, 개념과 측정항목들이 부합되는 것을 말한다. 또한 개념타당성은 측정개념과 다른 개념들이 어떻게 관련되는지에 대한 이론적 근거를 요구한다. 개념타당성은 판별타당성(discriminant validity), 수렴타당성(convergent validity), 이해타당성(nomological validity)으로 나누어지며 변수들 간의 상관관계를 평가한다. 판별타당성은 서로 다른 개념 간의 상관관계는 낮은 것을 의미한다. 예를 들어 상표인지도와 서비스 품질은 관련성이 낮은 변수이므로 상관관계가 낮아야 한다. 수렴타당성은 동일 개념을 다른 도구로 측정한 경우 이들 측정치들 간에는 상관관계가 높은 것을 의미한다. 예를 들어 사회계층을 자기평가와 타인평가로 측정할 경우 이들 측정치 간에 상관관계가 높아야 한다. 이해타당성은 이론에 기초한 개념들 간의 관계를 의미하는 것으로 이론적 관계가 있는 개념들은 상관관계가 높아야 한다. 예를 들어 만족과 재구매의도의 측정치들 간에는 상관관계가 높아야 한다.

마케팅조사 참고 ::: 신뢰성 및 타당성을 향상시키는 방법

측정의 신뢰성을 높이기 위하여 다음과 같은 방법을 강구할 수 있다.

1. 설문을 명확하게 하여 응답자마다 해석이 서로 다르지 않게 해야 한다.
2. 측정자는 면접방법 등에 있어서 측정의 일관성을 유지해야 한다.
3. 한 개념을 다항목으로 측정하는 경우 상관관계가 낮은 항목을 제거한다. 또한 관련 항목을 추가하는 것도 신뢰성을 높일 수 있다.
4. 이전의 조사에서 신뢰성이 높다고 인정된 측정척도를 사용할 수 있다.

또한 측정의 타당성을 높이기 위하여 다음과 같은 방법을 강구할 수 있다.

1. 내용타당성에 기초하여 측정 설문의 내용이 측정하고자 하는 속성이나 개념을 잘 반영하도록 해야 한다.
2. 기준관련타당성에 기초하여 기준변수와 상관관계가 높도록 설문항목을 구성해야 한다.
3. 개념타당성에 기초하여 항목들을 이론에 기초하여 선정해야 한다.
4. 이전의 조사에서 타당성이 높다고 인정된 측정척도를 사용할 수 있다.

이전의 조사에서 신뢰성 및 타당성이 있다고 인정된 측정척도의 예로 서비스품질을 측정하는 SERVQUAL척도를 들 수 있다.

실습과제

- 설정한 가설에서 변수들의 개념적 그리고 조작적 정의를 내려라.
- 어떠한 척도로 변수를 측정할 것인지를 결정하라.

CHAPTER 07

설문지 및 관찰기록지의 작성

설문지는 서베이에서 조사문제를 해결하기 위해 필요한 정보를 얻는 중요한 수단이다. 따라서 필요한 정보를 얻기 위해서는 해당되는 설문이 설문지에 포함되어야 한다. 만약 필요한 정보의 문항이 빠지면 그 정보는 수집할 수 없을 것이다. 또한 설문이 잘못되었다면 잘못된 정보를 얻게 될 것이다. 일반적으로 응답자는 익명으로 설문지에 응답을 하므로 특정 설문지를 누가 응답했는지 알 수 없어 빠진 문항만 다시 수집하는 것 또는 잘못된 문항을 수정하여 수정된 문항만 다시 수집하는 것은 불가능하다. 또한 설문지를 수정하여 재수집하는 것은 시간, 비용, 노력이 추가로 들어가게 된다. 그러므로 처음에 설문지 작성을 잘해야 한다. 설문지 작성은 일련의 과정을 거쳐 완성된다. 관찰방법을 사용하는 경우 관찰기록지도 무엇을 관찰할 것인지를 정하여 기록하게 된다.

7.1 설문지 작성의 과정

1. 수집할 정보의 결정

우선적으로 어떠한 정보를 수집할지를 결정해야 한다. 조사의 문제를 해결하는데, 즉 조사의 목적을 달성하는 데 필요한 정보를 수집해야 한다. 이를 위해 조사문제를 명확히 하고, 관련된 변수들을 파악하고 정의하여 이에 따라 수집할 정보들을 결정하며, 추가적으로 응답자들에 관하여 수집할 인구통계적 정보들을 결정해야 한다.

표 7-1 ● 설문지 작성의 과정

1. 수집할 정보의 결정
2. 자료수집방법의 결정
3. 개별 질문항목의 내용 결정
4. 응답형태의 결정
5. 개별 문항의 완성
6. 질문의 순서 결정
7. 설문지의 외형 결정
8. 표지의 작성
9. 설문지의 사전조사
10. 설문지의 완성

2. 자료수집방법의 결정

자료수집방법은 설문지(questionnaire)의 작성에 영향을 미치는 주요 요소이다. 선택하는 자료수집방법에 따라 설문의 형태가 달라질 수 있다. 예를 들어 5장에서 언급한 서베이 방법 중 우편에 의한 조사는 응답자가 질문이 있더라도 설명을 해줄 수 있는 조사자가 없는 상태에서 설문지에 응답을 해야 하므로 대인면접에 의한 조사보다 더 자세하게 설문을 구성해야 한다. 전화면접법의 경우에는 오랜 시간 물어볼 수 없으므로 간결하고 명확하게 물어볼 필요가 있다. 이와 같이 자료수집방법의 특성을 잘 파악하여 설문을 작성할 필요가 있다.

3. 개별 질문항목의 내용 결정

수집할 정보가 결정된 다음에는 이를 얻기 위하여 구체적으로 설문지에서 물어볼 개별 질문항목들을 결정해야 한다. 개별 질문을 작성할 때 고려할 사항은 다음과 같다.

- 이 질문은 꼭 필요한 것인가를 고려해야 한다. 질문이 많아져 설문지가 길어지면 응답자의 협조를 구하기가 상대적으로 어려워지고, 응답 시 설문지의 뒷부분으로 갈수록 주의력이 떨어질 수 있다. 또한 설문 응답은 응답자의 시간과 노력이 들어가는 것이기 때문에 필요하지 않은 질문은 포함시키지 않아야 한다.
- 하나의 질문으로 충분한지 아니면 여러 개의 질문으로 나누어서 물어봐야 할지를 생각해야 한다. 예를 들어 왜 학교 구내식당을 이용하는지를 물어보는 경우 이용하는 이유가 구내식당의 음식값이 싸서라고 답할 수 있거나 또는 친구가 구내식당을 이용할 것을 권유해서 이용하게 되었다고 응답할 수 있다. 따라서 처음의 경우에는 구내식당의 어떠한 면이 좋아서 이용하는지로 질문을 만들 필요가 있으며 두 번째의 경우에는 이용하게 된 계기를 물어볼 수 있다. 이와 같이 하나의 질문이 서로 다른 차원의 답변을 야기할 수 있는 경우 각 차원을 물어보는 여러 개의 질문으로 나눌 필요가 있다.

- 응답자가 필요한 정보를 갖고 있는지를 고려해야 한다. 응답자가 그 정보를 갖고 있지 않는 경우에는 답을 할 수 없다. 예를 들어 특정 브랜드의 품질을 측정하고자 할 때 그 브랜드를 사용해 보지 않은 경우에는 답을 할 수 없다.
- 응답자가 그 정보를 가지고 있어도 그 정보를 제공해 줄 수 있어야 한다. 예를 들어 소득을 물어보는 경우 소득을 밝히길 꺼려하는 경우에는 답을 하지 않을 수 있다. 따라서 이러한 민감한 질문에 대하여 어떻게 응답을 얻을 수 있을지를 강구해야 한다. 소득의 경우 소득의 금액을 구체적으로 물어보는 것보다 소득의 범위를 선다형으로 주어 선택하게 할 수 있다.

4. 응답형태의 결정

각 항목별로 응답형태를 결정해야 한다. 일반적으로 주관식 질문과 객관식 질문으로 구분할 수 있으며 객관식 질문은 다지선다형과 양자택일형으로 구분할 수 있다. 주관식 질문은 응답자가 자유롭게 자기의 의견이나 생각을 기술하도록 하는 것이다. 설문지에서 일반적으로 주관식 질문에 대한 응답률이 높지 않으므로 주관식 질문을 포함시키는 경우에는 제한된 수의 주관식 질문을 포함시키는 것이 좋다. 객관식 질문의 경우 1차 자료의 수집에서 언급하였던 것처럼 어떠한 척도를 사용할 것인지를 결정해야 한다. 사용되는 척도에 따라 응답형태가 달라지게 된다. 또한 분석기법에 따라 사용되는 척도가 다르므로 어떠한 분석기법을 사용할 것인지를 미리 고려해야 한다.

1. 주관식 질문

   K리그의 발전을 위해서 축구협회에 건의하고 싶은 사항은?

2. 객관식 질문

1) 다지선다형

   귀하는 K리그의 게임에 전반적으로 만족하십니까?

   1. 전혀 만족하지 않는다 2. 만족하지 않는다
   3. 보통이다 4. 만족한다
   5. 매우 만족한다

2) 양자택일형

   귀하는 K리그의 게임을 축구장에 가서 본 적이 있습니까?

   1. 예 2. 아니오

5. 개별 문항의 완성

개별 문항을 완성할 때 유의할 점을 들면 다음과 같다.

1. 일상어를 사용한다. 즉, 일반인들이 이해할 수 있는 쉬운 단어를 사용한다.

2. 모호한 단어 및 질문을 피한다. 즉, 사용되는 단어는 명료해야 한다.

   귀하는 얼마나 자주 백화점에 가십니까?

   1. 전혀 가지 않는다 2. 때때로 간다
   3. 종종 간다 4. 자주 간다
   5. 매일 간다

   위의 질문에서 때때로, 종종, 자주의 표현은 명확하지가 않다.

3. 다지선다형의 응답에 있어서는 가능한 모든 응답을 제시한다.

> 4대 매체 중 귀하가 이용하는 매체는?
> 1. TV 2. 라디오 3. 신문 4. 잡지

응답자가 1개의 매체만 이용하는 것이 아니라 복수의 매체를 이용하는 경우도 있을 것이다. 따라서 TV와 신문 같은 문항들을 포함시켜야 할 것이다. 또는 간략하게 질문에 (복수의 응답가능)이라고 첨언할 수 있다.

4. 응답항목들 간의 내용이 중복이 안 되어야 한다.

> 귀하의 나이는?
> 1. 20세 이하 2. 20세 이상 30세 이하 …

위의 예에서 20세 이하 및 20세 이상은 모두 20을 포함하고 있어 중복이 된다. 이 예에서 이하는 미만으로 바꾸어야 한다.

5. 하나의 설문항목으로 두 가지 내용을 질문해서는 안 된다.

> 귀하는 이 백화점의 서비스와 제품에 만족하십니까?

서비스에는 만족하지만 제품에는 만족하지 않거나, 서비스에는 불만족하지만 제품에는 만족할 수도 있기 때문에 한 가지씩 물어보아야 한다. 즉, 다음과 같이 2개의 질문으로 구분해야 한다.

> 귀하는 이 백화점의 서비스에 만족하십니까?
> 귀하는 이 백화점의 제품에 만족하십니까?

6. 연구자 임의로 응답자들에 대한 가정을 해서는 안 된다.

> 사내에 복지위원회를 설치한다면
> 그 비용은 회사가 내야 합니까, 직원이 내야 합니까?

이 질문은 복지위원회의 설치를 가정하고 있다. 복지위원회의 설치에 반대하는 응답자도 있을 수 있기 때문에 먼저 복지위원회의 설치에 대한 찬반을 묻는 것이 좋다.

7. 응답자들에게 긴 기간 동안의 수치를 물음으로써 수치를 추정하게 하는 질문을 피해야 한다. 즉, 긴 기간 동안의 수치를 묻기보다는 수치를 계산하지 않고 답할 수 있는 짧은 기간의 수치를 물어보는 것이 답변하기가 쉽다.

> 귀하가 지난 한 해 마신 콜라는 모두 몇 병입니까?

위의 예보다는 "귀하는 지난 주에 몇 병의 콜라를 마셨습니까?"가 더 낫다.

8. 응답자가 대답하기 곤란한 질문들에 대해서는 직접적인 질문을 피하도록 한다. 예를 들어 개인의 사생활, 체면과 관련된 질문에 대하여 사람들은 일반적으로 솔직한 답변보다는 자신의 체면을 손상시키지 않는, 즉 사회적으로 바람직한 응답(socially desirable response)을 하려는 경향이 있다.

> 귀하는 연인을 때리십니까?

이러한 경우 질문을 제3자는 어떻게 한다고 생각하는지를 물어봄으로써 간접적으로 의견을 측정할 수 있다.

9. 대답을 유도하는 질문을 해서는 안 된다.

> 담배는 어릴 때 피울수록 건강에 더 나쁜 영향을 미칩니다. 담배연기에는 발암성 물질인 나프틸아민, 니켈, 벤젠, 비닐 클로라이드, 비소, 카드뮴 등이 들어 있습니다. 이러한 상황을 고려할 때 당신은 청소년의 흡연을 찬성하십니까, 아니면 반대하십니까?

이러한 질문에 대하여 대부분의 응답자는 청소년의 흡연에 더욱 반대할 것이다. 이러한 응답은 자신의 기존의 생각뿐만 아니라 유도성 질문에 의해서도 영향을 받았다고 할 수 있다. 이렇게 원하는 긍정적 답변을 얻어내기 위한 목적으로 질문을 작성하면 안 된다.

마케팅조사 참고 ::: 여성월간지 마리안느의 실패

건전한 여성월간지를 표방하고 무섹스, 무루머, 무스캔들 기사를 추구한 여성지인 마리안느는 1991년 1월 발간 17호만에 부도나고 말았다. 마리안느가 잡지발간 이전에 마케팅조사를 실시한 결과 주독자층인 주부들이 섹스 기사나 루머일색인 기존 잡지들에 식상해 있고 생활에 유익한 정보를 제공해 주는 여성지가 나오면 95%가 구매하겠다는 응답을 얻어냈다. 마리안느는 이러한 조사 결과를 잡지발간에 충실히 반영하였다. 그러나 마리안느는 조사 결과와는 다르게 실패하고 말았다. 실패 이유는 마케팅조사가 제대로 수행되지 않았다는 데 있다. 즉, 소비자들은 사회적으로 바람직한 응답을 하고 실제로 내면에 자리잡은 욕구를 제대로 표현하지 않는 경우가 많은데, 마리안느의 경우는 이러한 응답자들의 응답성향을 파악하지 못하고 단순히 조사 결과를 지나치게 신뢰하여 실패한 것이다.

자료원: 홍성태, 주간매경, 1991. 04.

10. 응답항목을 한 쪽으로 편향시켜서는 안 된다.

> 귀하는 사내에 복지위원회를 설치하는 것에 동의하십니까?
> ① 매우 동의한다 ② 약간 동의한다 ③ 보통이다 ④ 동의하지 않는다

이러한 측정항목들은 긍정적 답변쪽으로 편향되어 있어서 ⑤ 전혀 동의하지 않는다라는 체크항목이 들어가는 경우보다 더 긍정적 응답이 나올 가능성이 높다. 예를 들어 여론조사의 경우 긍정적 응답을 더 얻기 위하여 부정적 항목쪽을 삭제하여 긍정 항목들과 부정 항목들을 불균형되게 배치해서는 안 된다.

6. 질문의 순서 결정

각 질문의 순서도 잘 고려해야 한다. 질문들이 서로 영향을 미치는 경우에는 서로 사이를 두어야 한다. 일반적으로 설문지에 잘 응답하도록 하기 위해서는 처음에 쉬운 질문들을 배치하는 것이 좋다. 그리고 인적사항에 관한 질문은 맨 뒤에 위치하는 것이 좋다.

7. 설문지의 외형 결정

설문지의 외형도 잘 고려해야 하며 보기에 좋도록 디자인을 할 필요가 있다. 일반적으로 A4용지를 많이 사용하며 앞뒤로 질문을 배치하되 책과 같이 옆으로 넘길 수 있도록 배치하는 것이 좋다. 글자의 크기도 너무 작지 않게 11이나 12 이상으로 하는 것이 좋다.

8. 표지의 작성

질문을 완성한 다음에는 표지를 또한 작성해야 한다. 응답자의 응답 협조를 얻기 위해서 조사의 목적을 설명하고 응답자의 응답이 이 조사에 매우 중요함을 강조하며 모든

응답에 성실히 응답하여 줄 것을 부탁하는 내용을 포함시킬 필요가 있다. 개인의 신원 및 응답은 익명으로 비밀 보장이 됨을 밝힌다. 조사자의 신원 및 연락처를 마지막으로 기입한다.

9. 설문지의 사전조사

설문을 완성한 다음에는 설문지를 전체 표본에게 배부하기 전에 설문이 제대로 작성되었는지를 조사해야(pretest) 한다. 이를 위해 소수의 응답자에게 설문지에 응답하게 하여 잘 이해가 안 되는 부분 등을 파악한다.

10. 설문지의 완성

설문지의 사전조사를 통하여 응답자가 잘 이해하지 못하는 부분을 이해가 되도록 수정해야 한다. 또한 앞에서 각 단계에서 언급한 설문작성 방법에 따라 설문이 제대로 작성되었는지를 확인하여 최종 수정하여 설문지를 완성한다. 물론 오타, 잘못된 문장 등을 수정해야 한다.

7.2 관찰기록지의 작성

관찰기록지를 작성할 때는 설문지와 달리 설문이 응답에 영향을 미치는 것을 걱정할 필요가 없다. 그러나 어떠한 정보를 기록할 것인지를 명확히 해야 한다.

어떠한 정보를 기록할 것인지를 결정할 때 다음과 같은 사항을 결정해야 한다.

- 누구를 관찰해야 하는가?
- 어떤 행동을 기록해야 하는가?

표 7-2 ● 커피숍 이용행동을 기록하는 관찰기록지

관찰장소 ______________

관찰시간 ______________

소비자 인구통계적 특성: 성별 ______ 연령대 ______

동반자의 여부 ______________

일행의 수 ______________

구매음료 ______________

아이스 제품 구매 여부 ______________

베이커리 구매 여부 ______________

머무르는 시간 ______________

이용목적: 대화 ______ 공부 ______ 기타 ______

기타 커피숍 이용과 관련된 행동들 ____

- 언제 관찰해야 하는가?
- 어디서 관찰해야 하는가?

소비자의 커피숍 이용행동을 관찰하는 경우 한 예로 〈표 7-2〉와 같이 내용을 기록하는 관찰기록지를 작성할 수 있다.

예: 설문지

안녕하십니까?

본 설문조사는 귀하가 다니고 있는 대학에 대한 소속감을 조사하고자 하는 것입니다.

귀하의 답변으로 얻어진 내용들은 연구 및 정책 수립에만 활용되니 모든 문항에 본인의 의견을 솔직하게 답변하여 주기 바랍니다.

귀하께서 답해 주신 내용은 무기명으로 처리되며 비밀이 보장됩니다.

조사자: 김도일

1. 다음은 울산대학교에 관한 질문입니다. 각 문항에 대해 귀하의 생각에 해당되는 번호에 ✓(체크) 하여 주시기 바랍니다.

	전혀 그렇지 않다	그렇지 않다	보통 이다	그렇다	매우 그렇다
1. 울산지역 사람들은 울산대학교를 높이 평가한다.	①	②	③	④	⑤
2. 울산대학교 학생이 되는 것은 매우 자랑스러운 일이라고 사람들은 생각한다.	①	②	③	④	⑤
3. 울산대학교는 전국적으로 높은 평판을 가지고 있다.	①	②	③	④	⑤
4. 울산대학교는 지역사회 교육의 책임을 잘 수행하고 있다.	①	②	③	④	⑤
5. 울산대학교는 지역문화발전에 기여하고 있다.	①	②	③	④	⑤
6. 울산대학교는 지역환경보전에 기여하고 있다.	①	②	③	④	⑤
7. 울산대학교는 훌륭한 교수진을 가지고 있다.	①	②	③	④	⑤
8. 울산대학교는 우수한 시설을 가지고 있다.	①	②	③	④	⑤
9. 울산대학교는 우수한 장학금 제도를 가지고 있다.	①	②	③	④	⑤

	전혀 그렇지 않다	그렇지 않다	보통 이다	그렇다	매우 그렇다
10. 울산대학교는 학생들의 요구사항을 행정에 잘 반영한다.	①	②	③	④	⑤
11. 울산대학교는 행정서비스가 좋다.	①	②	③	④	⑤
12. 울산대학교는 어학교육을 잘 시키고 있다.	①	②	③	④	⑤
13. 울산대학교는 컴퓨터교육을 잘 시키고 있다.	①	②	③	④	⑤
14. 울산대학교는 강연을 자주 개최한다.	①	②	③	④	⑤
15. 울산대학교는 졸업생의 취업을 잘 놓고 있다.	①	②	③	④	⑤
16. 울산대학교는 학생 축제가 자주 열린다.	①	②	③	④	⑤
17. 울산대학교에는 동아리들이 많이 있다.	①	②	③	④	⑤
18. 울산대학교는 좋은 학부제도를 가지고 있다.	①	②	③	④	⑤
19. 울산대학교는 나의 기대에 부응하고 있다.	①	②	③	④	⑤
20. 울산대학교는 나에게 잘 맞지 않는다.	①	②	③	④	⑤

2. 다음은 울산대학교에 대해 가지는 소속감에 대한 대한 질문입니다. 각 문항에 대해 귀하의 생각에 해당되는 번호에 ✓(체크) 하여 주시기 바랍니다.

	전혀 그렇지 않다	그렇지 않다	보통 이다	그렇다	매우 그렇다
1. 남들이 우리 학교를 비난하면 내가 비난받은 것처럼 생각된다.	①	②	③	④	⑤
2. 나는 남들이 우리 학교에 대해 어떻게 생각하는지에 대해 관심이 많다.	①	②	③	④	⑤
3. 우리 학교가 잘되면 내가 잘된 것같이 생각된다.	①	②	③	④	⑤
4. 나는 울산대학교에 대해서 말할 때 그들의 학교가 아니고 우리들의 학교라고 말한다.	①	②	③	④	⑤
5. 남들이 우리 학교를 칭찬할 때 내가 칭찬받은 것처럼 생각된다.	①	②	③	④	⑤

	전혀 그렇지 않다	그렇지 않다	보통 이다	그렇다	매우 그렇다
6. 신문이나 TV 등의 매체에서 우리 학교를 비난하는 이야기가 나온다면 나는 당혹스러울 것이다.	①	②	③	④	⑤

3. 다음은 개인적 특성에 대한 질문입니다. 각 문항에 대해 귀하의 생각에 해당되는 번호에 ✓(체크) 하여 주시기 바랍니다.

	전혀 그렇지 않다	그렇지 않다	보통 이다	그렇다	매우 그렇다
1. 나는 우리 학교의 행사에 잘 참여한다.	①	②	③	④	⑤
2. 나는 전공에 만족한다.	①	②	③	④	⑤
3. 나는 다른 학생들에 비해서 교수님들과 자주 접촉하는 편이다.	①	②	③	④	⑤
4. 나는 우리 학교 친구들과 유대관계가 좋다.	①	②	③	④	⑤
5. 나는 학교생활에 매우 만족한다.	①	②	③	④	⑤
6. 나는 우리 학교의 발전을 위해서 많은 제안을 하고 싶다.	①	②	③	④	⑤
7. 나는 고등학생에게 울산대학교에 진학하라고 권하고 싶다.	①	②	③	④	⑤
8. 나는 우리 학교에 대해 남들에게 좋게 이야기 한다.	①	②	③	④	⑤
9. 나는 전공을 바꾸고 싶다.	①	②	③	④	⑤
10. 나는 다른 학교로 옮기고 싶다.	①	②	③	④	⑤
11. 나는 졸업후 울산대학교에 발전기금이나 장학금을 제공하고 싶다.	①	②	③	④	⑤

4. 다음은 인구통계적 사항에 대한 질문입니다. 각 문항에 대해 해당되는 번호에 ✓(체크) 하여 주시기 바랍니다.

1. 귀하의 성별은?

① 남자 ② 여자

2. 귀하의 학년은?

① 1학년 ② 2학년 ③ 3학년 ④ 4학년

3. 귀하의 전공은? (   )

4. 귀하의 입학연도는? (   )

5. 귀하의 출신지역은?

① 울산 ② 경남지역 ③ 경북 ④ 전라도 ⑤ 충청도
⑥ 서울/경기지역 ⑦ 제주도 ⑧ 강원도 ⑨ 기타 (   )

6. 지금까지의 대략적인 평균학점은?

① D 이상 C 미만 ② C 이상 B 미만 ③ B 이상 A 미만 ④ A 이상

7. 대학에 들어오기 위해 재수를 했는지?

① 예 ② 아니오

8. 동아리에 가입해 있는지?

① 예 ② 아니오

8-1) (동아리에 가입한 학생만 응답요) 동아리 활동을 지금 하고 있는지?

① 예 ② 아니오

9. (주간학생으로 전공이 있는 2, 3, 4학년 학생만 응답요)
학부에서 전공배정은 본인 지망대로 되었는지?

① 예 ② 아니오

실습과제

설정한 가설의 변수들에 대하여 설문을 작성하라.

CHAPTER 08

표본추출과정

자료를 수집하기 위해서는 조사 대상자인 표본을 추출해야 한다. 표본추출 과정을 통하여 표본을 추출하게 되며 표본을 통하여 알고자 하는 모집단을 우선적으로 정의해야 한다. 또한 표본을 어떻게 추출할 것인지 표본추출방법도 결정해야 한다.

8.1 표본조사의 의미

자료수집은 일반적으로 모집단에서 표본을 추출하여 표본에서 한다. 모집단의 구성원수가 작으면 전수조사가 가능하나 일반적으로 모집단은 크기 때문에 전수조사는 정부의 인구통계조사와 같은 센서스 이외에는 잘 시행되지 않는다. 대부분 비용, 시간 및 노력의 절감을 위하여 표본조사를 하게 된다. 추출한 표본이 모집단을 잘 대표하는 것이 바람직하나 표본과 모집단의 분포는 완전히 일치하지는 않는다. 표본이 모집단과 일치하지 않는 정도를 표본오차(sampling error)라고 한다. 표본조사를 하더라도 본질적으로 알고 싶은 것은 모집단이다. 표본의 통계량을 가지고 모집단의 모수를 추정하게 된다. 예를 들어 표본평균을 가지고 모집단의 평균을 추정하고자 하는 것이다.

8.2
표본추출과정

표본추출과정은 다음과 같은 단계를 따른다.

표 8-1 • 표본추출과정

1. 모집단의 정의
2. 표본명부(표본프레임)의 결정
3. 표본추출방법의 결정
4. 표본크기의 결정
5. 표본추출

1. 모집단의 정의

우선적으로 조사하는 모집단(population)을 정의해야 한다. 즉, 조사하는 대상이 누구인지를 결정해야 한다. 예를 들어 조사목적이 대학생들의 학교에 대한 소속감을 조사하는 것이라면 한국의 대학생을 모집단으로 선정할 수 있다. 이러한 대상에 대하여 여러 세부 속성에 의하여 한정할 수 있다. 예를 들어 지역은 서울, 성별은 여성으로 제한한다면 모집단을 서울지역의 대학에 다니는 한국 여학생으로 정의할 수 있다.

2. 표본명부의 결정

표본명부(표본프레임, sampling frame)는 모집단의 구성원들의 이름이 들어가 있는 명부를 의미하며 이 표본명부에서 표본을 추출하게 된다. 표본명부에는 모집단의 구성원이 모두 들어가 있어야 하며 그렇지 않은 경우에는 표본명부가 모집단과 일치하지 않게 되어 표본명부에 없는 구성원은 표본에 포함될 가능성이 전혀 없게 된다. 또한 표본명부가 모집단에 속하지 않은 표본을 포함하고 있는 경우 이를 제외해야 한다. 예를 들어 모집단이 미혼남녀라면 서베이에서 결혼 유무의 선별질문을 통하여 기혼자는 제외한다.

3. 표본추출방법의 결정

표본추출방법은 확률표본추출방법(probability sampling)과 비확률표본추출빙법(non-probability sampling)으로 구분할 수 있다. 확률 표본추출방법은 표본의 구성원이 뽑힐 확률이 모두 같은 경우를 의미한다. 비확률 표본추출은 구성원이 뽑힐 확률이 서로 같지 않은 경우를 의미한다.

확률표본을 사용하는 경우는 각 원소가 뽑힐 확률이 똑같으므로 모집단의 모수(parameter)를 추정하는데 표본통계량(statistic)의 정확도를 객관적으로 평가할 수 있으나 비확률표본을 사용하는 경우는 원소가 뽑힐 확률이 똑같지 않으므로 표본통계량의 정확도를 객관적으로 평가하는 것이 불가능하다.

1) 확률표본추출방법

(1) 단순무작위표본추출법

단순무작위표본추출법(simple random sampling)은 모집단, 즉 표본명부에서 표본을 무작위로 추출하는 방법이다. 예를 들면 100명의 참석자 중 5명을 뽑아 경품을 준다면 참석자들에게 1에서 100까지의 번호표를 부여하고 이를 상자에 넣고 잘 흔들어 5개를 뽑아 해당되는 번호의 참석자가 뽑히는 것이다. 일반적으로 통계소프트웨어의 난수(random number) 추출 프로그램을 사용하여 무작위표본을 추출한다(SPSS를 활용한 무작위표본추출방법은 14장 부록을 참조).

단순무작위표본은 확률표본이므로 표본이 모집단을 잘 대표하지 못할 수가 있다. 즉, 표본오차가 존재한다. 이러한 표본오차를 줄이는 방법이 모집단에 대한 지식을 활용하는 것이다. 층화표본추출법이나 군집표본추출법의 경우 모집단에 대한 지식을 활용하여 각 층이나 군집에서 표본을 추출하여 단순무작위표본추출법보다 표본오차를 줄이게 된다.

(2) 층화표본추출법

층화표본추출법(stratified sampling)은 모집단이 서로 이질적인 그룹들, 즉 층으로 구분되어 있는 경우 각 층에서 표본을 추출하는 것이다. 예를 들어 대학생을 조사한다면 학년별로 층으로 구분하여 각 학년에서 확률표본을 추출하는 것이다.

층의 크기에 비례하여 표본을 추출하는 비례층화표본추출법과 크기에 비례하지 않고 표본을 추출하는 불비례층화표본추출법으로 구분할 수 있다. 불비례층화표본추출법에서 각 층에서 표본을 추출하기 위한 한 가지 기준으로 분산을 사용하는 경우 분산이 큰 층에서 더 많은 표본을 추출할 수 있다.

(3) 군집표본추출법

군집표본추출법(cluster sampling)은 모집단이 서로 동질적인 소그룹들로 구성되어 있는 경우 1개 또는 몇 개의 군집을 무작위로 선택하여 이 군집에서 표본을 추출하는 것이다. 군집이 작을 경우 전체를 다 조사할 수 있으나 일반적으로 선택된 군집 내에서 확률표본을 추출한다. 예를 들어 남구 구민의 특정 사항에 대한 의견을 조사하는 경우 남구에서 특정 동을 무작위로 선택하여 그 동의 구민들을 확률표본으로 추출하여 조사할 수 있다.

그림 8-1 • 확률표본의 비교

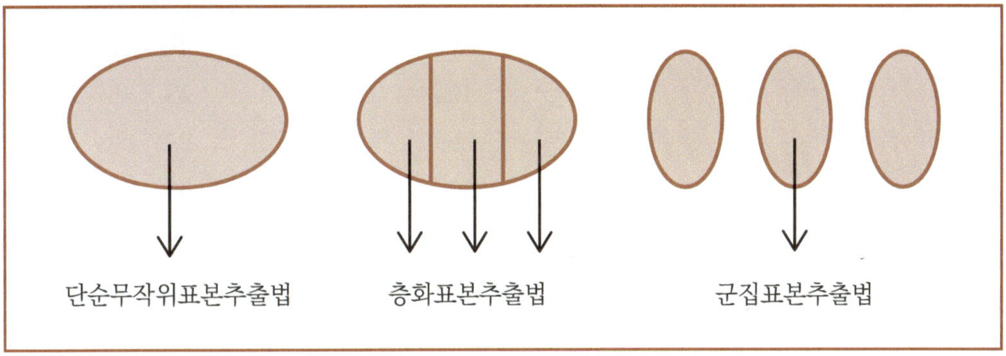

몇 개의 군집을 선택하는 경우 군집의 크기에 비례하여 군집을 선택하거나 군집의 크기에 비례하지 않고 선택할 수 있다. 3개의 군집이 500, 300, 200명으로 구성되어 있는 경우 각 군집이 뽑힐 확률이 군집의 크기에 비례한다면 각 군집이 뽑힐 확률은 0.5, 0.3, 0.2가 된다.

각 구성원이 뽑힐 확률도 동일하거나 동일하지 않게 할 수 있다. 각 집단에서 10명씩 뽑는데 각 구성원이 뽑힐 확률을 동일하게 한다면 먼저 각 군집이 뽑힐 확률을 크기에 비례하게 하고 다음 각 군집에서 10명씩 뽑으면 된다. 앞의 예에서 첫째 집단은 (500/1000) × (10/500) = 10/1000, 두 번째 집단은 (300/1000) × (10/300) = 10/1000, 세 번째 집단은 (200/1000) × (10/200) = 10/1000. 따라서 각 구성원이 뽑힐 확률은 같게 된다.

(4) 체계적 표본추출법

체계적 표본추출법(systematic sampling)은 먼저 모집단의 구성원을 순서대로 배열하여 그룹으로 나눈다. 그룹의 수, 즉 표본간격은 모집단의 구성원 수를 표본수로 나누어 구한다. 예를 들어 모집단 50명에서 5명의 표본을 추출한다면 표본간격은 모집단 구성원의 수를 표본수로 나눈 10(50/5)이 된다. 첫 번째 그룹에서 무작위로 i 번째 구성원을 추출하였다면 다음 그룹들에서도 i번째 구성원을 추출하면 된다. 예로 5 번째가 첫 그룹

그림 8-2 ● 체계적 표본추출의 예: 50명에서 5명을 추출하는 경우

1	2	3	4	5	6	7	8	9	10
11	12	13	14	15	16	17	18	19	20
21	22	23	24	25	26	27	28	29	30
31	32	33	34	35	36	37	38	39	40
41	42	43	44	45	46	47	48	49	50

에서 추출되었다면 추출되는 다음 표본은 5에 표본간격 10을 더하여 15번째 사람이 뽑히게 된다. 다음 표본은 15에 표본간격 10을 더하면 된다. 따라서 표본은 〈그림 8-2〉에서 보듯이 5, 15, 25, 35, 45번째 구성원이 된다.

체계적 표본추출법은 표본추출이 쉽지만 표본간격에 주기성(periodicity)이 존재하는 경우에는 표본이 모집단을 잘 대표하지 못할 수 있다. 예를 들어 직장인의 근무태도에 대해 10주 간 조사하는 경우 조사 날짜를 체계적 표본추출법으로 선택한다고 하자. 조사 날짜로 월요일이 무작위로 선택되어 계속 월요일에만 조사한다면 월요일은 주말에 근무하지 않고 쉰 휴유증으로 인해 근무태도가 전체적으로 좋지 않게 나타날 수 있다.

2) 비확률표본추출법

(1) 편의표본추출법

편의표본추출법(convenience sampling)은 말 그대로 편의적으로 표본을 추출하는 것을 의미한다. 이는 쉽게 접촉할 수 있는 대상을 표본으로 추출하는 것으로 말한다. 한 예로 길에서 지나가며 만나는 사람에게 설문 응답을 요청하는 것이다. 편의표본은 쉽게 표본을 추출할 수 있어 많이 사용된다.

(2) 판단표본추출법

판단표본추출법(judgment sampling)은 모집단에 대하여 갖고 있는 지식을 사용하여 어느 대상들이 모집단을 잘 대표할지를 판단하여 그 대상을 선정하여 표본을 추출한다. 예를 들어 울산지역을 대표하는 대학생은 울산대학교 학생이라고 판단하여 이들을 표본으로 추출하여 울산지역 대학생의 라이프스타일을 조사할 수 있다.

(3) 할당표본추출법

할당표본추출법(quota sampling)은 특정 변수가 중요한 외생변수일 때 이 변수를 기준으로 모집단에서의 비율에 따라 표본을 추출하는 것이다. 예를 들어 특정 지역의 남녀의 라이프스타일을 조사할 때 남녀 인구비율에 따라 표본을 추출할 수 있다. 그 지역의 남녀 비율이 1.2 대 1이라면 220명의 표본을 추출하는 경우 남자 120명, 여자 100명을 추출하면 된다.

(4) 눈뭉치표본추출법

조사하고자 하는 특정 문제를 가진 모집단이 작을 수 있다. 이러한 경우 최초의 표본을 구하고 이들 처음 표본에게 모집단에 속하는 다른 표본들을 추천받을 수 있다. 이러한 방법을 눈뭉치표본추출법(snowball sampling)이라고 한다. 예를 들어 히말라야 하이킹 경험 있는 자들을 조사하고자 할 때는 먼저 확보한 표본을 대상으로 다른 사람들을 추천받아 조사할 수 있다.

4. 표본크기의 결정

1) 표본크기 결정의 고려요소

표본크기는 여러 가지 요소를 고려하여 결정할 수 있다. 연구목적, 시간 및 예산의 제약, 추정의 정확성 등을 고려해야 한다.

(1) 조사목적 및 자료수집방법

조사목적에 따라서 표본수는 달라질 수 있다. 예를 들어 질적 자료를 수집하고자 하는 표적집단면접법은 소수의 인원으로 구성된 집단을 대상으로 시행하며 한 집단당 표본수가 8~12명 정도가 된다. 대략적인 추세를 보는 서베이 조사의 경우에는 일반적으로 200명의 정도의 표본을 가지고도 할 수 있다. 전국적으로 지지도를 물어보는 여론조사의 경우에는 일반적으로 500명에서 1,000명 정도의 표본을 추출한다.

(2) 시간 및 예산의 제약

시간과 예산은 표본크기 결정에 중요한 고려요소이다. 시간과 예산이 충분하지 않은 경우에는 표본수를 충분히 늘릴 수가 없을 것이다. 표본추출방법도 확률표본보다는 시간과 비용이 적게 들어가는 비확률표본방법을 사용할 수 있다.

(3) 추정의 정확성

표본통계량을 통하여 모수를 추정하고자 하는 것이므로 표본수가 커질수록 통계량의 분산, 즉 표본오차가 작아지므로 모수를 더 정확히 추정할 수 있다. 따라서 표본오차를 줄이고자 하는 경우는 표본수를 증가시켜야 한다.

2) 표본크기의 결정

(1) 표본평균의 Z값을 활용한 표본크기의 결정

표본평균의 Z값은 다음과 같은 공식으로 산출된다.

$$Z = \frac{\text{표본평균} - \text{모집단평균}}{\text{표본평균의 표준편차}}$$

$$\text{표본평균의 표준편차} = \frac{\text{모집단 표준편차}}{\text{표본수의 제곱근}}$$

$$Z = \frac{\overline{X} - \mu}{\sigma/\sqrt{n}}$$

$\overline{X} - \mu$ = d라고 하면

$$n = Z^2 \times \sigma^2 / d^2$$

90%, 95% 신뢰수준일 때 양측검정시 Z값은 각각 1.64, 1.96이다. 따라서 표본평균과 모집단평균의 오차(d)를 1, 모집단 표준편차를 2, 신뢰수준을 95%라고 한다면 n은 61.5이므로 표본수는 62개가 된다.

(2) 표본비율의 Z값을 활용한 표본크기의 결정

표본비율(예: 특정 브랜드의 시장점유율)의 Z값은 다음과 같은 공식으로 산출된다.

$$Z = \frac{\hat{P} - P}{\sqrt{\frac{PQ}{n}}}$$

$\hat{P}$는 표본비율

P는 모비율, Q는 $1-P$

d = $\hat{P} - P$이라고 하면

$$\text{표본의 수 } n = Z^2 \times P \times Q/d^2$$

실습과제

사용할 표본추출방법을 결정하라.

CHAPTER 09

실사

설문지가 완성되면 설계된 표본추출방법을 따라 추출된 표본을 대상으로 실제로 자료수집을 해야 한다. 실사도 일련의 과정으로 이루어진다. 자료수집은 조사를 설계한 사람에 의해서도 이루어질 수 있지만 다른 사림에 의해서 이루어질 수도 있다.

9.1
실사의 과정

실사(fieldwork)는 다음과 같은 단계로 진행된다.

1. 조사원의 선발

조사자는 데이터수집방식을 고려하여 조사업무의 직무명세서를 작성해야 하며, 이러한 조사업무를 수행하는데 조사원이 가져야 할 특성 및 요건을 결정하고 이러한 특성 및 요건을 가진 적합한 사람을 선발해야 한다.

표 9-1 ● 실사의 과정

1. 조사원의 선발
2. 조사원의 훈련
3. 자료수집
4. 조사원의 감독
5. 실사의 검증
6. 조사원의 평가

2. 조사원의 훈련

조사원의 훈련은 수집되는 데이터의 질에 매우 중요하다. 훈련은 모든 조사원들이 같은 방식으로 조사를 수행하게 함으로써 데이터가 균질적으로 수집될 수 있다. 이로써 조사원들의 차이에 의한 영향을 줄일 수 있다. 훈련은 최초 접촉방법, 질문하는 방법, 프로빙(probing, 캐어묻기), 응답을 기록하는 법, 종료방법에 대하여 이루어질 수 있다.

3. 자료수집

조사자는 이제 현장에서 자료를 수집하게 된다. 최초 접촉 시 응답에 대한 응답자의 허락을 얻어야 한다. 거절에 대한 처리방법을 숙지해야 하며 시간이 적당하지 않은 경우에는 응답자에게 편한 추가접촉의 시간을 물어보아야 한다.

질문은 설문지에 기록된 대로 정확하게 물어보아야 한다. 프로빙은 응답자가 자신의 대답을 부연하거나 명확히 하거나 설명하도록 캐묻는 것이다. 프로빙을 통하여 응답자로 하여금 인터뷰의 특정 내용에 집중하여 관련 정보만을 제공하게 할 수 있다. 프로빙 기법은 단순하게 질문을 되풀이하거나 응답자의 대답을 되풀이 하는 것일 수 있다.

조사원이 응답을 기록하는 형식은 같아야 한다. 체크 항목이 정해져 있는 구조화된 질문은 문항 번호에 체크하면 되지만 그렇지 않은 비구조화된 질문은 응답자의 말을 그대로 적는 것이 좋다.

인터뷰는 모든 정보가 얻어지고 종료되어야 한다. 응답자의 코멘트도 기록되어야 한다. 응답자에게 응답의 참여에 대하여 감사의 말을 하도록 한다.

4. 조사원의 감독

조사원이 훈련받은 대로 절차와 기법을 따르고 있는지 감독해야 한다. 이는 절차들이 적절하게 시행되고 있는지를 확인해야 한다는 것을 의미한다. 또한 표본추출 계획대로 표본을 선정하고 있는지도 확인해야 한다. 또한, 조사원이 원하는 응답으로 유도하지 않도록 해야 한다.

또한 조사원이 본인이 직접 임의로 설문에 응답을 하는 등의 응답의 조작을 하지 못하도록 해야 한다. 이를 위해 적절한 훈련, 감독 및 실사의 검증이 필요하다.

5. 실사의 검증

이는 조사원이 제대로 된 인터뷰 결과를 제출하였는지를 검증하는 것이다. 이를 위해 감독자는 일부의 응답자에게 연락을 해서 조사원이 인터뷰를 제대로 수행했는지를 확인할 필요가 있다.

6. 조사원의 평가

조사원을 평가하고 그들의 업무에 대하여 피드백을 제공한다. 평가는 완료된 인터뷰당 소요비용, 조사원의 시간 사용(인터뷰, 이동시간, 업무처리 등), 응답율, 조사원의 인터뷰의 질, 수집된 자료의 질에 기초하여 이루어져야 한다.

9.2 자료수집 시의 오류

연구결과의 질은 자료의 질에 크게 의존한다. 따라서 자료를 수집할 때 오류가 적어야 한다. 자료수집 시의 오류는 조사원과 관련된 오류와 응답자와 관련된 오류로 구분할 수 있다. 또한 의도적으로 발생된 오류가 있고 비의도적으로 발생된 오류가 있다.

1. 조사원의 의도적 오류

조사원의 의도적 오류는 연구자가 설정한 자료수집의 요구조건을 조사원이 의도적으로 지키지 않는 것을 의미한다. 응답자를 조작하거나 응답을 조작하는 경우로 구분할 수 있다. 응답자를 조작하는 경우는 조사원이 표본계획에 의하여 지정된 표본을 조사하지 않고 임의로 다른 응답자들을 조사하는 경우를 들 수 있다. 또한 응답을 조작하는 경우는 조사원이 시간 부족 및 응답 부수의 부족 등의 이유로 자신이 설문지에 응답을 하는 경우와 응답자가 조사원이 원하는 쪽으로 응답을 하도록 조사원이 영향을 미치는 경우를 들 수 있다.

2. 조사원의 비의도적 오류

조사원의 개인적 특성이 응답에 영향을 미치는 요인이 될 수 있다. 예를 들어 조사원의 어조, 성별 및 태도 등이 응답자에게 부정적 영향을 미쳐 응답에 오류를 야기시킬 수 있다. 또한 조사원이 조사방법을 바르게 숙지하지 못하여 조사를 지시대로 정확하게 수행하지 못할 때도 오류가 발생할 수 있다.

3. 응답자의 의도적 오류

응답자가 자신의 본심과 다르게 응답을 할 수 있다. 즉, 자신의 응답을 왜곡시킬 수 있다. 예를 들면 질문이 개인적 사생활과 관련된 경우 응답자는 자신의 체면이 깍이는 것을 막기 위해 사회적으로 바람직한 응답(socially desirable response)을 할 수 있다. 또는 응답을 거절하거나 또는 특정 문항에 대하여 무응답하는 경우에도 응답자의 의견이 반영되지 못하는 오류를 발생하게 한다.

4. 응답자의 비의도적 오류

응답자가 비의도적으로 잘못된 응답을 할 경우가 있다. 예를 들어 응답자가 질문내용이나 지시를 잘못 이해한 경우 잘못된 응답을 할 수 있다. 또한 잘 모르는 내용에 응답을 하는 경우 추측하여 답을 하는 경우도 오류가 발생힐 수 있다. 설문지가 긴 경우에는 뒷부분에서는 주의력이 감소되어 대충 응답을 하는 경우도 발생할 수 있다.

9.3 실사 자료의 질의 통제

1. 조사원의 의도적 오류

조사원의 의도적 오류에 대하여 일반적으로 감독 및 검증이 오류를 통제하는 방법으로 사용된다. 현장 감독을 통하여 조사원의 의도적 오류를 시정해 준다. 사후에는 수집한 자료를 검사하여 의도적 오류가 없었는지를 확인한다. 일부 응답자에게 조사가 제대로 이루어졌는지를 확인하기 위해 전화를 할 수도 있다.

2. 조사원의 비의도적 오류

비의도적 오류를 발생시킬 수 있는 특성을 가진 조사원은 선발에서 배제되어야 한다. 선발된 조사원은 훈련을 통하여 조사역량을 높이고 오류를 범하지 않도록 할 필요가 있다. 실제 조사에 대하여 오리엔테이션을 실시하고 롤플레잉(role playing)을 통하여 조사에 친숙하도록 만들어야 한다.

3. 응답자의 의도적 오류

응답자의 무응답 및 응답 거절을 막기 위하여 익명성 및 비밀 유지를 보장하며 응답 참여에 대한 보상을 제공할 수 있다. 설문응답을 중간에 중단하는 것을 막기 위하여 끝까지 응답을 하도록 요청을 하거나 설문이 지루하지 않도록 쉽게 하거나 길이를 적절히 할 필요가 있다.

응답자의 의도적 오류를 줄이기 위한 또 다른 방법은 응답자의 응답이 정확한지를 검증을 하는 것이다. 예를 들면 이용하고 있는 통신사를 영수증 등으로 확인을 할 수 있다. 또한 응답에 대한 왜곡을 줄이기 위하여 자신이 아닌 다른 사람이라면 어떻게 할 것인지를 묻는 투사법을 사용할 수 있다.

4. 응답자의 비의도적 오류

설문내용과 지시를 명확하게 작성하여 잘못된 이해로 발생하는 오류를 줄여야 한다. 잘못 응답한 경우를 확인하여 수정할 필요가 있다. 주관식 질문의 응답이 가독성이 떨어지는 경우 읽을 수 있고 의미가 전달될 수 있도록 수정해야 한다. 응답자가 기계적으로 한쪽으로 일률적으로 응답하는 것을 막기 위해 일부 문항은 역코딩된 응답(예: 5점 척도에서 다른 항목은 5점이 매우 좋다인데 역코딩된 항목은 5점이 매우 싫다)을 사용할 수 있다.

실습과제

실사에 대한 계획을 세워라.

2부
자료의 분석

CHAPTER

10

자료분석의 준비

자료를 분석하기 전에 자료가 분석 가능하도록 준비되어야 한다. 자료가 정확한지 검사를 하고 수정을 해야 한다. 또한 코딩이 되어서 컴퓨터에 파일로 입력되어야 한다. 따라서 각 설문응답의 숫자를 엑셀 또는 통계소프트웨어를 사용하여 입력하고 저장해야 한다. 자료를 입력한 후 입력된 자료에 대하여 컴퓨터 통계패키지의 분석기법을 이용하여 통계처리를 할 수 있다. 통계패키지는 SPSS, SAS 등 여러 소프트웨어가 있으나 이 책에서는 SPSS를 사용하여 자료를 처리할 것이다.

저장된 자료의 분석은 일차적으로 각 변수의 분석부터 이루어진다. 주로 빈도 및 평균을 구하여 각 변수의 분포를 확인한다. 이어서 연구목적에 맞게 변수 간의 관계에 대한 분석이 이루어진다. 당연히 연구목적에 적합한 분석기법이 선택되어 사용되어야 한다.

10.1 자료의 편집

자료의 편집(editing)은 자료를 검사하고 오류가 있는 경우 수정하는 것을 말한다. 자료의 검사는 실사 당시에도 행해지지만 실사가 끝난 다음에도 분석 전 단계에서 행할 필요가 있다. 자료의 편집에서는 다음과 같은 사항을 유의해야 한다.

- 주요 문항들이 다 응답되었는지를 확인한다.
- 무응답에 대한 처리를 결정한다. 무응답에 대하여 무시할지, 즉 그대로 둘지 아니면 적절한 대체값을 부여할지를 결정해야 한다. 무응답이 너무 많은 경우에는 그 설문지는 폐기할 수 있다.
- 응답에 대한 정확성을 확인한다. 예를 들어 할인점을 대상으로 하는 질문에 백화점을 언급하였다면 잘못된 응답이 된다.
- 응답들의 일관성을 확인한다. 예를 들어 한 개념을 다항목으로 측정하는 경우 한 항목에서는 그 브랜드가 좋다고 하면서 다른 항목에서는 그 브랜드를 싫어한다고 하면 일관성이 떨어지는 것이다.
- 주관식 질문의 경우 답변을 읽을 수 있는지 그리고 의미가 전달되는지를 확인한다.

응답의 오류가 있는데 수정이 불가능한 경우에는 그 응답을 분석에 포함시키지 말아야 한다.

10.2 자료의 코딩 및 입력

1. 자료의 코딩

1) 객관식 질문에 대한 코딩

설문지에서 객관식 질문으로 하나의 항목만을 체크하는 설문에서는 한 설문이 하나의 변수가 된다. 따라서 체크 항목의 번호를 그대로 부여하면 된다.

설문에 대하여 여러 개의 항목에 체크할 수 있는 복수응답이 가능한 경우는 체크한 항목들과 체크하지 않은 항목들로 나뉘어지므로 각 응답항목을 하나의 변수로 취급한다.

2) 주관식 질문에 대한 코딩

주관식 질문은 각 유형별로 분류하여 번호를 부여한다. 주관식 질문의 응답은 객관식 질문의 응답과 따로 분류하여 저장할 수도 있다.

예를 들어 어떤 목적으로 이 브랜드를 사는가라는 주관식 질문에 대하여 응답이 크게 분류하여 선물하기 위하여 그리고 자가 소비로 나왔다면, 선물하기 위하여는 1, 자가 소비는 2의 번호를 부여하여 분류하면 된다.

3) 각 설문지에 분류번호 부여

설문지의 응답을 입력하기 전에 우선적으로 각 설문지, 즉 응답자를 분류하기 위한 번호를 부여해야 한다. 예를 들어 응답자들로부터 회수한 설문지가 200부일 경우 각 설문지에 순서대로 1번부터 200번의 번호를 부여한다. 이는 입력에 오류가 있을 시 수정하기 위함이다.

2. 자료의 입력

설문의 응답을 입력할 때 다음과 같은 사항을 유의해야 한다.

- 하나의 변수를 한 칸에 입력한다. 각 설문이 한 변수가 되는 경우에는 각 설문의 응답을 순서대로 입력을 해야 한다. 설문지 분류번호를 먼저 입력한 후 그 설문지의 1번 설문의 응답부터 입력하여 마지막 설문의 응답까지 입력하면 된다. 엑셀의 경우나 SPSS 데이터입력기에는 한 칸에 한 응답씩 한 줄에 입력한다.

  명목척도의 복수 응답의 경우에는 그 응답항목을 체크했으면 1로 입력하고 체크하지 않았으면 "." 또는 "0"으로 입력한다.

  다음 호텔 중 이용해 본 호텔을 모두 체크하시오.
  1. 현대호텔 2. 롯데호텔 3. 신라스테이 4. 롯데시티호텔

  복수응답이 가능하므로 4개 항목이 모두 변수가 되며 한 응답자가 1번과 3번에 체크하였다면 엑셀을 이용하는 경우 각 항목에 변수의 이름을 부여하고 다음과 같이 입력한다.

	A	B	C	D
1	호텔1	호텔2	호텔3	호텔4
2	1	.	1	.

- 전체 설문의 응답을 한 파일로 다 입력한다. 설문지에서 일부 설문들의 응답만 입력하는 것이 아니라 전체 설문의 응답을 다 입력하여 한 파일로 저장해야 한다. 즉, 분석에서 특정 변수들만 사용한다고 그 변수들만 입력하는 것이 아니라 모든 변수들을 입력한다. 추가적으로 다른 변수들도 분석해야 하는 경우가 발생할 수 있으므로 모든 설문을 다 입력한다.
- 모든 응답자를 같은 포맷으로 입력한다. 한 응답자의 모든 설문을 다 입력하였으면 그 다음 응답자를 그 다음 새로운 줄에 같은 포맷으로 입력한다. 엑셀이나 SPSS 데이터입력기의 경우에는 일반적으로 한 응답자의 자료가 한 줄에 입력이 되므로 한 응답자의 각 변수 값은 같은 줄에 순서대로 입력하면 된다.

설문의 예

1. 귀하가 주로 이용하는 백화점은 어디입니까?

   ① 현대백화점 ② 롯데백화점

2. 귀하는 주로 이용하는 백화점의 서비스에 만족하십니까?

   ① 전혀 그렇지 않다 ② 그렇지 않다
   ③ 보통이다 ④ 그렇다
   ⑤ 매우 그렇다

3. 귀하는 주로 이용하는 백화점의 제품에 만족하십니까?

   ① 전혀 그렇지 않다 ② 그렇지 않다
   ③ 보통이다 ④ 그렇다
   ⑤ 매우 그렇다

4. 귀하는 주로 이용하는 백화점을 앞으로 계속 이용하실 것입니까?

   ① 전혀 그렇지 않다 ② 그렇지 않다
   ③ 보통이다 ④ 그렇다
   ⑤ 매우 그렇다

5. 귀하는 주로 이용하는 백화점의 현재 회원입니까?

   ① 아니오　　　　② 예

6. 귀하의 성별은?

   ① 남성　　　　② 여성

7. 귀하의 사는 지역은?

   ① 동구　② 서구　③ 남구　④ 북구

앞의 설문에서 각 설문은 한 변수가 된다. 모든 변수를 입력하며 변수명은 임의로 부여하면 되며 여기서는 Q1부터 Q7로 변수의 이름을 정하였다. 응답자(각 설문지를 분류하기 위하여 변수명 부여)는 ID로 변수명을 정하였다.

코딩 방법

설문번호	변수명	숫자기입
응답자	ID	분류번호
설문 1	Q1	체크항목번호
설문 2	Q2	체크항목번호
설문 3	Q3	체크항목번호
설문 4	Q4	체크항목번호
설문 5	Q5	체크항목번호
설문 6	Q6	체크항목번호
설문 7	Q7	체크항목번호

자료 입력은 엑셀에 한다. 각 응답자의 응답은 한 줄에 각 변수값을 입력한다. 여기서는 표본 전체 총 50명을 입력하며 맨 윗줄은 변수명을 기입한다. 자료를 다 입력한 엑셀 결과는 〈표 10-1〉과 같다.

표 10-1 • 입력된 자료

ID	Q1	Q2	Q3	Q4	Q5	Q6	Q7
1	1	4	5	5	2	2	1
2	1	3	4	4	1	1	2
3	1	2	1	2	1	1	3
4	1	4	4	5	2	2	4
5	1	3	3	4	2	1	1
6	2	2	2	2	1	1	4
7	1	4	4	5	2	1	3
8	2	3	3	4	1	2	3
9	2	2	2	2	1	1	4
10	2	4	3	5	2	2	2
11	1	3	3	4	1	1	3
12	1	2	2	2	1	1	4
13	1	4	4	5	2	2	1
14	2	3	3	4	1	2	2
15	1	2	3	2	1	1	3
16	1	4	4	5	2	1	1
17	2	3	3	4	1	2	3
18	2	2	2	2	1	1	2
19	1	5	4	5	2	1	3
20	2	2	2	3	1	2	4
21	1	4	4	5	2	2	1
22	1	3	2	4	1	1	1
23	1	2	2	2	1	1	4
24	2	4	4	5	2	2	1
25	2	3	3	4	1	2	3
26	2	2	2	2	1	1	2
27	1	4	3	5	2	1	1
28	1	3	3	4	2	1	3
29	2	2	1	2	1	2	4
30	2	5	4	5	2	2	1
31	1	4	5	5	2	2	3
32	1	3	4	4	1	1	2
33	1	2	1	2	1	1	3
34	1	4	4	5	2	2	4
35	1	3	3	4	1	1	1
36	2	2	2	2	1	1	4
37	1	4	4	5	1	1	3
38	2	3	3	4	2	2	2
39	2	2	2	2	1	1	4
40	2	4	3	5	2	2	2
41	1	3	3	4	1	1	3
42	1	2	2	2	1	1	4
43	1	4	4	5	2	2	3
44	2	3	3	4	2	2	2
45	1	2	3	2	1	1	3
46	1	4	4	5	2	1	1
47	2	3	3	4	1	2	3
48	2	2	2	2	1	1	2
49	1	5	4	5	2	1	3
50	2	2	2	3	2	2	4

10.3 자료의 분석기법

분석기법은 다음과 같은 기준으로 분류할 수 있다.

1. 변수의 수

단일 변수인가 또는 여러 변수인가에 의하여 단일변량 분석(univariate analysis) 또는 다변량 분석(multivariate analysis)으로 구분할 수 있다. 종속변수가 여러 개인 경우를 일반적으로 다변량 분석이라고 한다.

2. 분석의 목적

1) 변수 간의 상관관계에 관한 분석

상관관계에 관한 분석은 변수 간에 상관관계가 있는지를 분석하는 것이다. 상관관계는 변수들이 서로 관련되어 있음을 의미한다. 상관관계는 변수 간의 종속관계를 설정한 경우와 설정하지 않은 경우로 구분된다. 종속관계를 설정한 경우는 변수 간에 경로를 설정하여 선행변수인 독립변수가 변하면 이에 따라 결과변수인 종속변수가 변하는 것을 말한다. 이와 달리 종속관계를 설정하지 않은 경우는 두 변수가 서로 관련이 있지만 종속적 경로관계를 설정하지 않은 것을 의미한다.

종속관계를 설정하지 않은 상관관계분석은 교차분석, 서열상관관계분석, 피어슨 상관관계분석 등이 있으며, 종속관계의 분석기법으로는 회귀분석, 분산분석, 판별분석, 로지스틱 회귀분석, 컨조인트분석, 구조방정식모형 등이 있다.

2) 변수를 집단으로 묶는 분석

변수 간의 상관관계에 기초하여 변수들을 집단으로 묶는 분석이다. 변수에는 연구대상의 속성뿐만 아니라 연구대상 자체도 변수가 될 수 있다. 예를 들어 개인의 소득도 변수가 될 수 있고 조사하고자 하는 연구대상인 개인도 변수가 될 수 있다. 이러한 분석으로 대상의 속성인 변수들을 요인으로 묶는 요인분석 및 대상(예: 사람)들을 군집으로 묶는 군집분석이 있다.

3) 대상을 도표에 위치시키는 분석

대상 간의 유사성에 기초하여 대상의 좌표를 구하고 이를 기초로 도표에 대상들을 위치시키는 기법으로 다차원척도법이 있다.

3. 척도의 종류

앞에서 살펴본 명목척도, 서열척도, 등간척도 그리고 비율척도에 따라 사용되는 분석기법들이 다르다. 상관분석을 실시하는 경우 변수가 명목척도인 경우는 교차분석을 실시하고, 서열척도인 경우 스피어만 서열상관계분석을 실시하고 등간, 비율척도인 경우에는 피어슨 상관관계분석을 실시한다. 측정척도는 분석기법이 요구하는 척도와 부합되어야 한다.

4. 집단의 수

집단의 수에 따라 사용하는 기법이 달라질 수 있다. 예를 들어 t검정은 두 집단의 평균을 비교하는 분석기법이며, 두 집단 이상의 평균을 비교하는 데는 분산분석이 사용된다.

10.4 각 변수의 분석

변수 간의 관계에 대한 분석을 하기 전에 일차적으로 각 변수에 대한 분석을 통하여 분포를 확인할 수 있다. 기초적으로 보게 되는 통계치는 변수의 빈도, 평균, 표준편차 등이다. 빈도분석(frequency analysis)은 일반적으로 모든 변수에 대하여 실시할 수 있으며, 평균은 변수가 등간척도 및 비율척도인 경우에만 산출한다. 평균은 집단의 대표값의 의미를 갖는다. 예를 들어 한 국가의 1인당 국민소득은 그 국가의 전체 국민의 평균 소득으로 그 국가의 국민소득을 대표하는 값이다. 빈도분석과 평균값의 산출로도 어떤 조사에서는 조사목적의 일부를 달성할 수도 있다.

표본의 평균 및 표준편차의 식은 다음과 같다.

$$\overline{X} = \frac{\sum_{i=1}^{n} X_i}{n}$$

$\overline{X}$는 표본평균, n은 표본수, X_i는 개별 관찰치의 값.

$$S = \sqrt{\frac{\sum_{i=1}^{n} (X_i - \overline{X})^2}{n-1}}$$

S는 표본의 표준편차.

표본의 표준편차의 분모는 n이 아니라 표본의 수에서 1을 뺀 $n-1$.

〈표 10-1〉 자료의 7개 변수 중 2개의 변수 Q1 주로 이용하는 백화점, Q2 서비스 만족도에 대하여 얻은 빈도는 〈표 10-2〉와 같다.

표 10-2 • Q1의 빈도

항목	빈도	퍼센트	누적 퍼센트
1	29	58.0	58.0
2	21	42.0	100.0
전체	50	100.0	

Q1에서 항목 1은 빈도가 29로 58%이며 항목 2는 빈도가 21로 42%를 차지하고 있다.

표 10-3 • Q2의 빈도

항목	빈도	퍼센트	누적 퍼센트
2	17	34.0	34.0
3	15	30.0	64.0
4	15	30.0	94.0
5	3	6.0	100.0
전체	50	100.0	

Q2에서 항목 2의 빈도는 17로 34%, 항목 3의 빈도는 15로 30%, 항목 4의 빈도는 15로 30%, 항목 5의 빈도는 3으로 6%를 차지하고 있다.

Q2, Q3, Q4는 등간척도이므로 평균을 계산할 수 있다. Q2, Q3, Q4의 기술통계량은 〈표 10-4〉와 같다.

표 10-4 ● 기술통계량

변수명	N(빈도)	최소값	최대값	평균	표준편차
Q2	50	2	5	3.08	0.944
Q3	50	1	5	3.00	0.990
Q4	50	2	5	3.72	1.246

Q2, Q3, Q4는 5점 척도로 평균이 각각 3.08, 3.0, 3.72이므로 보통 정도임을 나타내고 있다.

10.5 변수 간의 관계에 대한 분석 및 가설검증 방법

3장에서 설명한대로 연구가설은 주로 변수 간의 경로관계에 대한 주장이므로 가설을 검증하기 위해서는 변수 간의 관계에 대한 분석이 이루어져야 한다. 즉, 경로관계를 검증하기 위해서는 변수 간의 종속적 상관관계에 대한 분석이 이루어진다.

종속적 관계를 그림으로 표시하면 "X → Y"의 형태가 된다. 즉, 선행변수인 X는 결과변수인 Y에 영향을 미친다는 것이다. 통계 분석기법을 사용하여 이러한 연구가설을 검증할 때는 반대로 선행변수가 결과변수에 영향을 미치지 않는다는 귀무가설을 설정하여 검증한다. 귀무가설이 기각된다는 것은 거꾸로 연구가설을 받아들인다는 것을 의미한다. 즉, 선행변수가 결과변수에 영향을 미치지 않는다는 귀무가설이 맞지 않으므로 반대인 선행변수가 결과변수에 영향을 미친다는 연구가설이 맞다는 것이다.

귀무가설을 검증할 때 비교 기준값이 되는 임계치(critical value)를 설정하여 통계 분석에 의하여 구한 검정통계량 값이 임계치보다 클 때 귀무가설을 기각하게 된다. 즉, 연구가설을 채택하게 된다. 이러한 결과를 선행변수는 결과변수에 유의하게 영향을 미치는 것으로 해석한다. 또한 선행변수의 영향에 대하여 부호를 함께 고려할 수 있다. 예를 들어 선행변수가 결과변수에 양(+)의 영향을 미친다고 연구가설을 설정할 수 있다. 선행변수가 결과변수에 영향을 미치지 않는다는 귀무가설을 기각하였을 때, 즉 선행변수가 결과변수에 미치는 영향이 유의하고 부호가 양(+)이면 연구가설을 채택하게 된다.

10.6 분석기법 및 변수의 선택

분석기법 및 변수를 선정할 때는 다음과 같은 사항을 유의해야 한다.

첫째, 연구목적 및 변수의 성격에 적합한 분석기법이 선정되어야 한다. 연구자가 특정기법을 잘 알고 있거나 또는 그 기법을 선호하거나 아니면 그 기법이 멋있어 보이기 때문에 특정기법을 사용해서는 안 된다. 분석기법이 아니라 연구목적이 우선되어야 한다. 즉, 연구목적에 적합한 분석기법이 선정되어 사용되어야 한다.

예를 들어 연구목적이 연령과 백화점 만족도 간의 종속관계를 추정하는 것이고 두 변수가 비율 또는 등간척도의 계량척도로 측정된 경우 회귀분석을 사용하여 연령이 만족도에 미치는 영향을 구할 수 있다.

둘째, 연구목적에 따라 입력된 파일에서 관련 변수들을 선택하여 분석한다. 입력한 자료파일에는 조사한 모든 변수들이 다 포함되어 있으나 실제 분석을 하는 경우에는 관련된 변수들만 선택한 후 통계프로그램을 사용하여 분석한다. 통계적 분석의 주요 초점은 변수들 간의 관계이다. 예를 들어 기업의 마케팅 활동이 매출에 어느 정도의 영향을 미치는지를 알고 싶을 수 있다. 이러한 경우 자료파일에서 관계를 추정하고자 하는 변수들을 선택하여 사용한다. 즉, 관련이 있는 변수들을 추출하여 변수들 간의 관계를 보게 된다. 매출과 매출에 영향을 미치는 마케팅활동과의 관계를 보고 싶다면 매출과 제품의 가격, 광고, 제품의 품질, 유통, 서비스 등의 변수를 추출하여 그 관계를 추정할 수 있다. 만약 그러한 변수들이 자료에 없는 경우는 그 관계를 볼 수 없다. 따라서 관계를 보고 싶은 변수들은 자료에 다 포함되어 있어야 한다. 그러므로 분석에 사용될 변수들은 설문에 포함되어 있어야 하고 모든 변수의 응답들이 자료파일에 입력되어야 한다.

표 10-5 ● 분석목적에 따른 분석기법의 선택 및 변수의 척도

분석목적	선택되는 분석기법	변수의 척도
명목척도 간의 상관관계	교차분석	명목척도
서열척도 간의 상관관계	스피어만 서열상관관계분석	서열척도
계량척도 간의 상관관계	피어슨 상관관계분석	등간, 비율척도
선형종속관계	회귀분석	종속변수: 등간, 비율척도 독립변수: 등간, 비율척도 및 명목척도
두 집단 간 평균 비교	t검정	검정변수: 등간, 비율척도 집단변수: 명목척도
두 집단 이상 평균 비교	분산분석	종속변수: 등간, 비율척도 독립변수: 명목척도
자료의 축소 및 변수들의 차원 발견	요인분석	등간, 비율척도
대상들의 군집	군집분석	군집대상: 명목척도 군집변수: 등간, 비율척도
대상의 판별	판별분석	판별대상: 명목척도 독립변수: 계량척도 및 명목척도
속성 수준의 효용값 산출	컨조인트분석	평가대상: 명목척도 독립변수: 비계량척도
대상을 도표에 표시	다차원척도법	표시대상: 명목척도 변수: 계량 또는 비계량척도

부록

SPSS 사용방법: 자료 입력 및 파일 열기

→ 찾기 → IBM SPSS Statistics를 입력 → IBM SPSS Statistics를 클릭

또는 바탕화면에서 아래 SPSS 아이콘을 더블 클릭(이 책에서는 IBM SPSS 버전 29를 사용하였음)

실행하면 다음과 같은 화면이 뜬다.

데이터 파일을 읽기

1. 엑셀(Excel)을 이용하는 경우

파일(F) → 열기(O) → 데이터(D) 파일유형에서 'Excel(*.xls, xlsx,)' 클릭 → 여는 파일 선택 후 '열기(O)' 버튼클릭 → 엑셀파일의 첫 행이 변수이름인 경우 '데이터 첫 행에서 변수이름 읽어오기(V)' (초기치로 설정되어 있음) → 확인

(SPSS 구 버전에서는 엑셀파일이 Excel 97-2003 서식 파일로 저장되어 있는 경우에만 열릴 수 있음)

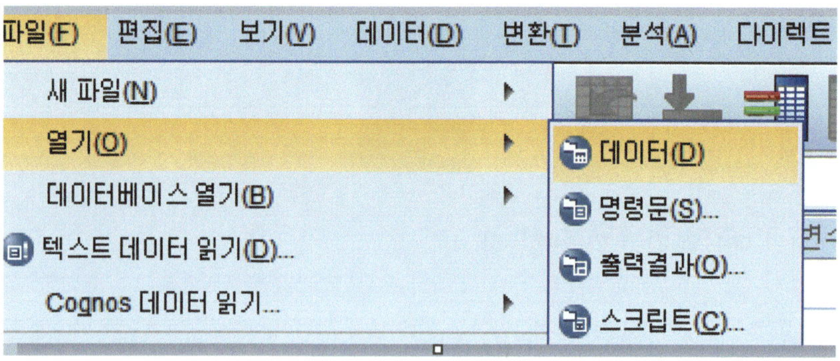

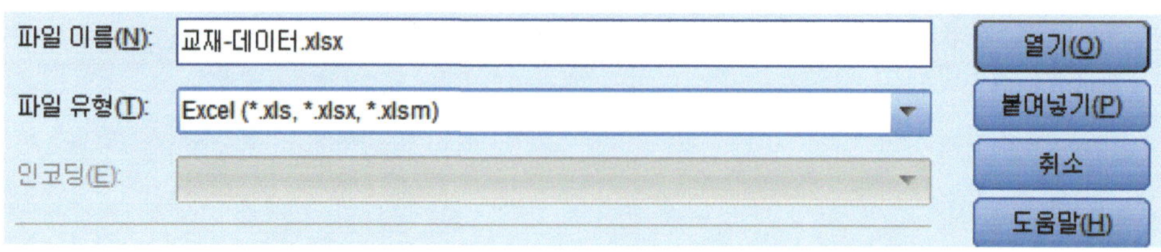

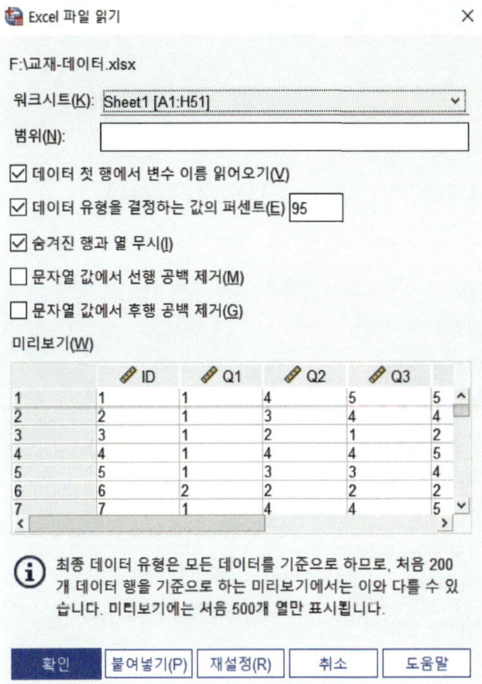

2. SPSS 데이터편집기를 이용하는 경우

파일의 저장: 데이터입력 후 데이터편집기 하단의 '변수 보기'를 클릭하여 변수정의(예: Q1) 후 ('데이터보기'를 클릭하면 데이터 화면으로 돌아감)

파일 → 저장(새로운 파일인 경우 '다른 이름이름으로 저장') → 파일이름 지정 후 (SPSS(*.sav)상태에서) '저장' 버튼 클릭

파일을 열기: 파일 → 열기 → 데이터 → 파일지정 후(SPSS(*.sav)상태에서) '열기' 버튼 클릭

SPSS 사용방법: 빈도분석 및 기술통계

빈도분석

1) 빈도분석의 선택

분석(A) 클릭 → 기술통계량(E) 클릭 → 빈도분석 (F) 클릭

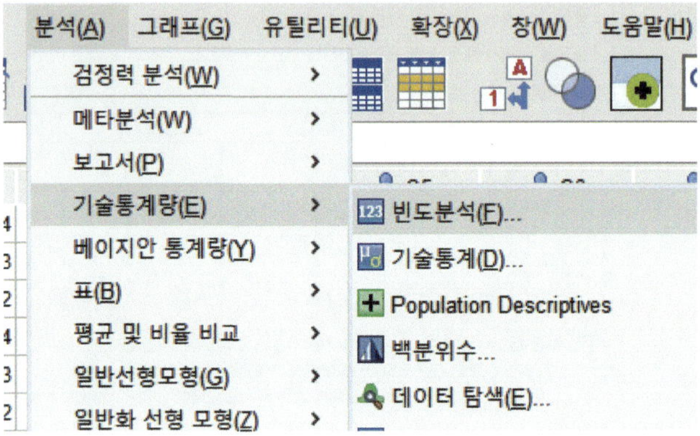

2) SPSS 대화 상자의 사용

1. 변수목록 상자(source variable list): 대화 상자의 좌측에 위치, 사용가능한 변수들의 목록
2. 분석대상 변수목록 상자(target variable list): 대화 상자의 중간에 위치, 분석될 변수들 목록 변수목록 상자에서 분석을 원하는 변수를 클릭한 후 가운데 버튼을 누름
   한꺼번에 선택: click & drag
   건너띄어서 선택: 1개의 변수를 선택후 Ctrl 키를 누른 후 원하는 변수를 클릭
3. 명령버튼(command pushbutton): 대화 상자의 우측에 위치,
4. 하위대화버튼(subdialog pushbutton): 대화 상자의 하단에 위치

3) 분석의 실행: 확인 클릭

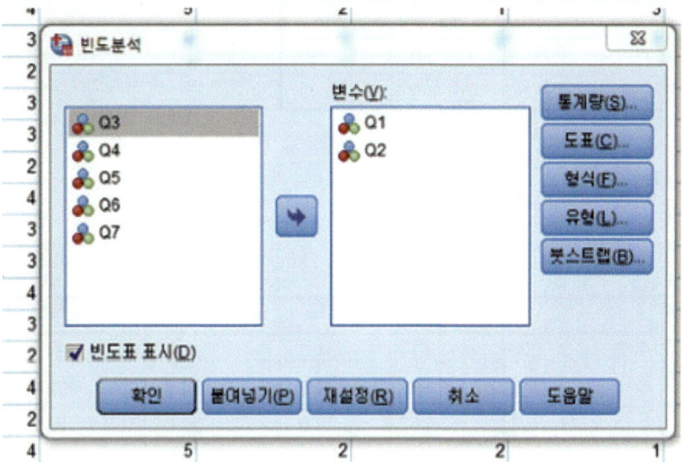

4) 분석 결과의 편집

- 분석을 실행하면 분석 결과가 다음과 같은 표들로 나타남
- 해당 표에 마우스를 위치시키고 클릭 후 해당 셀을 복사하여 워드에 붙여넣기 하여 수정
- 해당 그림에 마우스를 위치시키고 클릭 후 편집 클릭하여 도표편집기에서 수정

통계량

		Q2	Q3
N	유효	50	50
	결측	0	0

빈도표

Q2

		빈도	퍼센트	유효 퍼센트	누적 퍼센트
유효	2	17	34.0	34.0	34.0
	3	15	30.0	30.0	64.0
	4	15	30.0	30.0	94.0
	5	3	6.0	6.0	100.0
	전체	50	100.0	100.0	

Q3

		빈도	퍼센트	유효 퍼센트	누적 퍼센트
유효	1	3	6.0	6.0	6.0
	2	13	26.0	26.0	32.0
	3	17	34.0	34.0	66.0
	4	15	30.0	30.0	96.0
	5	2	4.0	4.0	100.0
	전체	50	100.0	100.0	

기술통계

분석(A) → 기술통계량(E) → 기술통계(D)

실습과제

〈표 10-1〉의 자료를 사용하여 Q3와 Q5의 빈도분석 및 기술통계를 실행하여 빈도 및 평균값을 구하라.

CHAPTER 11

비계량척도의 상관관계분석

비계량척도는 숫자가 양을 의미하지 않는 명목척도와 서열척도를 말한다. 명목척도인 경우에는 교차분석을 행하지만 서열척도인 경우에는 서열상관관계분석을 실시한다.

11.1 명목척도의 상관관계분석: 교차분석

1. 교차분석의 목적

교차분석(cross-tab analysis)은 주로 명목척도인 비계량적 변수들 간의 상관관계를 구할 때 사용되는 기법이다. 예를 들어 성별과 구입한 상표 간에 관련성이 있는지를 보기 위하여 교차분석을 실시할 수 있다. 교차분석을 실시할 수 있는 변수들은 예를 들어 성별, 거주지역, 가입통신회사, 인터넷 이용유무, 제품구입여부, 구입상표, 제품휴대여부 등 모든 명목척도가 해당이 된다. 서열척도도 하위척도인 명목척도의 속성을 가지고 있기 때문에 교차분석을 실시할 수 있다.

기초적 분석으로 빈도분석에서는 개별 변수의 분석으로 변수의 항목별 빈도를 보지만 교차분석에서는 한 단계 더 나아가서 변수들 간의 관계가 어떤지 알기 위하여 두 변수를 교차시켜 빈도를 본다.

예를 들어 성별로 응답자들의 빈도를 구할 수 있으나 성별로 주로 이용하는 백화점의 차이가 있는지를 알기 위해서는 성별을 이용 백화점과 연관시켜 교차분석을 실시하게 된다. 즉, 응답자 중에 얼마나 많은 남성 또는 여성이 특정 백화점을 주로 이용했는지를 파악한다.

2. 교차분석의 검정통계량

교차분석은 검정통계량으로 χ^2 값을 사용한다.

χ^2 값은 다음의 공식에 의하여 얻어진다.

$$\chi^2 = \sum_{i=1}^{r}\sum_{j=1}^{c}\frac{(O_{ij}-E_{ij})^2}{E_{ij}}$$

O_{ij} : ij 셀의 관찰 빈도(observed frequency)

E_{ij} : ij 셀의 기대 빈도(expected frequency)

r : 행의 수

c : 열의 수

기대빈도는 두 변수가 독립이라는 가정하에서 산출된다. 예를 들어 두 변수 간에 교차분석을 하는 경우 두 변수의 각 수준 i, j가 동시에 발생할 확률(동시확률)은 다음과 같이 계산된다.

$$P(Ai, Bj) = P(Ai) \times P(Bj)$$

P(Ai)는 Ai가 발생할 확률(주변확률) = Ai의 빈도/N

P(Bj)는 Bj가 발생할 확률(주변확률) = Bj의 빈도/N

따라서 기대빈도는 다음과 같이 계산된다.

$$E_{ij} = N \times P(Ai) \times P(Bj)$$

N은 총 빈도

3. 교차분석의 실행

10장의 데이터를 활용하여 Q1과 Q6를 선택하여 교차분석을 실시한다. 즉, 주로 이용하는 백화점과 성별 간의 상관관계가 있는지를 검증한다.

50명의 자료를 Q1과 Q6의 수준별로 정리한 교차표(cross-tab table) 또는 상황표(contingency table)는 〈표 11-1〉과 같다. Q1의 1은 현대백화점, 2는 롯데백화점이고, Q6의 1은 남성, 2는 여성이다.

표 11-1 ● Q1 * Q6 교차표

			Q6		전체
			1	2	
Q1	1	빈도	22	7	29
		기대빈도	16.8	12.2	29.0
		Q1 중 %	75.9%	24.1%	100.0%
	2	빈도	7	14	21
		기대빈도	12.2	8.8	21.0
		Q1 중 %	33.3%	66.7%	100.0%
전체		빈도	29	21	50
		기대빈도	29.0	21.0	50.0
		Q1 중 %	58.0%	42.0%	100.0%

4. 결과의 해석 및 가설검증

두 변수가 독립이 아니라는 가설을 검증하기 위해 검정통계량 χ^2를 계산한다. 검정통계량 χ^2를 임계치와 비교하여 검정통계량이 임계치보다 클 때 두 변수가 독립이라는 귀무가설을 기각하게 된다. 관찰빈도가 두 변수가 독립이라는 가정하에서 계산된 기대빈도와 차이가 클수록 χ^2 공식에서 보듯이 χ^2 값은 커지게 된다. 즉, χ^2 값이 커진다는 것은 두 변수가 독립이 아니라는 가능성이 높아진다는 것을 의미한다. 반대로 검정통계량이 임계치보다 작을 때는 귀무가설을 기각하지 않게 되어 두 변수가 독립이라는 귀무가설을 받아들이게 된다.

임계치는 자유도 (열의 수 − 1) × (행의 수 − 1)에서 일반적으로 유의수준(significance level) 0.05에서 구하게 된다. 유의수준은 귀무가설이 맞는데 틀리다고 판정할 확률을 의미한다. 유의수준이 0.05라는 것은 귀무가설이 맞는데 틀리다고 판정할 확률이 0.05라는 것이다. 따라서 맞다고 판정할 확률은 0.95 (1 − 0.05)이므로 신뢰수준(confidence level)은 95%라는 것을 의미한다.

임계치는 통계표에서 찾아야 하는 번거로움이 있으므로 컴퓨터 결과표에서 보고되는 유의확률을 사용하는 것이 더 쉽다. 유의확률(significance probability)은 얻은 검정통계량 이상의 값을 가질 확률을 의미하며 p값(p value)이라고도 한다. 검정통계량 χ^2 값이 χ^2 임계치보다 크면 유의확률은 유의수준보다 작게 된다. 따라서 유의확률이 유의수준보다 작으면 귀무가설을 기각하게 된다.

표 11-2 ● 카이제곱 검정

	값	자유도	근사 유의확률 (양측검정)
Pearson 카이제곱	9.043	1	0.003

자유도 (2 − 1) × (2 − 1) = 1에서 유의수준 0.05으로 구한 χ^2 임계치는 3.84이다. 검정통계량은 9.043으로 임계치 3.84보다 크므로 두 변수가 독립이라는 귀무가설을 기각하게 된다. 또는 유의확률이 0.003으로 유의수준 0.05보다 작으므로 귀무가설을 기각한다. 즉, 두 변수 간에 상관관계가 있다. 현대백화점은 남성이 더 이용하고, 롯데백화점은 여성이 더 이용하고 있다.

그림 11-1 ● p값과 α값

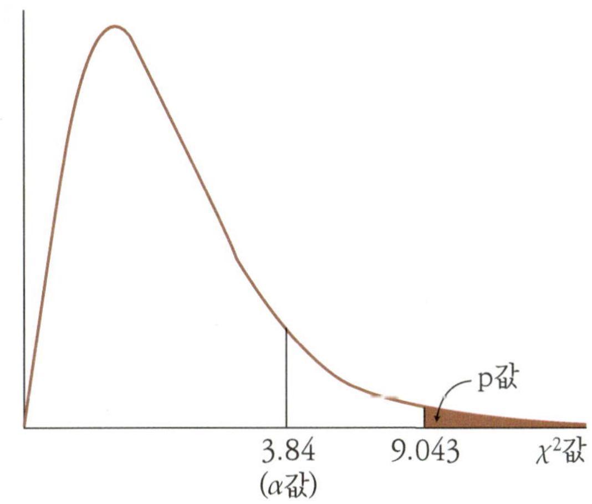

위의 예를 그림으로 나타내어 p값과 유의수준을 비교하여 보면 〈그림 11-1〉에서 보듯이 검정통계량 χ^2 값 9.043에 해당되는 p값 0.003 부분이 임계치 χ^2값 3.84에 해당되는 유의수준(α값) 0.05 부분보다 작게 나타나고 있다. 따라서 귀무가설이 기각되는 것을 알 수 있다.

검정통계량 값 9.043 > 임계치 χ^2값 3.84이므로 귀무가설을 기각
즉, p값 0.003 < 유의수준(α값) 0.05이므로 귀무가설을 기각

5. 상관관계 크기의 계산

두 변수가 독립이라는 귀무가설을 기각한 경우 두 변수가 어느 정도로 상관관계가 있는지를 계산할 수 있다. 두 변수의 상관관계 크기는 분할계수(contingency coefficient)를 사용하여 구할 수 있다.

표 11-3 • 분할계수의 값

	값	근사 유의확률
분할계수	0.391	0.003

$$C = \sqrt{\frac{\chi^2}{n+\chi^2}}$$

n은 표본의 수

χ^2은 자료를 통하여 얻은 검정통계량

행의 수와 열의 수가 같은 경우에 C의 최대값은 $\sqrt{(r-1)/r}$ (r은 행의 수)이다. 위에서 r=2이므로 최대값은 0.707로 0.391은 중간정도의 값이다.

6. 교차분석의 유의사항

χ^2 값이 타당성을 가지기 위해서는 모든 셀에서 기대빈도가 5 이상이 되어야 한다. 따라서 교차분석이 타당하기 위해서는 기대빈도가 5 미만인 셀은 인접한 셀과 통합하여 기대빈도가 5 이상이 되도록 만들어야 한다. 예를 들어 연령을 10대, 20대, 30대, 40대, 50대 이상으로 분류한 경우 10대가 기대빈도가 5 미만인 경우 10대와 20대를 통합할 수 있다.

등간척도나 비율척도인 경우도 명목척도의 특성을 갖고 있으므로 교차분석을 실시할 수 있으나 계량 척도의 경우에는 보다 적합한 상위의 기법, 즉 등간척도나 비율척도를 사용하는 기법이 더 낫다.

교차분석은 두 변수 간에 어느 변수가 종속변수인지를 가정하지는 않는다. 즉, 독립변수와 종속변수로 구분하지 않고 단지 두 변수가 상관관계가 있다는 것을 검증한다.

11.2 서열척도의 상관관계분석: 스피어만 서열상관관계분석

1. 스피어만 서열상관관계분석의 목적

스피어만 서열상관관계분석(Spearman's rank order correlation analysis)은 변수의 척도가 서열척도인 두 변수 간의 상관관계를 파악하기 위해 사용된다. 즉, 두 변수가 서열척도로 측정되어 있는 경우에 두 변수 간의 상관관계를 구할 때 스피어만 서열상관관계분석이 사용될 수 있다. 예를 들어 특정 제품범주에서 브랜드 선호도와 시장점유율이 서열척도로 측정되어 있는 경우 브랜드 선호도와 시장점유율의 상관관계를 구할 수 있다. 또는 한 조직에서 판매원들의 성과를 평가할 때 두 관리자가 순위를 매기는 경우 두 관리자의 순위가 어느 정도로 일치하는지를 파악하기 위하여 서열상관분석을 할 수 있다.

2. 검정통계량

스피어만 서열상관계수는 다음과 같은 식으로 계산된다.

$$r_s = 1 - \frac{6\sum_{i=1}^{n} d_i^2}{n(n-1)}$$

n은 표본수

d_i는 각 대상에서 두 순위의 차이

스피어만 서열상관계수의 t값은 다음과 같이 구해진다.

$t = r_s \sqrt{\frac{n-2}{1-r_s^2}}$는 자유도 n-2의 t분포를 하게 된다.

3. 자료

청량음료의 브랜드 선호도와 시장점유율의 값이 순위로 입력된 경우의 자료는 〈표 11-4〉와 같다고 하자.

표 11-4 ● 10개 브랜드의 선호도와 시장점유율 순위

선호도	시장점유율
1	1
2	2
3	3
4	5
5	4
6	6
7	9
8	7
9	8
10	10

4. 결과의 해석 및 가설검증

두 변수 간의 상관관계가 없다는 귀무가설의 검증은 임계치를 구하여 검정통계량이 임계치보다 크면 귀무가설을 기각한다. 자유도 n(관찰치 수) − 2에서 t 통계표에서 t 임계치를 구하여 t검정통계량과 비교한다. 임계치는 일반적으로 유의수준 0.05(95% 신뢰수준)에서 구한다. 유의확률을 사용하여 검증하는 경우에는 유의확률이 유의수준보다 작으면 귀무가설을 기각하게 된다.

상관관계의 유의확률은 0.000으로 유의수준 0.05보다 작으므로 두 변수 간의 상관관계가 없다는 귀무가설을 기각한다. 즉, 두 변수 간에 상관관계가 존재하며, 두 변수 간의 상관관계는 0.952로 매우 높게 나타나고 있다.

표 11-5 ● 스피어만 상관관계

		선호도	시장점유율
선호도	상관계수	1.000	0.952**
	유의확률 (양측)	.	0.000
	N	10	10
시장점유율	상관계수	0.952**	1.000
	유의확률 (양측)	0.000	.
	N	10	10

** 상관관계가 0.01 수준에서 유의(양측).

마케팅조사 참고 ::: 가설검증의 오류

귀무가설은 실제에서 맞는 경우와 맞지 않는 경우로 나눌 수 있다. 또한 가설검증에서 귀무가설이 맞다고 판정하거나 틀렸다고 판정할 수 있다. 귀무가설이 맞는데 틀렸다고 하는 오류를 1종 오류(type 1 error), 그리고 확률값은 α라고 하며, 귀무가설이 틀렸는데 맞다고 하는 오류는 2종 오류(type 2 error), 확률값은 β라고 한다. 가설검증에서는 1종 오류를 범할 확률 α값을 유의수준이라고 하며 일반적으로 0.05로 설정한다.

		가설검증(가설의 판정)	
		귀무가설이 맞음	귀무가설이 틀림
실제	귀무가설이 맞음	$1-\alpha$	α
	귀무가설이 틀림	β	$1-\beta$

SPSS 사용방법

교차분석(2개 변수의 경우)

분석(A) → 기술통계량(E) → 교차분석(C)

행과 열의 변수 선택

통계량: 카이제곱

셀: 관측빈도, 기대빈도, 퍼센트

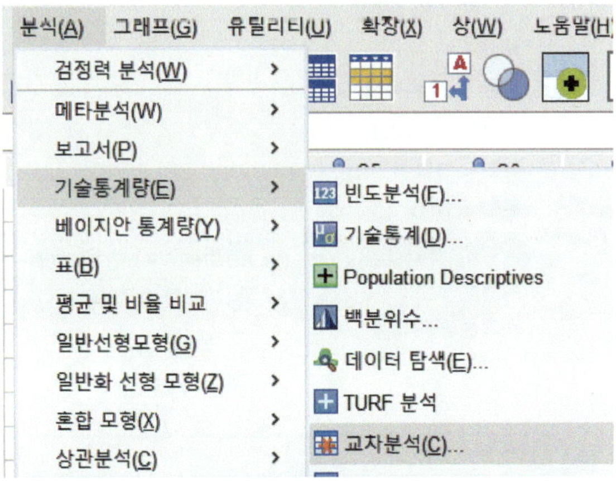

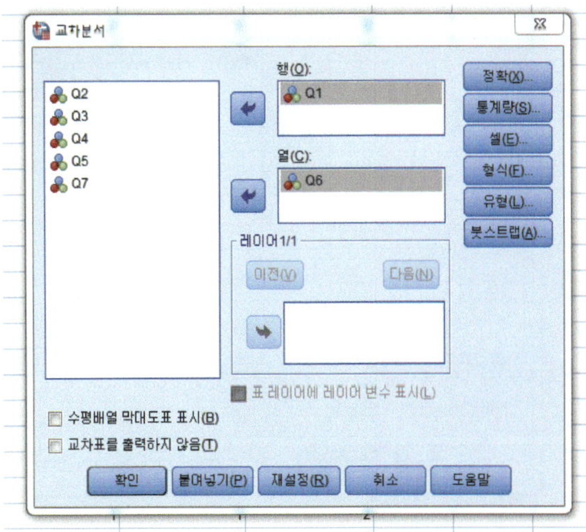

스피어만 서열상관계수

분석(A) → 상관분석(C) → 이변량 상관(B)

상관계수: Spearman만 선택(초기치 설정 Pearson 클릭 해제)

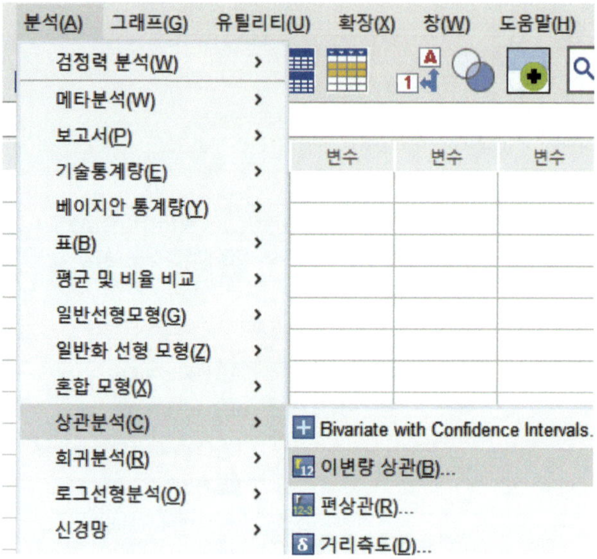

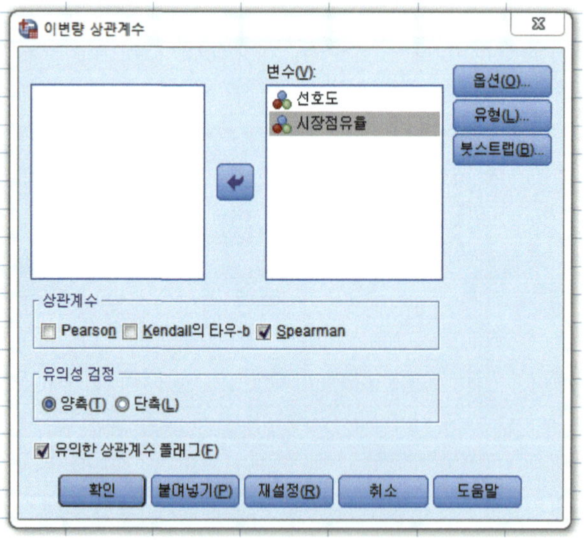

실습과제

- 〈표 10-1〉의 자료를 사용하여 Q5와 Q6의 교차분석을 실행하여 독립성검증을 하라.
- 다음 10명의 대학생 성적 자료를 가지고 스피어만 상관계수를 구하라.

입학시 성적 석차	1학년말 성적 석차
1	5
2	4
3	1
4	6
5	2
6	3
7	10
8	9
9	8
10	7

CHAPTER 12

계량척도의 상관관계분석

등간척도와 비율척도는 측정 숫자가 크기를 의미하므로 계량척도라고 하며 상관분석으로 피어슨 상관관계분석을 실시한다.

12.1
계량 척도의 상관관계분석의 사용목적

피어슨 상관관계분석은 주로 등간척도 이상의 변수 간에 서로 관계가 있는지 파악하고자 할 때 사용된다. 즉, 등간척도 또는 비율척도로 측정된 변수 간에 상관관계분석이 사용될 수 있다. 예를 들어 소득과 소비지출의 관계에서 소득과 소비가 같은 방향으로 변하는지 아니면 반대 방향으로 변하는지, 즉 긍정적인지 또는 부정적인지 그리고 그 관계의 정도가 얼마나 큰지를 추정할 수 있다. 소득, 소비지출, 광고비, 할인액, 구매액, 매출액, 촉진비용 등 모든 계량적 변수 간에 상관관계분석이 이루어질 수 있다.

12.2 검정통계량

피어슨 상관관계분석(Pearson correlation analysis)은 두 변수 간의 선형관계의 정도를 추정한다. 두 변수 간의 상관계수는 피어슨 상관계수라고 하며 또한 단순상관, 이원상관, 단순히 상관계수라고도 불린다.

상관계수의 식은 다음과 같다.

$$r = COV(X, Y)/(Sx \times Sy)$$

$$= \frac{\sum_{i=1}^{n}(X-\overline{X})(Y-\overline{Y})/(n-1)}{\sqrt{\sum_{i=1}^{n}(X-\overline{X})^2/(n-1)}\sqrt{\sum_{i=1}^{n}(Y-\overline{Y})^2/(n-1)}}$$

$\overline{X}$는 Xi의 평균값

$\overline{Y}$는 Yi의 평균값

COV(X, Y): X와 Y의 공분산

Sx: X의 표준편차

Sy: Y의 표준편차

$r=-1$ 및 $r=1$은 모든 점이 한 직선 위에 있는 경우로 $r=-1$은 한 변수가 증가할 때 다른 변수는 감소하는 반면 $r=1$은 한 변수가 증가할 때 다른 변수도 증가한다. $r=0$은 한 변수가 증가해도 다른 변수는 변화가 없는 경우이다. $-1<r<0$은 한 변수가 증가할 때 다른 변수는 감소하는 경우이며 점들이 한 직선 위에 있지 않고 퍼져 있다. $0<r<1$은 한 변수가 증가할 때 다른 변수도 함께 증가하는 경우이며 점들이 한 직선 위에 있지 않고 퍼져 있다.

그림 12-1 • 두 변수의 상관계수의 유형

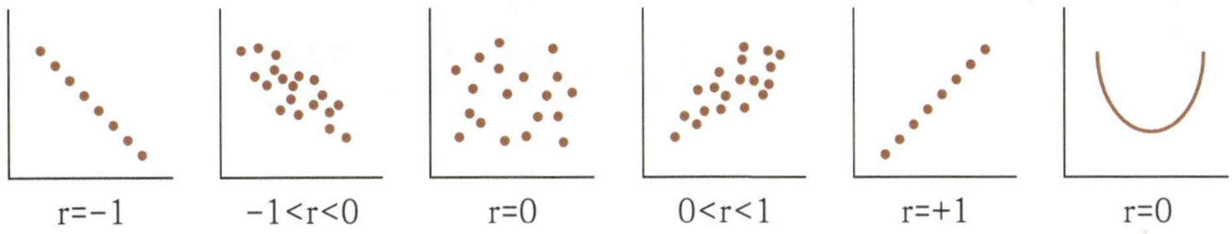

〈그림 12-1〉 포물선(예: $y=3x^2$)의 그림에서 r값은 0이다. 피어슨 상관계수는 두 변수 간에 직선의 관계를 추정하기 때문에 포물선의 관계를 추정하지 못하여 두 변수가 상관관계가 없는 것으로 나타났다.

상관계수 r값으로 t값 공식에 대입하면 $t = r\sqrt{(n-2)/(1-r^2)}$는 자유도 $n-2$의 t분포를 하게 된다.

12.3 결과의 해석 및 가설검증

10장의 자료를 사용하여 Q2 제품만족도, Q3 서비스만족도와 Q4 백화점 재방문의도의 상관관계를 구하면 다음과 같다.

두 변수 간의 상관관계가 없다는 귀무가설의 검증은 임계치를 구하여 검정통계량이 임계치보다 크면 귀무가설을 기각한다. t 통계표에서 자유도 n(관찰치 수)−2에서 t 임계치를 구하여 t검정통계량과 비교한다. 임계치는 일반적으로 유의수준 0.05(95% 신뢰수준)에서 구한다. t검정통계량이 t 임계치보다 크면 귀무가설을 기각한다. 또는 유의확률이 유의수준보다 작으면 귀무가설을 기각하게 된다.

상관계수의 최대값은 1이며 일반적으로 상관계수의 절대값이 0.6 이상인 경우 상관관계가 높다고 한다.

표 12-1 • Q2와 Q4의 상관관계

		Q2	Q4
Q2	Pearson 상관	1	0.939**
	유의확률 (양측)		0.000
	N	50	50
Q4	Pearson 상관	0.939**	1
	유의확률 (양측)	0.000	
	N	50	50

**. 상관관계가 0.01 수준에서 유의(양측).

표 12-2 • Q3와 Q4의 상관관계

		Q3	Q4
Q3	Pearson 상관	1	0.844**
	유의확률 (양측)		0.000
	N	50	50
Q4	Pearson 상관	0.844**	1
	유의확률 (양측)	0.000	
	N	50	50

**. 상관관계가 0.01 수준에서 유의(양측).

〈표 12-1〉에서 서비스만족도와 재이용의도의 피어슨 상관계수는 유의확률이 0.000으로 유의수준 0.05보다 작으므로 두 변수 간에 상관관계가 없다는 귀무가설을 기각한다. 구한 상관계수 값이 0.939로 두 변수 간에 매우 높은 상관관계가 있음을 보여주고 있다.

또한 〈표 12-2〉에서 제품만족도와 재이용의도의 피어슨 상관계수도 유의하게 나타나고 있으며 그 값도 0.844로 매우 높게 나타나고 있다.

12.4 상관관계분석의 유의사항

상관관계분석은 앞에서 언급한대로 계량적 변수 간의 상관관계를 파악하는 것이므로 비계량적 변수에 대해서는 교차분석 또는 스피어만 서열상관계수 분석 같은 비계량적 분석기법을 사용해야 한다.

피어슨 상관계수는 두 변수 간의 선형관계를 추정하므로 두 변수 간에 비선형관계가 있을 때 그러한 비선형관계를 추정하지 못한다. 따라서 상관관계분석을 실시하기 전에 두 변수 간에 산점도를 그려보아서 변수 간의 관계를 그림으로 살펴보는 것이 바람직하다.

피어슨 상관계수 분석은 두 변수 간의 종속관계를 추정하는 것이 아니므로 종속적 관계에서 한 변수가 다른 변수에 얼마만한 영향을 미치는지 그 효과를 추정하지는 않는다.

부록

SPSS 사용방법

피어슨 상관계수

분석(A) → 상관분석(C) → 이변량 상관계수(B)

상관계수: Pearson(초기치로 설정되어 있음) 선택

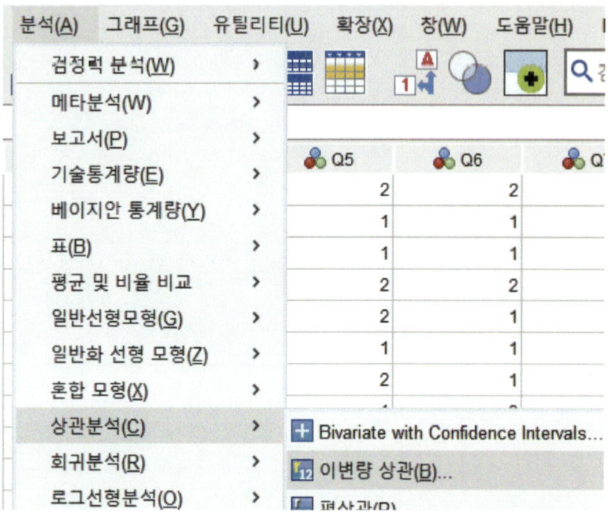

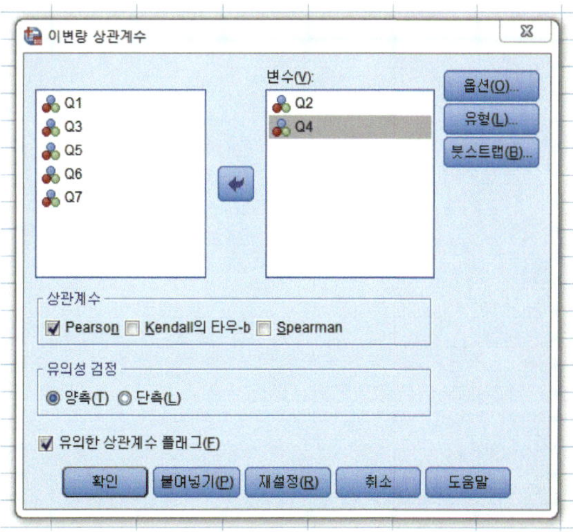

실습과제

〈표 10-1〉의 자료를 사용하여 Q2와 Q3의 피어슨 상관계수를 구하라.

CHAPTER 13

회귀분석

회귀분석은 변수 간의 관계분석에서 많이 사용되는 기법으로 독립변수와 종속변수 간의 종속관계를 추정하는 기법이다. 판별분석 등 다른 분석들이 회귀분석을 기본으로 하고 있기 때문에 내용을 잘 이해할 필요가 있다.

13.1 회귀분석의 목적

회귀분석(regression analysis)은 상관분석의 연장으로 볼 수 있다. 상관분석은 두 변수 간에 종속적 관계를 설정하지 않고 단순히 두 변수 간의 상호 관계의 정도를 파악하나 회귀분석은 상관관계에서 두 변수 간의 종속관계를 설정하여 한 변수가 다른 변수에 미치는 영향을 추정한다. 따라서 한 변수는 독립변수가 되고 다른 변수는 종속변수가 된다. 독립변수는 종속변수에 영향을 미치는 선행변수가 되고 종속변수는 이러한 독립변수의 영향을 받는 결과변수가 된다. 독립변수는 하나 이상의 변수가 독립변수로 사용될 수 있다. 이와 같이 회귀분석은 독립변수들과 종속변수의 관계를 파악하고자 하며 이들 독립변수들이 종속변수에 미치는 영향의 정도를 추정하는 기법이다.

독립변수는 주로 등간척도 이상의 변수가 사용된다. 예를 들어 소득, 광고비, 할인액, 촉진비용 등이 독립변수로 사용될 수 있다. 종속변수는 반드시 등간척도 이상의 변수가 사용되어야 한다. 예를 들어 기업의 성과변수인 제품의 선호도, 구매액, 태도 등의 변수가 종속변수로 이용될 수 있다. 종속변수와 독립변수의 관계를 보는 한 예로 기업의 마케팅활동인 광고비, 할인액이 소비자의 구매액에 미치는 영향을 조사할 수 있다. 독립변수들로 사용되는 변수들은 이론적으로 또는 경험적으로 종속변수와의 관계가 타당해야 한다. 달리 말하면 종속변수로 사용되는 변수들은 이론적으로 또는 경험적으로 독립변수와의 관계가 타당해야 한다. 이러한 경우에 독립변수와 종속변수의 종속관계가 타당성이 있을 것이다.

13.2 회귀식의 추정

회귀분석은 종속변수와 독립변수들 간의 종속적 상관관계의 정도를 파악하는 기법이다. 일반적으로 표본을 수집하여 회귀분석을 실행하지만 표본 회귀식을 통하여 모집단 회귀식의 계수를 추정하고자 하는 것이다. 독립변수가 1개인 경우를 가지고 설명하면 모집단에 대하여 다음과 같은 회귀식(regression equation)을 설정하게 된다.

$$\text{모집단 회귀식: } Y_i = \beta_0 + \beta_1 X_i + U_i$$

i는 모집단 관찰치(모집단의 수는 N)
β_0 및 β_1은 모집단의 회귀계수
U_i는 잔차

β_0 및 β_1은 모집단의 회귀계수이므로 모수(parameter)라고 한다.
회귀식을 추정하기 위해서는 잔차 U에 대하여 다음과 같은 가정이 필요하다.

- 정규분포로 평균 $\mu = 0$.
- 모든 관찰치에 대하여 등분산 σ^2.
- 서로 다른 관찰치의 잔차 간의 공분산은 0.

표본 회귀식은 다음과 같이 표시한다.

$$\text{표본 회귀식: } \hat{Y}_i = \hat{\beta}_0 + \hat{\beta}_1 X_i$$

i는 표본의 관찰치(표본의 수는 n)

$\hat{Y}_i$는 Y_i의 추정치

$\hat{\beta}_0$ 및 $\hat{\beta}_1$은 모수 β_0 및 β_1을 추정하는 것이기 때문에 모수추정치(parameter estimates)라고 한다. 추정한 표본 회귀식에는 잔차가 없어진다.

회귀계수의 추정방법은 다음과 같다. 표본 회귀식의 회귀계수 b_0 및 b_1은 최소자승법을 사용하여 구한다. 최소자승법은 잔차의 제곱합을 최소화시키는 회귀계수를 구하는 것이다.

다음 식은 잔차의 제곱합을 나타낸다.

$$\sum_{i=1}^{n}(Y_i - \hat{Y}_i)^2$$

위 식에서 $Y_i - \hat{Y}_i$은 잔차이므로 표본 전체에 대하여 잔차의 제곱합을 최소화시키는 것이다. 위 식을 각 회귀계수에 대하여 미분하여 0으로 놓고 풀면 다음과 같은 회귀계수를 구하게 된다.

$$\hat{\beta}_0 = \overline{Y} - \hat{\beta}_1 \overline{X}$$

$\overline{Y}$는 Yi의 평균값

$\overline{X}$는 Xi의 평균값

$$\hat{\beta}1 = \frac{\sum_{i=1}^{n}(X_i - \overline{X})(Y_i - \overline{Y})}{\sum_{i=i}^{n}(X_i - \overline{X})^2}$$

13.3 회귀분석의 결과 해석

1. 결정계수 R^2의 해석

회귀식이 자료와 잘 적합한지를 평가하기 위하여 적합도로 R^2(결정계수, determination coefficient)을 사용한다. R^2의 최대값은 상관계수와 같이 1이며 최소값은 0이다.

$$R^2 = ESS/TSS = 1 - RSS/TSS$$

$$ESS = \sum_{i=1}^{n}(\hat{Y}_i - \overline{Y})^2$$

$$RSS = \sum_{i=1}^{n}(Y_i - \hat{Y}_i)^2$$

$$TSS = \sum_{i=1}^{n}(Y_i - \overline{Y})^2 = ESS + RSS$$

ESS(Explained Sum of Squares, 설명된 제곱합)는 〈그림 13-1〉에서 $(\hat{Y}i - \overline{Y})$의 제곱합이다.

RSS(Residual Sum of Squares, 잔차의 제곱합)는 〈그림 13-1〉에서 $(Y_i - \hat{Y}i)$의 제곱합으로 이는 잔차의 제곱합이다.

TSS(Toatal Sum of Squares, 총 제곱합)는 $(Y_i - \overline{Y})$의 제곱합이다.

$\hat{Y}_i$는 Y_i의 추정치로 표본 회귀식 $Y_i = \hat{\beta}_0 + \hat{\beta}_1 X_i$에 X_i값을 대입하여 구해진다.

R^2 식에 의하면 ESS(설명된 제곱합)가 커지거나 또는 RSS(잔차의 제곱합)가 작을수록 R^2은 높아진다. 즉, 잔차가 작을수록 적합도는 높아진다.

그림 13-1 ● 제곱합의 구성요소

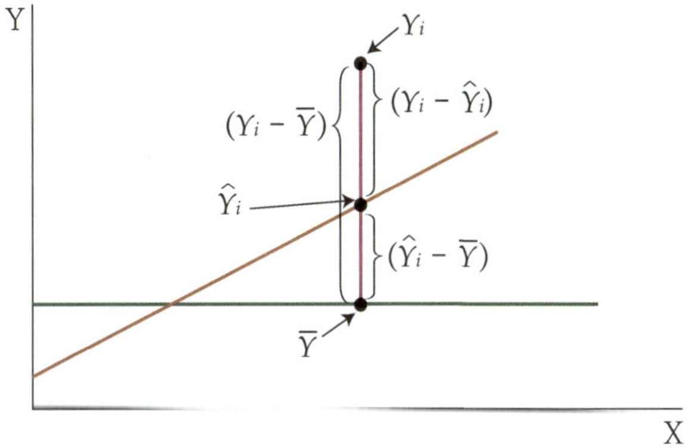

2. 개별 계수의 가설검증

개별 계수의 가설검증은 모집단 회귀식의 한 계수의 값이 0이라는 귀무가설을 설정하며 검정통계량으로 t값을 사용한다.

귀무가설 H_0: $\beta_1 = 0$

$$t = \frac{\hat{\beta}_1 - \beta_1}{s_{\hat{\beta}_1}}$$

H_0: $\beta_1 = 0$이므로

$$t = \frac{\hat{\beta}_1}{s_{\hat{\beta}_1}}$$

$\hat{\beta}_1$은 모수 β_1의 추정치

$s_{\hat{\beta}_1}$은 $\hat{\beta}_1$의 표준오차

검정통계량 t값이 임계치 t값보다 크면 귀무가설을 기각한다. 자유도(표본의 수－모수의 수)에서 유의수준 α(신뢰수준 $(1-\alpha)\times100\%$)에서 t분포표에서 임계치 t값을 구한다. 모수는 β_0 및 β_1으로 모수의 수는 독립변수의 수 + 1과 같다.

임계치 t값은 t분포표에서 찾아야 하는 번거로움이 있으므로 컴퓨터 결과표에서 보고되는 유의확률(significance probability)을 사용하는 것이 더 쉽다. 유의확률은 구한 t값 이상의 값을 가질 확률을 의미하며 p값(p value)이라고도 한다.

검정통계량 t값이 임계치 t값보다 크면 유의확률은 유의수준(significance level)보다 작게 된다. 따라서 유의확률이 유의수준보다 작으면 귀무가설을 기각하게 된다. 이러한 경우 계수는 통계적으로 0과 다른 것을 의미하며, 그 계수가 유의하다고 한다. 그 계수의 독립변수는 종속변수에 유의하게 영향을 미치게 된다.

3. 계수의 해석

회귀분석 결과를 얻었으면 계수를 해석해야 한다. 먼저 그 계수가 통계적으로 0이 아닌지의 유의성을 검증한다. 이는 귀무가설을 검증하는 것으로 귀무가설이 기각되었으면 그 계수는 유의하다고 한다. 둘째로 그 계수의 크기를 확인한다. 계수가 클수록 종속변수에 미치는 영향은 크게 된다. 셋째로 계수의 부호를 확인한다. 부호가 양(+)이면 독립변수가 증가할 때 종속변수도 증가하며 부호가 음(–)이면 독립변수가 증가할 때 종속변수는 감소한다.

4. 회귀분석의 결과

10장의 자료를 사용하여 Q2 서비스만족도와 Q3 제품만족도를 독립변수로, Q4 재이용의도를 종속변수로 회귀분석을 실시한 결과는 〈표 13-1〉과 같다.

R^2값은 0.895로 회귀식의 적합도가 높은 것으로 나타났다. 표본 회귀식은 Q4 = － 0.180 + 1.011Q2 + 0.262Q3 이다.

표 13-1 • 모형 요약

R	R 제곱	수정된 R 제곱
0.946[a]	0.895	0.890

a. 예측자: (상수), Q3, Q2

표 13-2 • 계수[a]

모형	비표준화 계수		표준화 계수	t	유의확률
	B	표준오차	베타		
(상수)	−0.180	0.204		−0.884	0.381
Q2	1.011	0.112	0.766	9.036	0.000
Q3	0.262	0.107	0.208	2.457	0.018

a. 종속변수: Q4

Q2의 계수는 1.011이고 표준오차는 0.112이므로 t값은 1.011/0.112=9.036이며 자유도 n−3(50−3)=47에서 t 임계치는 유의수준 0.05 양측검정에서 2.01이다. 구한 검정통계량 t값이 t 임계치보다 크므로 $\beta_2=0$의 귀무가설을 기각한다. 또는 컴퓨터 분석 결과표에서 유의확률은 0.000으로 유의수준 0.05보다 작으므로 귀무가설을 기각한다. 1.011는 부호가 양(+)이므로 Q2가 한 단위 증가할 때 종속변수 Q4는 1.011만큼 증가한다.

Q3의 계수는 0.262로 컴퓨터 분석 결과표에서 유의확률은 0.018로 유의수준 0.05보다 작으므로 $\beta_3=0$의 귀무가설을 기각한다. 0.262는 부호가 양(+)이므로 Q3가 한 단위 증가할 때 종속변수 Q4는 0.262만큼 증가한다.

13.4 회귀분석의 유의사항

1. 독립변수가 명목척도인 경우 가변수의 사용

독립변수가 명목척도 또는 서열척도인 경우에는 숫자가 크기를 의미하지 않으므로 독립변수를 가변수(dummy variable)로 변환하여 원래 변수 대신 가변수를 독립변수로 사용해야 한다. 예를 들어 성별이 남자인 경우 1로 여자인 경우는 2로 측정되었을 때에 여기서 2는 1의 2배를 의미하지 않고 단지 여자를 지칭하는 것이다. 따라서 남자인 경우(즉, 성별이 1일 때) 가변수의 값을 1로, 남자가 아닌 경우는(즉, 성별이 2일 때) 0으로 부여한다. 즉, 이와 같이 1과 0의 값을 갖는 변수를 가변수라고 한다. 반대로 여자인 경우 가변수의 값을 1로, 남자는 가변수의 값을 0으로 할 수 있다.

	D1
남자	1
여자	0

가변수의 수는 수준의 수 – 1이 된다. 성별의 경우는 수준이 2(남자, 여자)이므로 가변수 1개가 필요하다. 학생구분이 초중고로 되어 있는 경우에 수준의 수가 3이므로 가변수는 2개가 필요하다. D1은 초등학생이면 1, 아니면 0으로, D2는 중학생이면 1, 아니면 0으로 값을 부여할 수 있다.

	D1	D2
초등학생	1	0
중학생	0	1
고등학생	0	0

따라서 D1 = 1, D2 = 0이면 초등학생, D1 = 0. D2=1이면 중학생, D1 = 0, D2 = 0이면 고등학생을 나타낸다.

10장의 자료를 가지고 종속변수인 백화점 재이용의도의 독립변수로 제품만족도와 서비스만족도에 성별을 추가하여 회귀분석을 실시하였다. 먼저 성별을 가변수로 변환해야 하며 여자일 때 1, 남자일 때 0으로 변환하였다.

가변수의 계수를 보면 0.334로 유의확률은 0.006으로 계수가 0이라는 귀무가설을 기각하여 유의하게 나타나고 있다. 부호는 양(+)이므로 가변수가 1인 여자가 가변수가 0인 남자보다 재이용의도가 높은 것으로 해석한다.

표 13-3 ● 모형 요약

R	R 제곱	수정된 R 제곱
0.954[a]	0.911	0.905

a. 예측자: (상수), D6, Q3, Q2

표 13-4 ● 계수[a]

변수	비표준화 계수		표준화 계수	t	유의확률
	B	표준오차	베타		
(상수)	−0.144	0.190		−0.755	0.454
Q2	0.967	0.105	0.733	9.192	0.000
Q3	0.248	0.099	0.197	2.494	0.016
D6	0.334	0.116	0.133	2.872	0.006

a. 종속변수: Q4

2. 단순회귀분석 대 다중회귀분석의 선택

종속변수에 영향을 미치는 변수가 하나가 아니라 여러 개인 경우에는 각 독립변수 1개와 종속변수의 관계를 추정하는 단순회귀분석(simple regression analysis)을 사용하는 것이 아니라 여러 독립변수들이 종속변수에 미치는 영향을 함께 추정하는 다중회귀분석(multiple regression analysis)을 실시해야 한다. 단순회귀분석을 사용하면 다른 변수들의 영향이 고려되지 않게 되어 회귀식이 타당하지 않게 된다.

3. 독립변수의 비선형

회귀식을 추정할 때 독립변수가 선형이 아닌 비선형으로 종속변수에 영향을 미칠 경우 이러한 비선형적인 관계를 반영할 필요가 있다. 따라서 독립변수를 변형하여 비선형관계를 반영할 수 있다. 예를 들어 두 변수의 관계가 포물선인 경우 독립변수를 제곱하여 원래의 독립변수 대신 제곱한 독립변수를 회귀식에서 사용해야 한다. 독립변수와 종속변수의 관계가 어떤지를 확인하기 위해 독립변수와 종속변수의 산점도를 그려서 두 변수의 관계에 적합하게 독립변수의 변형이 필요하다.

4. 잔차의 평가

잔차는 정규분포를 가정하였으므로 추정된 잔차가 가정대로 정규분포인지를 확인해야 한다. 잔차를 표준화한 경우 표준화잔차가 정규분포(비대칭도(skewness)는 0, 첨도(kurtosis)는 3)의 형태를 가져야 한다.

부록

1. 전반적 유의도의 검증

전반적 유의도는 모든 독립변수들의 계수가 0인지를 검증하는 것이다. 개별 계수의 검증은 한 계수의 값이 0인지를 검정하는 것인데 반하여 전반적 유의도는 상수항을 제외한 모든 계수들이 0인지를 검정하는 것이다. 따라서 독립변수들의 계수들이 모두 0이라는 귀무가설이 기각되면 그 중 어느 한 계수는 0이 아니라는 것을 의미하는 것이다. 따라서 어느 한 독립변수는 종속변수에 유의하게 영향을 미치는 것을 의미한다. 모든 변수의 계수가 0이라는 귀무가설을 기각한 경우 어느 변수가 0이 아닌지, 즉 개별 계수의 검정을 하게 된다.

독립변수가 k개인 경우 귀무가설은 다음과 같다.

$$H_0: \beta_1 = 0, \beta_2 = 0, \cdots, \text{그리고 } \beta_k = 0$$

즉, $H_0: \beta_1 = \beta_2 =..., = \beta_k = 0$

귀무가설의 검증은 자료를 통하여 얻은 F값이 임계치 F값보다 크면 귀무가설을 기각한다. 또는 구한 유의확률이 설정한 유의수준(예: 0.05)보다 작으면 귀무가설을 기각한다.

회귀분석을 실행하면 컴퓨터 분석 결과에 〈표 13-5〉와 같이 분산분석(ANOVA) 표로 결과가 나타난다.

표 13-5 • ANOVA[a]

	제곱합	자유도	평균제곱	F	유의확률
회귀	68.082	2	34.041	200.054	0.000[b]
잔차	7.998	47	0.170		
전체	76.080	49			

a. 종속변수: Q4

b. 예측자: (상수), Q3, Q2

분산분석(ANOVA) 결과 유의확률이 0.000으로 유의수준 0.05보다 작으므로 모든 독립변수의 계수가 0이라는 귀무가설을 기각하게 된다. 즉, 계수 중 적어도 어느 하나는 0이 아니다.

2. 통계적 유의성 대 실제적 유의성

통계적 유의성은 $t = \frac{\hat{\beta}_1}{s_{\hat{\beta}_1}}$ 값이 임계치 t보다 커서 모수의 계수가 0이라는 귀무가설이 기각되는 것을 의미한다. 공식에서 보듯이 $\hat{\beta}_1$이 작아도 $s_{\hat{\beta}_1}$이 $\hat{\beta}_1$에 비해 상대적으로 매우 작으면 t값은 크게 되어 귀무가설이 기각될 가능성이 커진다. 따라서 회귀계수는 통계적으로 유의하나 계수의 값은 매우 작아서 0과 크게 다르지 않을 수 있다. 이러한 경우 관리자가 독립변수 X를 증가시키기에는 X의 계수가 너무 작아서 종속변수에 미치는 효과가 미미할 수 있다. 즉, 통계적으로 유의하나 실제적으로는 유의하지 않게 된다.

3. 계수의 크기 비교

다중회귀분석에서 독립변수들이 종속변수에 미치는 계수를 비교할 수 있다. 계수의 크기로 종속변수에 미치는 상대적 영향력을 파악할 수 있다. 독립변수마다 분산이 차이가 있으므로 표준화계수를 구하여 그 크기를 비교할 수 있다.

보다 정밀하게 계수값들이 서로 통계적으로 유의하게 차이가 나는지 검정할 수 있다. 예를 들어 마케팅믹스 중 어떤 변수가 매출에 더 영향을 미치는지 파악할 수 있다. 이러한 경우 계수의 값이 동일하다는 귀무가설을 설정하여 계수의 값이 차이가 나는지를 검정하게 된다.

Q2와 Q3가 Q4에 미치는 영향을 추정한 다중회귀분석에서 비표준화계수를 살펴보면 Q2의 계수는 1.011이고 Q3의 계수는 0.262로 Q2의 계수가 더 Q3에 영향을 미치는 것을 알 수 있다. 두 변수의 분산이 차이가 나므로 두 변수를 표준화시켜 분산을 1로 동일하게 한 후에 추정한 표준화계수는 Q2는 0.766이고 Q3는 0.208로 Q2 서비스만족도가 Q3 제품만족도보다 3배 이상 Q4 재이용의도에 영향을 미치는 것으로 나타나고 있다.

4. 다중공선성

독립변수가 2개 이상인 경우 독립변수들 간에 상관관계가 존재할 수 있다. 독립변수들 간의 상관관계를 다중공선성(multicollinearity)이라고 한다. 일반적으로 두 변수 간의 상관관계가 0.95 이상(분산팽창계수: VIF가 10 이상)인 경우 매우 높은 것으로 간주하기 때문에 실제적으로 다중공선성을 크게 우려할 필요는 없다. 그러나 다중공선성이 높으면 표준오차가 커지기 때문에 t값이 작아지게 되어 귀무가설의 기각 가능성이 낮아지게 된다. 위의 예에서 Q2와 Q3은 VIF가 3.213으로 다중공선성이 높지 않은 것으로 나타나고 있다.

표 13-6 ● 공선성 통계량

모형	VIF
(상수)	
Q2	3.213
Q3	3.213

종속변수: Q4

SPSS 사용방법

산점도

그래프(G) → 레거시 대화 상자(L) → 산점도/점도표(S)

산점도 형태지정 (예: 단순산점도) → 정의

x, y축 변수지정 → 확인

회귀분석

분석(A) → 회귀분석(R) → 선형(L)

회귀분석 대화 상자에서 종속변수, 독립변수 지정

통계량: 회귀계수(추정값 이외 신뢰구간, 공분산 행렬 추가 선택 가능),

모형적합(모형적합외 추가 선택 가능),

공선성 진단

잔차(Durbin-Watson, 케이스별 진단 밖으로 드러나는 이상값 또는 모든 케이스 중 선택) → 계속 → 확인

방법: 입력(초기치 설정, 입력한 모든 독립변수를 회귀식에 포함)

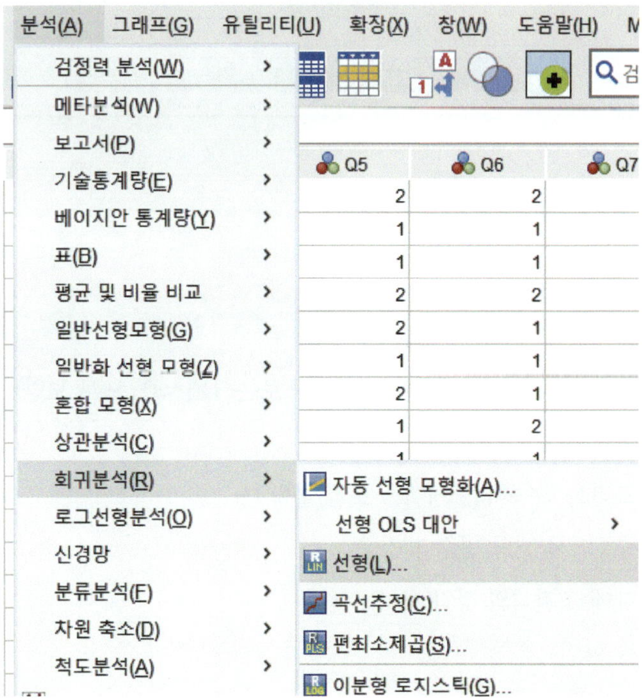

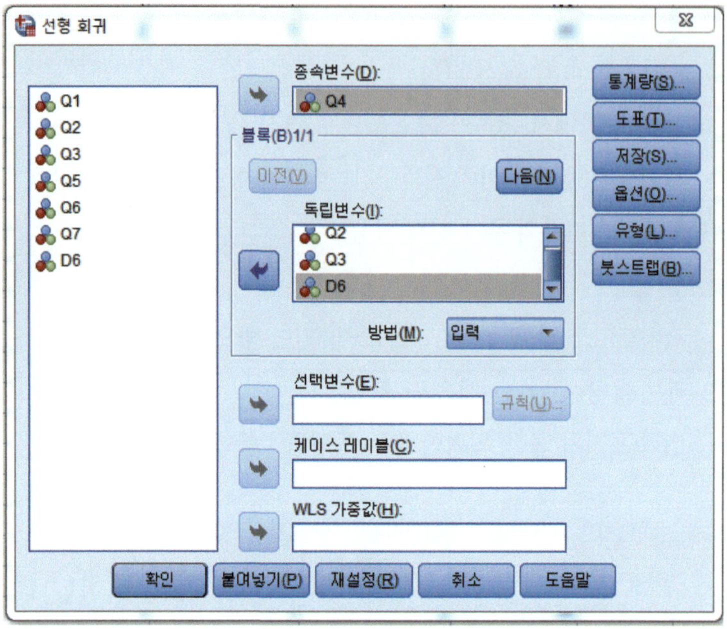

가변수 만들기

변환(T) → 변수 계산(C)

목표변수(T): 새 가변수명의 지정 (예: D6)

숫자표현식의 지정 (예: 0) (지정후 화면상으로는 'D6 = 0' 으로 보임)

→ 조건 클릭

다음 조건을 만족하는 케이스 포함 클릭

변수목록에서 해당 변수 지정

빈 상자에 조건식의 정의(예: Q6 = 1)

→ 계속 → 확인

다른 수준에 대해서도 위의 단계를 되풀이(변환에서 확인까지)

(예: D6 = 1 …… Q6 = 2)

기존 변수를 바꾸시겠습니까? 확인 클릭

다른 가변수에 대해서도 변환 시 위의 단계를 되풀이(변환에서 확인까지)

(예: D5)

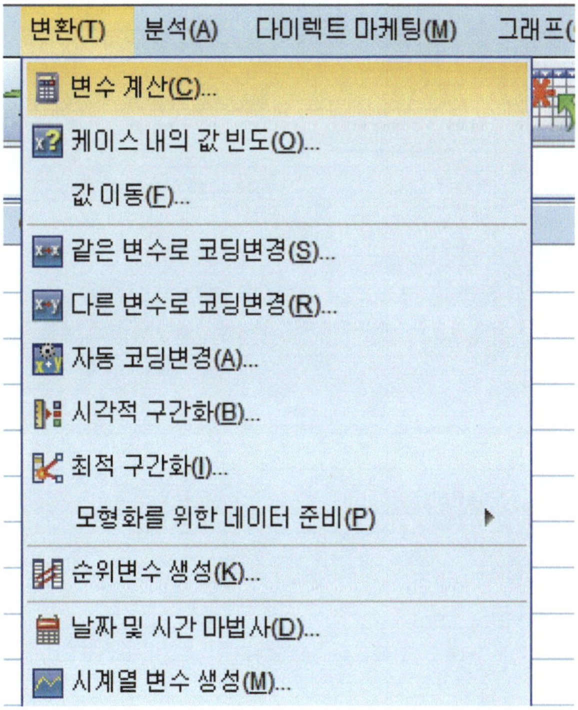

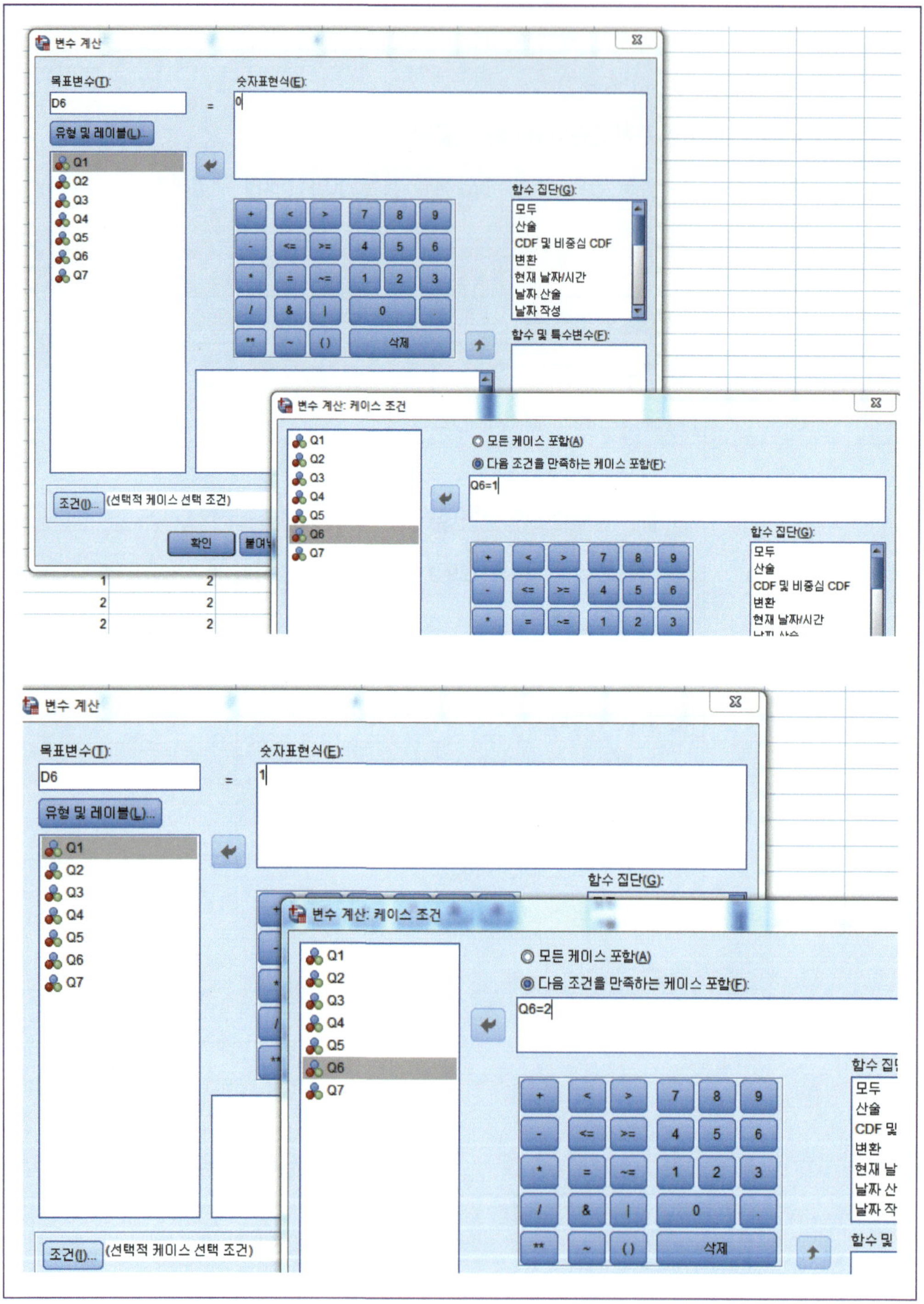
변수 계산
목표변수(T):
D6
=
숫자표현식(E):
0
유형 및 레이블(L)...
Q1
Q2
Q3
Q4
Q5
Q6
Q7
함수 집단(G):
모두
산술
CDF 및 비중심 CDF
변환
현재 날짜/시간
날짜 산술
날짜 작성
함수 및 특수변수(F):
삭제
조건(I)...
(선택적 케이스 선택 조건)
확인
변수 계산: 케이스 조건
모든 케이스 포함(A)
다음 조건을 만족하는 케이스 포함(F):
Q6=1
변수 계산
목표변수(T):
D6
숫자표현식(E):
1
유형 및 레이블(L)...
변수 계산: 케이스 조건
모든 케이스 포함(A)
다음 조건을 만족하는 케이스 포함(F):
Q6=2
조건(I)...
(선택적 케이스 선택 조건)

로지스틱 회귀분석

종속변수가 명목척도인 경우 예를 들어 백화점의 회원이거나 아니면 비회원일 때는 회귀분석을 사용할 수 없다. 대신에 로지스틱 회귀분석을 사용하여 독립변수가 회원유무에 미치는 영향을 추정할 수 있다. 로지스틱 회귀분석은 명목척도인 종속변수의 수준이 2개일 때만 사용할 수 있다.

SPSS의 분석 결과에서 회원을 2로 지정하였다면(큰 값이 내부값은 1로 인코딩됨), 회귀식처럼 독립변수의 계수는 회원등록에 영향을 미치는 것으로 해석한다.

Q5 회원유무에 Q2 서비스만족도와 Q3 제품만족도가 미치는 영향을 로지스틱 회귀분석을 실행하면 다음과 같다.

표 13-7 • 종속변수 인코딩

원래 값	내부 값
1	0
2	1

표 13-8 • 방정식의 변수

	B	S.E.	자유도	유의확률
Q2	3.218	1.207	1	0.008
Q3	-0.342	0.902	1	0.705
상수항	-9.303	2.467	1	0.000

Q2의 계수는 유의확률이 0.008이므로 유의수준 0.05보다 작으므로 계수가 0이라는 귀무가설을 기각하며 부호가 양(+)이므로 Q2는 회원이 되는 확률에 긍정적으로 영향을 미치는 것으로 나타나고 있다. 즉, 서비스만족도가 높을수록 회원이 될 가능성이 높게 된다. Q3의 계수는 유의확률이 0.705로 계수가 0이라는 귀무가설을 기각하지 못한다.

SPSS 사용방법: 로지스틱 회귀분석

분석(A) → 회귀분석(R) → 이분형 로지스틱(G)

종속변수 지정

공변량 지정(독립변수)

저장: 예측값: 확률, 소속집단 → 계속

옵션: 분류도표 → 계속

→ 확인

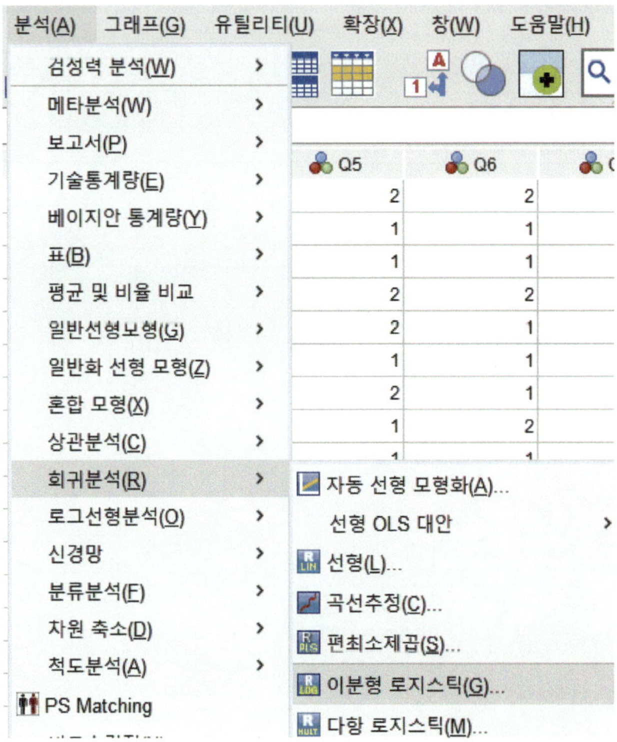

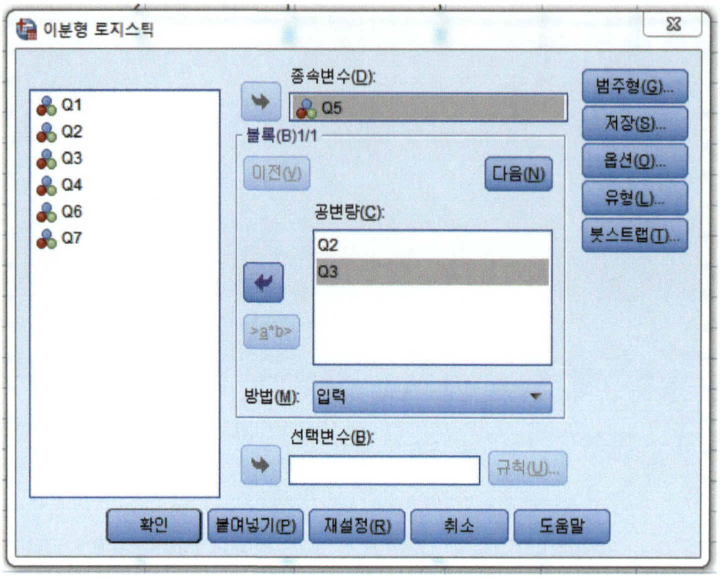
이분형 로지스틱
종속변수(D):
Q5
블록(B)1/1
이전(V)
다음(N)
공변량(C):
Q2
Q3
>a*b>
방법(M):
입력
선택변수(B):
규칙(U)...
범주형(G)...
저장(S)...
옵션(O)...
유형(L)...
붓스트랩(T)...
Q1
Q2
Q3
Q4
Q6
Q7
확인
붙여넣기(P)
재설정(R)
취소
도움말

실습과제

〈표 10-1〉의 자료를 사용하여 Q4를 종속변수로, Q2, Q3, Q5를 독립변수로 회귀분석을 실행하고 계수의 가설검증을 하라.

CHAPTER
14

t검정 및 분산분석

t검정 및 분산분석은 집단 간에 특정 변수의 평균값의 차이가 있는지를 분석하는 기법이다. t검정은 두 집단의 비교에만 사용되며 분산분석은 두 집단 이상의 비교에서 사용된다. 집단별로 평균값의 차이를 보는 특정 변수가 검정변수 또는 종속변수로 사용된다. 예를 들어 두 집단 간의 만족도의 차이를 보는 경우 만족도가 검정변수 또는 종속변수가 된다.

14.1 t검정

1. t검정의 목적

t검정(t test)은 두 집단 간에 특정 변수의 평균값의 차이가 있는지를 검증하는 기법이다. 변수가 집단이므로 척도는 명목척도인 비계량척도가 된다. 예를 들어 여자와 남자 간 소비자들의 만족도의 차이가 있는지 검증할 수 있다. 따라서 집단은 성별이 되고 두 집단은 여자와 남자이며, 만족도가 평균값의 차이를 보는 검정변수가 된다. 검정변수는 만족도와 같이 계량척도가 사용된다.

2. 검정통계량

두 집단의 평균값이 차이가 있는지를 검증하기 위하여 두 집단의 평균이 같다는 귀무가설을 설정한다.

$$H_0: \mu_1 = \mu_2$$

μ_1은 집단 1의 모집단 평균, μ_2는 집단 2의 모집단 평균.

검정통계량 t값은 다음과 같이 정의한다.

$$t = \frac{(\overline{X}_1 - \overline{X}_2) - (\mu_1 - \mu_2)}{S_{(\overline{X}_1 - \overline{X}_2)}}$$

$\overline{X}_1$은 집단 1의 표본평균, $\overline{X}_2$는 집단 2의 표본평균

$S_{(\overline{X}_1 - \overline{X}_2)}$는 $\overline{X}_1 - \overline{X}_2$의 표준오차

$\mu_1 = \mu_2$ 이므로

$$t = \frac{(\overline{X}_1 - \overline{X}_2)}{S_{(\overline{X}_1 - \overline{X}_2)}}$$

모집단 1과 모집단 2의 분산이 같은 경우는 다음과 같이 통합된 분산(S_p^2)을 구하여 표준오차를 산출한다.

$$S_p^2 = \frac{(n_1 - 1)S_1^2 + (n_2 - 1)S_2^2}{(n_1 - 1) + (n_2 - 1)}$$

$$S = \sqrt{\frac{S_p^2}{n_1} + \frac{S_p^2}{n_2}}$$

S_1^2은 집단 1의 표본분산, S_2^2은 집단 2의 표본분산.

n_1은 집단 1의 표본수, n_2는 집단 2의 표본수.

t값은 자유도 $n_1 - 1 + n_2 - 1$(즉 $n_1 + n_2 - 2$)의 t분포를 갖게 된다.

모집단 1과 모집단 2의 분산이 다른 경우는 다음과 같이 표준오차를 산출한다.

$$S = \sqrt{\frac{S_1^2}{n_1} + \frac{S_2^2}{n_2}}$$

두 모집단의 분산이 같다는 것을 검정하는 귀무가설(집단 1의 분산 σ_1^2 = 집단 2의 분산 σ_2^2)은 F값을 사용하여 검정한다.

$$F = \frac{S_1^2}{S_2^2}$$

분자의 자유도는 $n_1 - 1$, 분모의 자유도는 $n_2 - 1$.

S_1^2은 집단 1의 표본분산, S_2^2은 집단 2의 표본분산.

두 집단의 분산이 같다는 귀무가설을 기각하지 못하는 경우는 등분산을 가정한 표준편차를 사용하여 t값을 계산하며, 기각하는 경우 분산이 같지 않다고 가정한 표준편차를 사용해야 한다.

통계표에서 자유도에 따라 신뢰수준에 맞는 t 임계치를 구하여 자료를 t검정 분석하여 구한 검정통계량 t값과 비교하게 된다. 검정통계량 t값이 t 임계치보다 크면 두 집단의 평균값이 같다는 귀무가설을 기각하게 된다. 즉, 유의확률이 유의수준보다 작으면 귀무가설을 기각하게 된다. 귀무가설을 기각하는 경우 어느 집단이 더 평균값이 큰지를 확인한다.

3. 결과의 해석 및 가설검증

10장의 자료를 사용하여 남녀(Q6) 간의 주로 이용하는 백화점의 서비스 만족도(Q2)의 비교를 검증하기 위하여 t검정을 한 결과는 〈표 14-1〉과 같다.

등분산 검정결과 유의확률이 0.440이므로 유의수준 0.05보다 크므로 두 집단의 분산이 같다는 귀무가설을 기각하지 못한다. 따라서 등분산을 가정함의 줄을 따라 t값을 보면 −2.319이며 유의확률은 0.025이므로 두 집단의 평균값이 같다는 귀무가설을

표 14-1 ● 집단통계량

	Q6	N	평균	표준편차
Q2	1	29	2.83	0.966
	2	21	3.43	0.811

표 14-2 • 독립표본검정

		Levene의 등분산검정		평균의 동일성에 대한 t검정		
		F	유의확률	t	자유도	유의확률(양측)
Q2	등분산을 가정함	0.607	0.440	−2.319	48	0.025
	등분산을 가정하지 않음			−2.385	46.878	0.021

기각한다. 즉, 두 집단의 평균값은 같지 않으며 여자는 3.43, 남자는 2.83으로 여자가 높은 것을 알 수 있다.

남녀(Q6) 간 계속 이용의도(Q4)를 비교한 결과는 다음과 같다.

남녀 간의 백화점 계속 이용의도를 비교한 결과 등분산검정의 유의확률이 0.000으로 유의수준 0.05보다 작으므로 두 집단의 분산이 같다는 귀무가설을 기각하게 된다. 따라서 등분산을 가정하지 않음의 줄을 따라 t값을 보면 −3.453으로 유의확률이

표 14-3 • 집단통계량

	Q6	N	평균	표준편차	평균의 표준오차
Q4	1	29	3.28	1.306	0.243
	2	21	4.33	0.856	0.187

표 14-4 • 독립표본검정

		Levene의 등분산검정		평균의 동일성에 대한 t검정		
		F	유의확률	t	자유도	유의확률(양측)
Q4	등분산을 가정함	20.267	0.000	−3.235	48	0.002
	등분산을 가정하지 않음			−3.453	47.616	0.001

0.001로 유의수준 0.05보다 작으므로 두 집단의 평균값이 같다는 귀무가설을 기각하게 된다. 남자는 평균값이 3.28, 여자는 4.33으로 여자가 더 높게 나타나고 있다.

4. t검정의 유의사항

t검정은 두 집단의 모분산이 같은 경우와 다른 경우에 계산되는 t값이 다르므로 분산이 같은지를 F검정을 통하여 확인해야 한다. 등분산이 가정된 경우와 등분산이 가정되지 않은 경우를 확인하여 t값을 맞게 적용해야 한다.

두 집단의 값이 〈표 14-5〉에서처럼 같은 응답자들에게서 나온 경우에는 응답자들의 두 집단 값의 차이를 구하여 그 차이의 평균값이 0과 같은지를 검정할 수 있다. 예를 들어 응답자들이 영어캠프에 참여하기 전의 토익점수와 영어캠프에 참여한 후의 토익

표 14-5 • 각 학생들의 영어캠프 참여전 점수와 참여후 점수

학생 번호	참여전 점수	참여후 점수
1	400	520
2	600	660
3	520	620
4	550	640
5	610	710
6	630	720
7	590	700
8	580	690
9	640	730
10	500	590

점수를 비교할 수 있다. 따라서 개별 응답자에게서 영어캠프 참여 전과 후의 점수를 얻게 된다. 이러한 경우의 t검정은 대응표본 t검정(paired t test)이라고 한다. 이를 통해 영어캠프의 효과를 평가할 수 있다.

〈표 14-6〉에서 보듯이 참여전 점수와 참여후 점수의 차이의 평균은 유의확률이 0.000으로 유의하게 나타나고 있다. 참여전 평균점수는 562점인데 참여후 점수는 658점으로 영어캠프의 효과가 크게 나타나고 있다.

표 14-6 ● 대응표본 검정

	대응차			t	자유도	유의확률 (양측)
	평균	표준편차	평균의 표준오차			
참여전 점수 – 참여후 점수	−96.000	16.465	5.207	−18.437	9	0.000

표 14-7 ● 대응표본 통계량

	평균	N	표준편차	평균의 표준오차
참여전 점수	562.00	10	72.694	22.988
참여후 점수	658.00	10	66.633	21.071

부록

SPSS 사용방법

무작위표본추출방법 및 실험에서 피실험자를 무작위로 각 집단에 배정하는 방법

1. 무작위표본추출방법

전체 표본(표본명부)에서 무작위로 표본을 추출하는 방법이다.

데이터(D) → 케이스 선택(S) (SPSS 자체로 번호가 입력되어 있으나 케이스 번호를 먼저 입력하는 것이 좋음)

→ 케이스의 무작위 표본 추출(D)

→ 표본(S)

표본크기 (대략(A): 추출하고자 하는 %을 입력 또는
정확하게(E): 추출하고자 하는 케이스의 수와 총 케이스의 수를 입력)

→ 계속(C) → 확인

데이터 화면 filter_$에서 1은 추출된 표본이고 0은 추출되지 않은 표본이다.

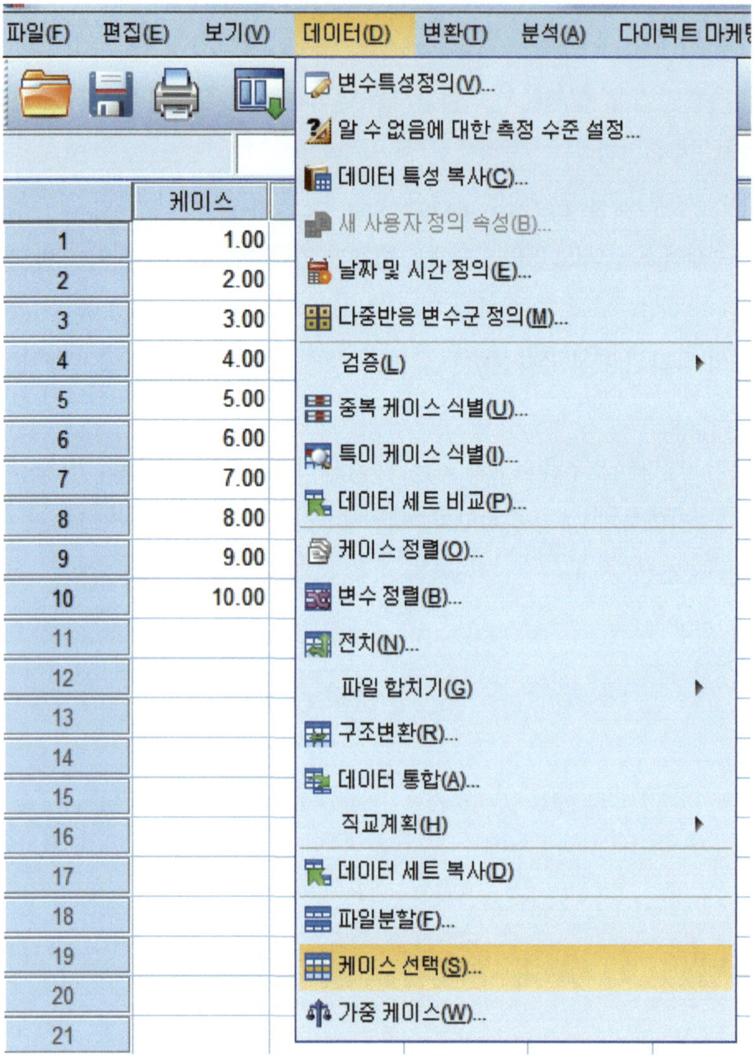

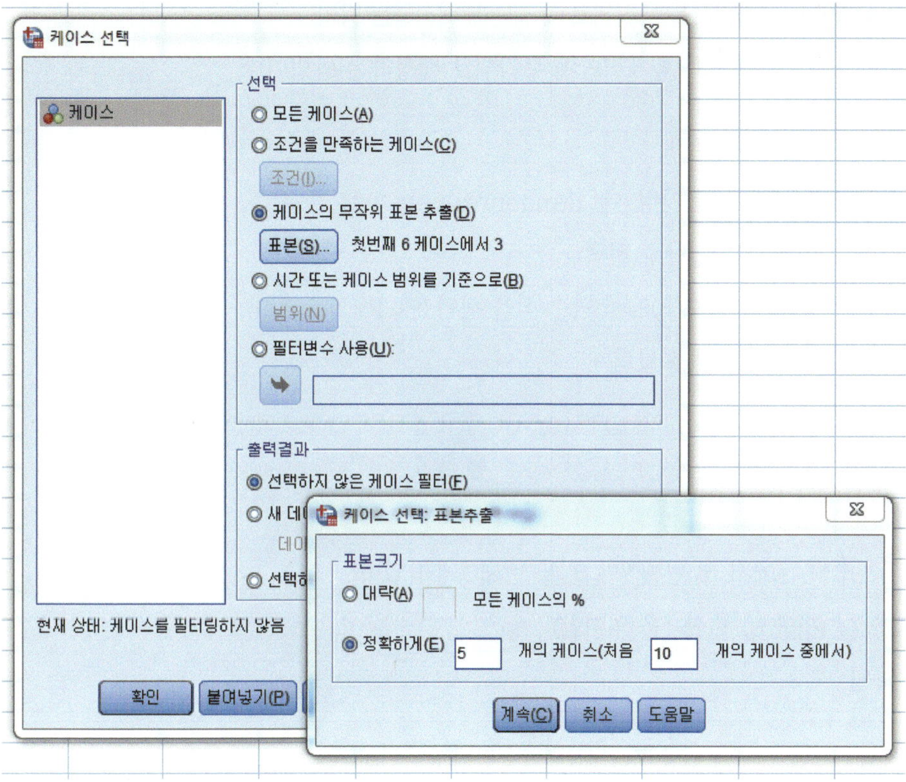

	케이스	filter_$
1	1.00	0
2	2.00	1
3	3.00	0
4	4.00	1
5	5.00	1
6	6.00	0
7	7.00	0
8	8.00	0
9	9.00	1
10	10.00	1

2. 실험에서 피실험자를 무작위로 각 집단에 배정하는 방법

피실험자를 실험집단과 통제집단에 무작위로 배정하는 방법이다.

변환(T) → 변수 계산(C)

→ 목표변수(T) 이름 지정 (예: RandomValue)

함수집단(G)에서 난수 선택

함수 및 특수 변수(E)에서 난수 식을 선택 (예: Rv.Normal)

→ 가운데 올림 버튼을 클릭

RV.NORMAL에서 첫 번째 ?에 0, 두 번째 ?에 1 입력

(평균 0, 분산 1을 의미함)

→ 확인

데이터보기에서 난수(여기서는 변수명이 RandomValue)를 정렬

(예: 오름차순 정렬(A), 변수명에 마우스를 놓고 오른쪽 버튼 클릭)

전체 피실험자의 앞 1/2 케이스를 실험집단으로, 뒤 1/2 케이스를 통제집단으로 배정(여기서는 총 10개 중 처음 5개 (케이스 4, 8, 3, 7, 9)는 실험집단, 나머지 5개(케이스 2, 1, 6, 10, 5)는 통제집단으로 배정)

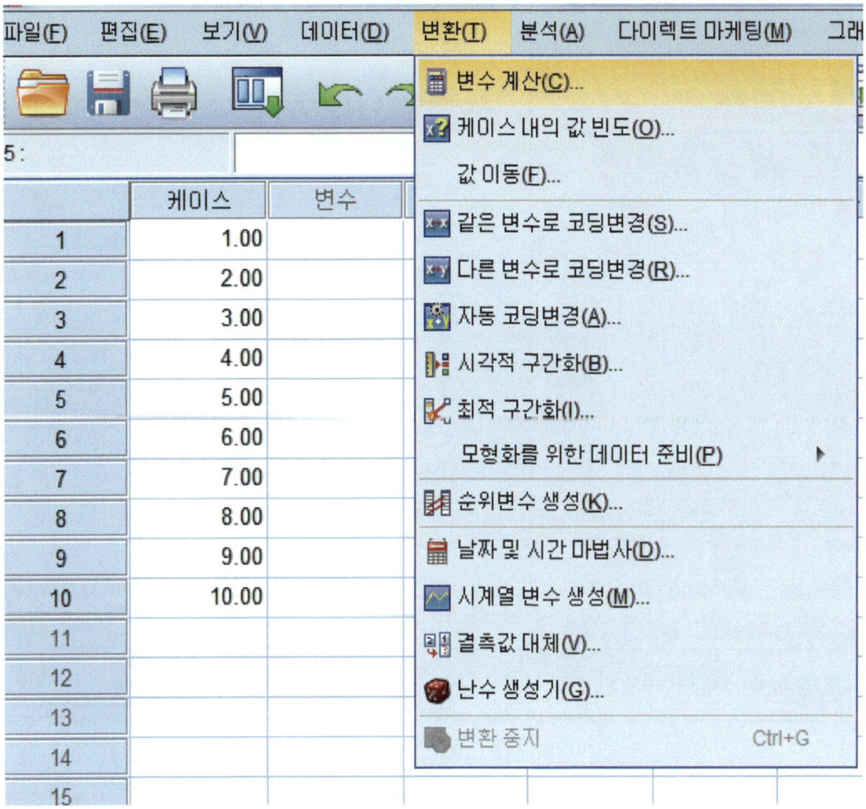
파일(F)
편집(E)
보기(V)
데이터(D)
변환(T)
분석(A)
다이렉트 마케팅(M)
변수 계산(C)...
케이스 내의 값 빈도(O)...
값 이동(F)...
같은 변수로 코딩변경(S)...
다른 변수로 코딩변경(R)...
자동 코딩변경(A)...
시각적 구간화(B)...
최적 구간화(I)...
모형화를 위한 데이터 준비(P)
순위변수 생성(K)...
날짜 및 시간 마법사(D)...
시계열 변수 생성(M)...
결측값 대체(V)...
난수 생성기(G)...
변환 중지
Ctrl+G
케이스
변수
1.00
2.00
3.00
4.00
5.00
6.00
7.00
8.00
9.00
10.00

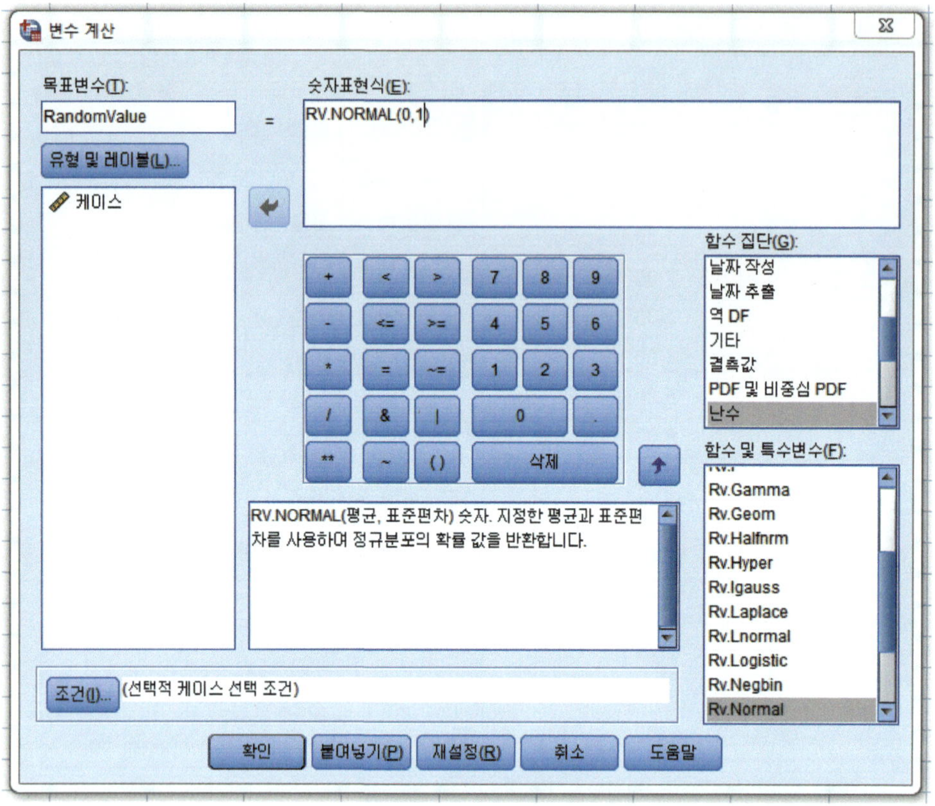

케이스	RandomValue
1.00	.38
2.00	.24
3.00	-.67
4.00	-.88
5.00	2.32
6.00	.40
7.00	-.41
8.00	-.82
9.00	.03
10.00	.92

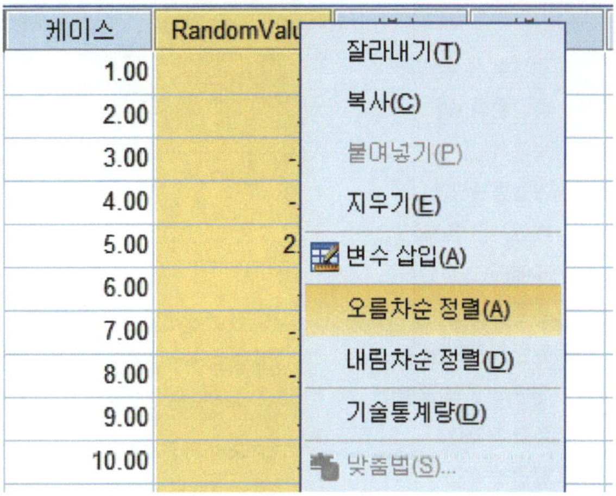

케이스	RandomValue
4.00	-.88
8.00	-.82
3.00	-.67
7.00	-.41
9.00	.03
2.00	.24
1.00	.38
6.00	.40
10.00	.92
5.00	2.32

t검정(t-test): 두 집단의 평균 비교

분석(A) → 평균 및 비율 비교(M) → 독립표본 T검정(T)

검정변수(T) (평균차이를 보고 싶은 변수: 등간, 비율척도)

집단변수(G) (집단을 구분하는 변수: 명목척도)

집단정의(I): 지정값 사용(U) (값을 지정 집단 1: 1, 집단 2: 2)

→ 계속 → 확인

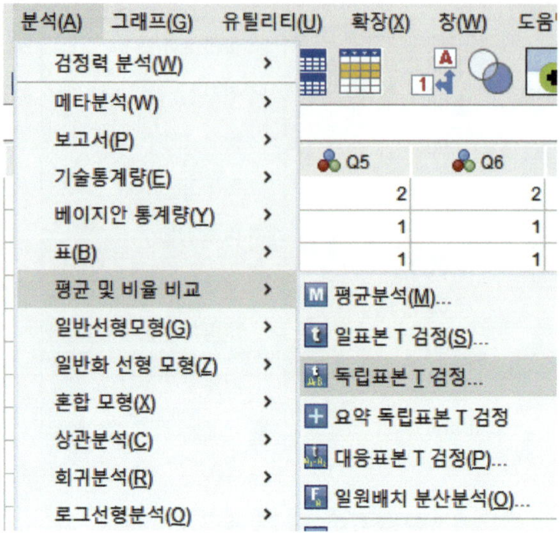
분석(A) 그래프(G) 유틸리티(U) 확장(X) 창(W)
검정력 분석(W)
메타분석(W)
보고서(P)
기술통계량(E)
베이지안 통계량(Y)
표(B)
평균 및 비율 비교
일반선형모형(G)
일반화 선형 모형(Z)
혼합 모형(X)
상관분석(C)
회귀분석(R)
로그선형분석(O)
Q5
Q6
평균분석(M)...
일표본 T 검정(S)...
독립표본 T 검정...
요약 독립표본 T 검정
대응표본 T 검정(P)...
일원배치 분산분석(O)...

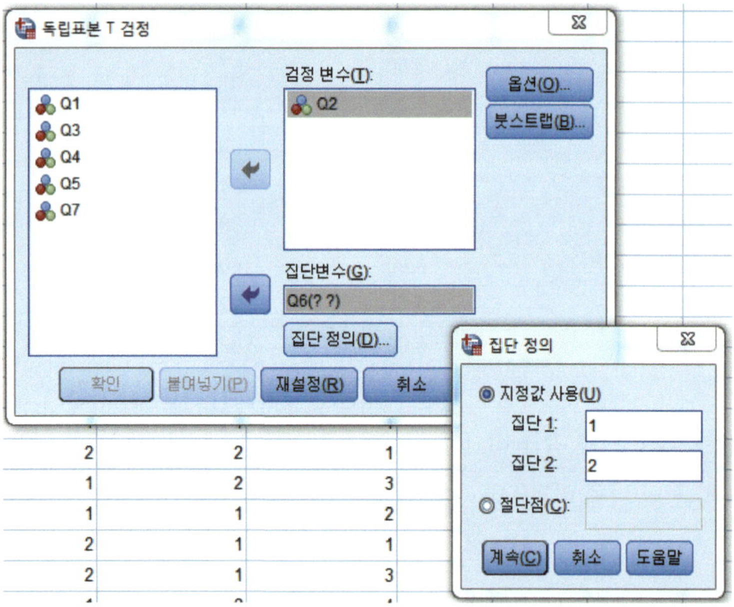
독립표본 T 검정
검정 변수(T):
Q2
옵션(O)...
붓스트랩(B)...
Q1
Q3
Q4
Q5
Q7
집단변수(G):
Q6(? ?)
집단 정의(D)...
확인
붙여넣기(P)
재설정(R)
취소
집단 정의
지정값 사용(U)
집단 1:
1
집단 2:
2
절단점(C):
계속(C)
취소
도움말

짝을 이룬 값(대응표본): 동일 피실험자에 대하여 두 변수의 값의 측정

분석(A) → 평균 및 비율 비교(M) → 대응표본 T검정(P)

첫 번째 변수(예: 참여전 점수) 클릭 → 중간버튼 클릭하여 대응변수로 이동

두 번째 변수(예: 참여후 점수) 클릭 → 중간버튼 클릭하여 대응변수로 이동

→ 확인

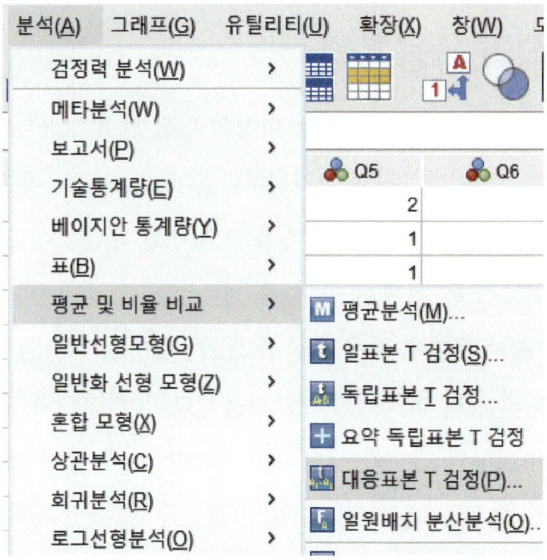

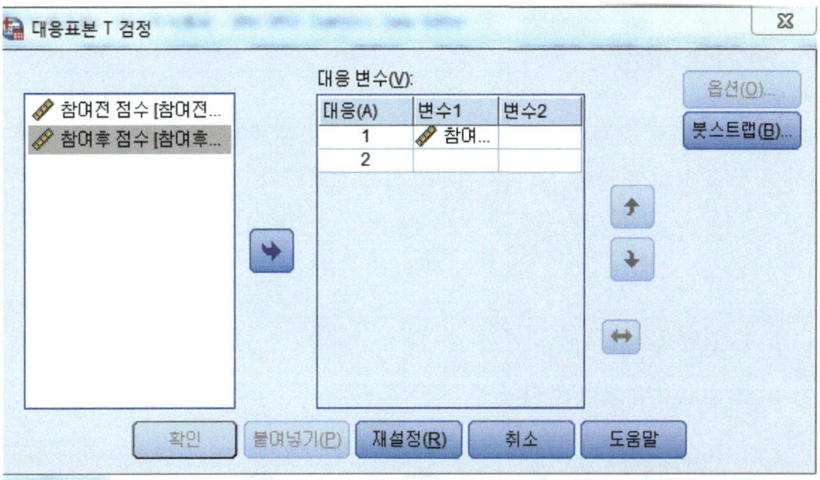

14.2
분산분석

1. 분산분석의 사용목적

분산분석(analysis of variance: ANOVA)은 둘 이상의 집단 간 특정 변수의 평균값의 차이가 있는지를 검증하는 기법이다. 따라서 t검정처럼 두 집단에도 사용될 수 있으며 또한 세 집단 이상에서도 사용될 수 있다. 집단은 소수의 비교 대안들이므로 명목척도 또는 서열척도의 비계량 척도가 된다. 예를 들어 집단은 상표, 상점, 지역, 광고카피, 학년 등이 될 수 있다. 지역을 예로 든다면 서울과 울산의 2개 집단을 비교할 수 있다. 이러한 명목척도 또는 서열척도의 집단이 독립변수로 사용된다. 독립변수와 달리 종속변수는 반드시 등간척도 이상의 계량적 변수가 사용되어야 한다. 예를 들어 매출액, 구매액, 태도, 만족도 등의 변수가 종속변수로 이용될 수 있다.

2. 검정통계량

두 집단의 경우를 예를 들어 설명하면, 두 집단의 평균값이 차이가 있는지를 검증하기 위하여 두 집단의 평균이 같다는 귀무가설을 설정한다.

$$H_0: \mu_1 = \mu_2$$

μ_1은 집단 1의 모집단 평균,
μ_2은 집단 2의 모집단 평균.

두 집단의 평균이 같다는 것은 집단 간에 종속변수의 차이가 없다는 것이므로 독립변수인 집단이 종속변수에 영향을 미치지 않는 것을 의미한다. 따라서 귀무가설을 다음과 같은 문장으로 기술할 수 있다.

H_0: 집단은 종속변수에 영향을 미치지 않는다.

검정통계량 F값은 다음과 같다.

$$F값 = \frac{SSB/(k-1)}{SSW/(N-k)}$$

SSB : sum of square between groups 집단 간 제곱합

SSW : sum of square within group 집단 내 제곱합

k : 집단의 수

N : 총 표본의 수

분자의 자유도: $k-1$

분모의 자유도: $N-k$

$$SSB = \sum_{j=1}^{k} \sum_{i=1}^{n_j} (\bar{x}_{.j} - \bar{x}_{..})^2$$

$$SSW = \sum_{j=1}^{k} \sum_{i=1}^{n_j} (x_{ij} - \bar{x}_{.j})^2$$

집단이 2개인 경우 $SSB = n_1(\bar{x}_{.1} - \bar{x}_{..})^2 + n_2(\bar{x}_{.2} - \bar{x}_{..})^2$

x_{ij}는 j집단의 i 관찰치의 값, $\bar{x}_{.j}$는 j집단의 평균, $\bar{x}_{..}$는 전체 평균.

10장의 자료를 사용하여 Q6 성별 간에 Q2 서비스 만족도의 차이가 있는지를 살펴보고자 한다. 집단 1은 남성, 집단 2는 여성이다.

Q2의 값에 의하여 자료를 정렬하여 집단 1 다음에 집단 2로 정렬이 되어 있다. 집단 1 남성은 29명, 집단 2 여성은 21명이다.

표 14-8 ● 성별로 정렬된 자료

ID	Q2	Q6
2	3	1
3	2	1
5	3	1
6	2	1
7	4	1
9	2	1
11	3	1
12	2	1
15	2	1
16	4	1
18	2	1
19	5	1
22	3	1
23	2	1
26	2	1
27	4	1
28	3	1

ID	Q2	Q6
32	3	1
33	2	1
35	3	1
36	2	1
37	4	1
39	2	1
41	3	1
42	2	1
45	2	1
46	4	1
48	2	1
49	5	1
1	4	2
4	4	2
8	3	2
10	4	2
13	4	2

ID	Q2	Q6
14	3	2
17	3	2
20	2	2
21	4	2
24	4	2
25	3	2
29	2	2
30	5	2
31	4	2
34	4	2
38	3	2
40	4	2
43	4	2
44	3	2
47	3	2
50	2	2

x_{12}는 집단 2의 1번째 관찰치를 말하며 〈표 14-8〉 자료에서는 값은 4이다.

$\bar{x}_{.1}$는 2.83이고, $\bar{x}_{.2}$는 3.43이며 $\bar{x}_{..}$는 3.08이다.

따라서 모든 셀을 사용하여 SSB와 SSW를 계산하면

$$\begin{aligned} SSB &= 29 \times (2.83 - 3.08)^2 + 21 \times (3.43 - 3.08)^2 \\ &= 4.339 \end{aligned}$$

$$\begin{aligned} SSW &= (3 - 2.83)^2 + (2 - 2.83)^2 + \cdots + (4 - 3.43)^2 + (4 - 3.43)^2 + \cdots \\ &= 39.281 \end{aligned}$$

$$F = \frac{(4.339/1)}{(39.281/48)} = 5.376$$

통계표에서 자유도에 따라 유의수준에 맞는 F 임계치를 구하여 자료를 분산분석을 통하여 얻은 F값과 비교한다. F값이 F임계치보다 크면 두 집단의 평균값이 같다는 귀무가설을 기각하게 된다. 즉, 유의확률이 유의수준보다 작으면 귀무가설을 기각하게 된다. 귀무가설을 기각하는 경우 어느 집단이 더 평균값이 큰지를 확인한다. 이렇게 귀무가설이 기각되어 집단 간에 종속변수의 평균값이 같지 않은 것은 독립변수가 종속변수에 영향을 미친다는 것을 의미한다. 즉, 성별이 서비스 만족도에 영향을 미치고 있다.

일반적으로 귀무가설은 모든 집단 간에 평균값의 차이가 없다는 것이다. 대립가설은 모든 집단 간에 평균값이 같지는 않다는 것이다. 따라서 세 집단 이상인 경우에는 세 집단의 모든 평균값이 같지 않다는 것이다. 즉, 어느 두 집단은 평균값이 같지 않을 수 있지만 어느 두 집단은 같을 수도 있다. 따라서 모든 집단의 평균값이 같다는 귀무가설이 기각된 경우에는 사후분석(post hoc analysis)을 통하여 어느 두 집단의 평균값이 같지 않은지를 검정할 수 있다.

3. 결과의 해석 및 가설검정

분산분석을 실행한 결과는 〈표 14-9〉와 같다. 종속변수는 Q2이고, 독립변수는 Q6이다.

표 14-9 • ANOVA

	제곱합	자유도	평균제곱	F	유의확률
집단-간	4.399	1	4.399	5.376	0.025
집단-내	39.281	48	0.818		
전체	43.680	49			

F값은 5.376으로 분자의 자유도 1, 분모의 자유도 48에서 임계치 F값은 4.06인데 구한 검정통계량 F값은 5.376으로 검정통계량 F값이 임계치 F값보다 크므로 두 집단의 평균값이 같다는 귀무가설을 기각한다. 또는 유의확률이 0.025로 유의수준 0.05보다 작으므로 두 집단의 평균값이 같다는 귀무가설을 기각한다. 남자의 평균값은 2.83, 여자는 3.43으로 여자가 더 높게 나타나고 있다. 이러한 결과는 당연히 t검정과 같게 나타나고 있다.

4. 다원분산분석

일원분산분석(One-way ANOVA)은 독립변수가 1개인 경우를 말하며, 다원분산분석(N-way ANOVA)은 독립변수가 2개 이상인 경우를 말한다.

요인분산분석은 다원분산분석의 한 유형으로 예를 들어 독립변수가 2개인 경우 이 두 독립변수와 이들의 상호작용을 함께 독립변수로 사용하는 분산분석을 요인분산분석(factorial design analysis)이라고 한다.

상호작용의 예로 광고와 세일이 매출액을 미치는 영향을 살펴보고자 할 때, 광고는 광고를 하지 않는 경우와 하는 경우로 그리고 세일은 세일을 하지 않는 경우와 하는 경우로 나누면 2 × 2 실험설계가 된다. 그러면 4개의 셀의 평균값 매출액을 〈그림 14-1〉과 같이 2차원 좌표에 표시할 수 있다. 세일함과 세일안함의 차이는 광고안함에서보다 광고함에서 더 크게 나타나고 있다. 이는 세일함의 효과가 광고의 유무에 따라 다르다는 것을 보여주므로 세일과 광고가 서로 상호작용하여 매출액에 영향을 미치는 것을 나타내고 있다. 세일과 광고의 상호작용이 종속변수에 영향을 미치고 있는 것이다. 즉, 상호작용효과가 있다. 〈그림 14-1〉에서 보면 세일안함에서 광고안함과 광고함의 매출액을 연결하고 세일함에서 광고안함과 광고함의 매출액을 연결하면 두 선이 평행하지 않은 것을 볼 수 있다. 두 선이 평행하지 않다는 것은 두 변수가 상호작용하고 있다는 것을 시사하는 것이다. 보다 정확하게 F값에 해당되는 유의확률이 0.05보다 작게 나타나면 상호작용효과가 없다는 귀무가설을 기각하게 된다.

성별과 지역이 백화점 서비스 만족도에 미치는 영향에 대한 분산분석 결과는 〈표 14-11〉과 같다.

그림 14-1 ● 광고와 세일의 상호작용

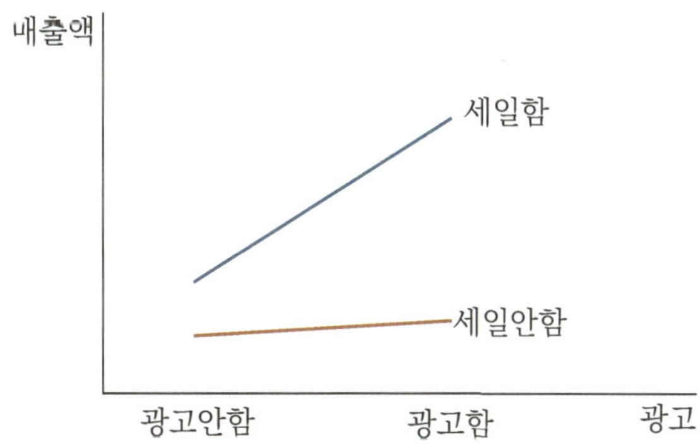

표 14-10 ● 기술통계량

종속변수: Q2				
Q6	Q7	평균	표준편차	N
1	1	3.50	0.548	6
	2	2.40	0.548	5
	3	3.18	1.168	11
	4	2.00	0.000	7
	전체	2.83	0.966	29
2	1	4.20	0.447	5
	2	3.40	0.548	5
	3	3.33	0.516	6
	4	2.80	1.095	5
	전체	3.43	0.811	21
전체	1	3.82	0.603	11
	2	2.90	0.738	10
	3	3.24	0.970	17
	4	2.33	0.778	12
	전체	3.08	0.944	50

표 14-11 • 분산분석 결과

종속변수: Q2					
소스	제III 유형제곱합	자유도	평균제곱	F	유의확률
Q6	5.143	1	5.143	8.827	0.005
Q7	12.634	3	4.211	7.228	0.001
Q6*Q7	1.324	3	0.441	0.757	0.524
오차	24.470	42	0.583		
전체	518.000	50			

Q6는 유의확률이 0.005로 유의수준 0.05보다 작으므로 집단 간의 평균값이 같다는 귀무가설을 기각한다. Q7은 유의확률이 0.001로 유의수준 0.05보다 작으므로 집단 간의 평균이 같다는 귀무가설을 기각한다. 남자는 평균값이 2.83 여자는 3.43으로 여자가 더 높게 나타나고 있다. 지역의 평균값은 동구가 3.82, 서구가 2.90, 남구가 3.24, 북구가 2.33으로 동구가 가장 높고 북구가 가장 낮게 나타나고 있다. Q7에서 지역 간의 평균이 모두 같다는 귀무가설이 기각되었다. 따라서 성별과 지역이 백화점 서비스만족도에 영향을 미치고 있다. 그러나 성별과 지역의 상호작용은 유의확률이 0.524로 서비스만족도에 영향을 미치지 않는 것으로 나타나고 있다. 성별과 지역의 주효과는 있으나 상호작용효과는 없다.

지역은 집단이 3개 이상이므로 사후분석(post hoc analysis)을 통하여 어느 두 집단의 평균값이 다른지를 검정할 수 있다. 〈표 14-12〉 다중 비교 분석 결과를 보면 지역 1과 지역 2, 4, 그리고 지역3과 지역4와는 유의수준 0.05에서 차이가 있다. 지역 1과 지역 3, 그리고 지역 2와 지역 4는 유의수준 0.1에서 차이가 나고 있다.

표 14-12 • 다중비교

LSD						
(I) Q7	(J) Q7	평균차이(I-J)	표준오차	유의확률	95% 신뢰구간	
					하한	상한
1	2	0.92*	0.334	0.009	0.25	1.59
	3	0.58	0.295	0.055	−0.01	1.18
	4	1.48*	0.319	0.000	0.84	2.13
2	1	−0.92*	0.334	0.009	−1.59	−0.25
	3	−0.34	0.304	0.277	−0.95	0.28
	4	0.57	0.327	0.090	−0.09	1.23
3	1	−0.58	0.295	0.055	−1.18	0.01
	2	0.34	0.304	0.277	−0.28	0.95
	4	0.90*	0.288	0.003	0.32	1.48
4	1	−1.48*	0.319	0.000	−2.13	−0.84
	2	−0.57	0.327	0.090	−1.23	0.09
	3	−0.90*	0.288	0.003	−1.48	−0.32

* 통계값으로 LSD(최소유의차)를 사용하였음.

5. 분산분석의 유의사항

1) 공분산분석

분산분석에서는 일반적으로 독립변수로 명목척도나 서열척도의 비계량척도가 이용되지만 비계량척도와 함께 등간척도나 비율척도의 계량척도가 쓰일 수 있다. 이러한 분산분석을 공분산분석(analysis of covariance: ANCOVA)라고 한다. 예를 들어 남성과 여성 간에 제품에 대한 태도의 차이가 있는지를 알고자 할 때 성별 외에 계량척도인 나이가 독립변수로 추가되어 사용될 수 있다.

2) 다원분산분석의 사용

회귀분석과 같이 여러 개의 독립변수가 종속변수에 영향을 미칠 때 각 독립변수별로 일원분산분석을 하는 것이 아니라 관련된 독립변수들을 함께 사용하여 다원분산분석을 하는 것이 타당하다.

3) 분산분석과 실험과의 연관성

분산분석은 주로 실험의 결과를 분석하기 위하여 사용되는 기법이다. 실험은 인과관계를 검증하기 위한 기법이므로 외생변수를 통제한 상태에서 독립변수를 변화시켜 종속변수를 관찰하는 방법이다. 따라서 원하는 인과관계를 명확히 파악하기 위해서는 4장에서 설명한 대로 실험에서 외생변수가 종속변수에 영향을 미치지 않도록 잘 통제해야 한다.

부록

SPSS 사용방법

분산분석: 두 집단 이상의 평균 비교

일원분산분석(요인(독립변수)이 1개인 경우)

분석(A) → 평균 및 비율 비교(M) → 일원배치 분산분석(O)

종속변수(E) 지정

요인(F) 지정 (독립변수)

옵션 → 통계량: 기술통계 (평균값의 출력) → 계속 → 확인

사후분석을 하는 경우(두집단 간의 평균차이 분석): → 등분산을 가정함: LSD(Least Significant Difference: 최소유의차) 클릭 → 계속

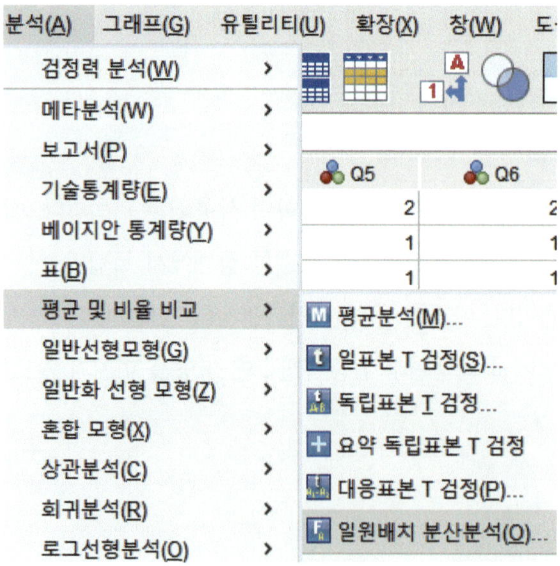

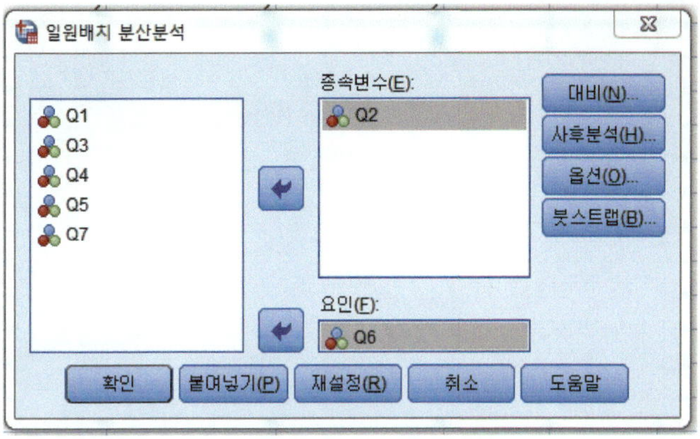

다원분산분석(2개 이상의 요인(독립변수)의 경우)

분석(A) → 일반선형모형(G) → 일변량(U)

종속변수(D) 지정

고정요인(F) 지정 (독립변수)

옵션 → 표시: 기술통계량 (평균값의 출력) → 계속

→ 확인

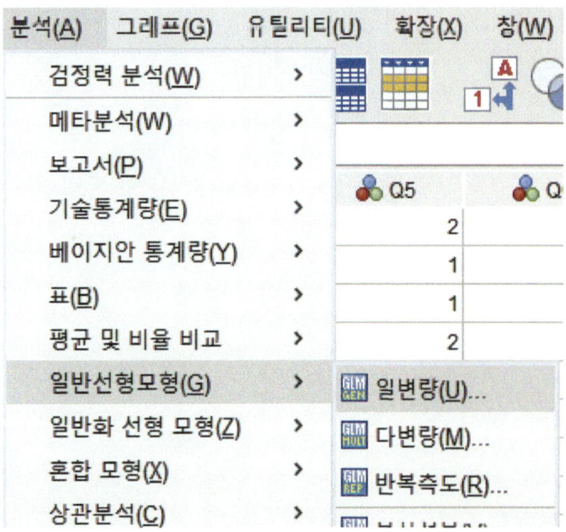

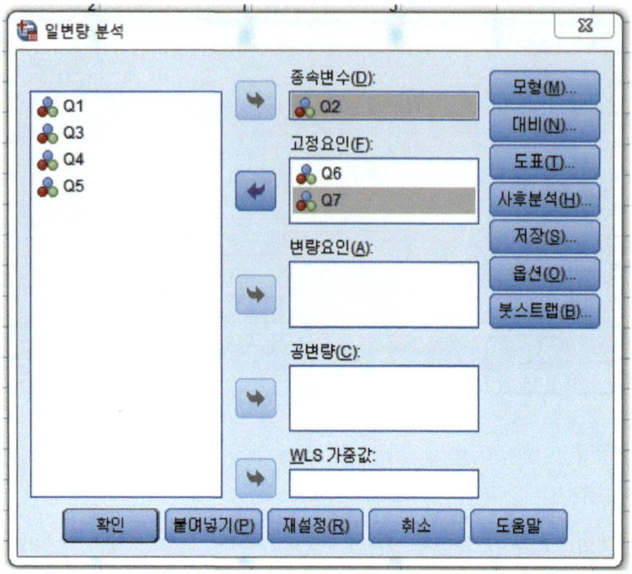

(상호작용효과를 제외하고 주효과만을 보고 싶은 경우 모형 — 모형설정: 사용자 정의 모수요인지정(독립변수를 오른쪽 박스로 이동), 항설정-주효과 → 계속)

공분산분석: 명목척도의 독립변수에 계량척도(등간, 비율척도)의 독립변수 추가

분석(A) → 일반선형모형(G) → 일변량(U)

종속변수(D) 지정

고정요인(F) 지정 (독립변수: 명목척도)

공변량(C) 지정 (계량척도의 독립변수 선택)

실습과제

- 〈표 10-1〉의 자료를 사용하여 Q5를 집단변수로, Q2를 검정변수로 t검정을 하라.
- Q4를 종속변수로, Q1, Q7를 독립변수로 하여 분산분석을 하여 가설검증을 하라.

CHAPTER

15

판별분석

판별분석은 집단이 구분되어 있는 상태에서 어떠한 변수들이 집단의 구분에 영향을 미치는지를 분석하는 기법이다. 따라서 판별대상은 집단이므로 변수가 명목척도의 비계량적 변수일 때 사용된다. 독립변수는 회귀분석과 마찬가지로 주로 등간척도 이상의 계량적 척도가 사용되며 비계량적 척도도 사용될 수 있다.

15.1 판별분석의 사용목적

판별분석(discriminant analysis)은 군집분석과 달리 집단이 구분되어 있는 상태에서 어떠한 변수들이 집단의 구분에 영향을 미치는지를 분석하는 기법이다. 군집분석은 대상들이 집단으로 구분되어 있지 않은 상황에서 대상들을 집단으로 묶지만 판별분석은 대상들의 집단이 구분되어 있을 때 사용된다. 독립변수들이 이미 구분된 집단에 어느 정도로 영향을 미치는지를 파악하게 된다. 집단 구분에 사용되는 함수, 즉 판별식을 구한 다음 다시 판별식을 추정하는 데 사용된 대상에 대하여 판별식을 사용하여 소속집단을 판별하게 된다. 판별식을 추정하는데 사용되지 않은 새로운 대상에 대하여 미리 구한 판별식을 가지고 그 대상이 속하는 집단을 예측할 수 있다.

판별분석은 실무적으로 유용한 기법이다. 예를 들어 소비자들을 우리 제품의 이용자 집단과 비이용자 집단으로 구분하여 어떤 변수들이 이러한 이용자 집단과 비이용자 집단의 구분에 도움이 되는지를 찾아낸다. 그리고 판별식을 통하여 어떤 소비자들이 우리 제품의 이용자가 될지를 예측하여 표적시장 선정과 같은 전략수립에 도움을 줄 수 있다. 예를 들어 신용카드 회사에서 회원을 모집할 때 특정 사람이 신용우량자가 되어서 대금을 잘 갚을 것인지 아니면 신용불량자가 되어서 연체를 할 것인지는 회사수익에 매우 중요한 문제이다. 따라서 이와 같이 회원 모집을 하는 많은 업체에서 판별분석은 우량 회원을 모집하는 데 도움을 줄 수 있다.

15.2 판별분석의 실행

1. 변수의 선정 및 자료의 수집

모든 분석에서와 같이 판별분석에서는 특히 관련된 독립 변수를 잘 선정해야 한다. 어떤 변수들이 집단을 잘 구분해 줄 것인지를 이론 및 기존 연구에 기초하거나 실증적으로 탐색해서 선정해야 한다. 독립변수와 구분집단이 선정되었으면 실제 자료를 수집해야 한다. 집단의 수는 조사목적에 따라 연구자가 2개 이상으로 정할 수 있다.

2. 판별식의 도출 및 대상의 집단 배정

판별분석은 각 집단들의 공분산이 동일하다는 가정을 하고 있기 때문에 가정이 충족되는지를 평가해야 한다. 통계량 Box의 M을 사용하였을 때 동일성 귀무가설이 기각되지 않아야 한다. 즉, 유의확률(p값)이 유의수준보다 커야 한다.

판별식(discriminant function)은 회귀식과 같은 형태를 갖는다. 회귀식에서 단순회귀보다는 다중회귀가 종속변수를 더 잘 설명할 수 있는 것처럼 판별식에서도 독립변수의 수가 더 많을수록 집단구분을 더 잘 해줄 수 있다. 회귀분석과의 차이점은 추정되는 판별식의 종속변수는 판별점수라는 것이다. 판별점수는 판별식의 독립변수들에 대상의 각 변수의 수치를 대입하여 얻은 값이 된다.

$$\text{판별식 } Z = b_0 + b_1X_1 + b_2X_2 + \cdots + b_kX_k$$

k: 독립변수의 수

판별식도 회귀식처럼 변수의 수가 많아질수록 설명력이 높아진다. 따라서 관련변수들을 모두 독립변수로 사용하는 것이 낫다.

판별식은 정준판별함수(canonical discriminant function)와 Fisher의 선형판별함수(linear discriminant function)가 주로 사용된다. Fisher의 선형판별함수는 집단별로 다른 판별식이 구해진다. 정준판별함수에서 계수의 값은 회귀분석과 같이 비표준화계수와 표준화계수를 구할 수 있다. 표준화계수는 그 값이 0에서 1 사이이므로 표준화계수의 크기로 어느 독립변수가 집단구분에 더 영향을 미치는지를 파악할 수 있다.

대상의 집단에의 배분은 다음과 같이 행해진다. 정준판별함수에서는 각 대상의 변수의 값을 판별식에 대입하여 판별점수를 얻는다. 그리고 그 판별점수를 집단들의 중심값과 비교하여 판별점수가 집단의 중심에 가장 가까운 집단으로 대상을 배정한다.

Fisher의 선형판별함수에서는 각 대상의 값을 각 집단의 판별식에 대입하여 판별점수를 구한다. 각 집단의 판별점수 중 가장 큰 판별점수의 집단에 그 대상을 배정한다.

3. 판별분석의 실행

서비스 및 제품 만족도가 백화점의 회원 유무를 판별하는데 어느 정도로 영향을 미치는지 살펴보고자 한다.

〈표 15-1〉의 Box의 M 검정 결과에 의하면 유의확률이 0.485로 두 집단의 분산이 같다는 귀무가설을 기각하지 못하므로 등분산 가정이 충족되고 있다. 따라서 판별분석을 사용하는데 문제가 없는 것으로 나타나고 있다.

〈표 15-2〉의 정준판별함수의 결과에 의하면 정준판별함수는 Z = −5.807 + 1.733Q2 + 0.147Q3이다.

〈표 15-4〉에서 보듯이 Fisher의 선형판별함수는 집단별로 각각 주어진다. 집단 1의 판별함수는 Z = −10.992 + 7.278Q2 + 1.294Q3, 집단 2는 Z = −28.764 + 12.407Q2 + 1.729Q3이다.

표 15-1 • Box의 M 검정 결과

Box의 M		2.657
F	근사법	0.815
	자유도1	3
	자유도2	85663.475
	유의확률	0.485

〈표 15-3〉에서 보는 것같이 정준판별함수를 사용한 결과 집단 1의 중심값은 −0.965, 집단 2의 중심값은 1.228이며, 〈표 15-5〉에서 보는 것 같이 1번째 케이스

표 15-2 • 정준판별함수의 계수

	함수
Q2	1.733
Q3	0.147
(상수)	−5.807

* 비표준화 계수

표 15-3 • 정준판별함수의 집단 중심값

Q5	함수
1	−0.965
2	1.228

* 표준화하지 않은 정준 판별함수가 집단 평균에 대해 계산됨.

표 15-4 ● Fisher의 선형판별함수 계수

	Q5	
	1	2
Q2	7.278	12.407
Q3	1.294	1.729
(상수)	−10.992	−28.764

표 15-5 ● 정준판별함수에 의한 케이스별 통계량

	케이스 번호	실제집단	최대집단	판별 점수
			예측집단	함수 1
원래값	1	2	2	1.858
	2	1	1	−0.021
	3	1	1	−2.195
	4	2	2	1.711
	5	2	1**	−0.168
	6	1	1	−2.048
	7	2	2	1.711
	8	1	1	−0.168
	9	1	1	−2.048
	10	2	2	1.564
	11	1	1	−0.168
	12	1	1	−2.048

표 15-5 ● 정준판별함수에 의한 케이스별 통계량 (계속)

	케이스 번호	실제집단	최대집단	판별 점수
			예측집단	함수 1
원래값	13	2	2	1.711
	14	1	1	−0.168
	15	1	1	−1.901
	16	2	2	1.711
	17	1	1	−0.168
	18	1	1	−2.048
	19	2	2	3.444
	20	1	1	−2.048
	21	2	2	1.711
	22	1	1	−0.315
	23	1	1	−2.048
	24	2	2	1.711
	25	1	1	−0.168
	26	1	1	−2.048
	27	2	2	1.564
	28	2	1**	−0.168
	29	1	1	−2.195
	30	2	2	3.444
	31u	2	2	1.858
	32u	1	1	−0.021

표 15-5 ● 정준판별함수에 의한 케이스별 통계량 (계속)

	케이스 번호	실제집단	최대집단	판별 점수
			예측집단	함수 1
원래값	33u	1	1	−2.195
	34u	2	2	1.711
	35u	1	1	−0.168
	36u	1	1	−2.048
	37u	1	2**	1.711
	38u	2	1**	−0.168
	39u	1	1	−2.048
	40u	2	2	1.564
	41u	1	1	−0.168
	42u	1	1	−2.048
	43u	2	2	1.711
	44u	2	1**	−0.168
	45u	1	1	−1.901
	46u	2	2	1.711
	47u	1	1	−0.168
	48u	1	1	−2.048
	49u	2	2	3.444
	50u	2	1**	−2.048

** 오분류 케이스

u. 선택되지 않은 케이스

표 15-6 ● 분류 결과[a,b]

			Q5	예측 소속집단		전체
				1	2	
선택된 케이스	원래값	빈도	1	17	0	17
			2	2	11	13
		%	1	100.0	0.0	100.0
			2	15.4	84.6	100.0
선택되지 않은 케이스	원래값	빈도	1	10	1	11
			2	3	6	9
		%	1	90.9	9.1	100.0
			2	33.3	66.7	100.0

a. 원래의 선택 집단 케이스 중 93.3%가 올바로 분류.

b. 원래의 비선택 집단 케이스 중 80.0%가 올바로 분류.

의 판별점수가 1.858이므로 집단 2의 중심에 가까우므로 집단 2에 대상을 배정한다. 〈표 15-4〉의 Fisher의 선형판별함수를 사용하여 Q2와 Q3의 값을 대입하면 집단 1은 24.59, 집단 2는 29.509이며, 집단 2의 값이 크므로 대상을 집단 2에 배정한다.

〈표 15-5〉에서 **는 예측집단에서 잘못 분류된 오분류 케이스를 나타내고 있다. 〈표 15-6〉의 분석표본(선택된 케이스)의 분류 결과에서 정확하게 분류한 케이스는 집단 1에서 17, 집단 2에서 11이므로 총 30케이스에서 28케이스가 정확하게 분류되었으므로 Hit ratio는 93.3%이며, 유보표본(선택되지 않은 케이스)에서는 80%로 나타나고 있다.

15.3 판별식의 평가

판별식이 제대로 추정되어 있는지를 파악하는 한 가지 방법은 Hit ratio를 이용하는 것이다. Hit ratio는 판별식이 각 대상의 집단을 정확하게 예측한 비율을 의미한다. 〈표 15-6〉에시 분석표본의 Hit ratio는 93.3%이다. 유보표본에서는 Hit ratio가 80%로 나타나고 있다.

또한 검증을 위해서 사용하는 자료는 일반적으로 판별식을 추정하는데 사용된 자료가 아니라 다른 자료를 사용한다. 한 표본을 둘로 나누어 판별식을 구하는 자료는 분석표본(analysis sample), 검증을 위한 자료는 유보표본(holdout sample)이라고 한다. 〈표 15-6〉에서 선택된 케이스는 분석표본을 의미하며, 선택되지 않는 케이스는 유보표본을 의미한다. 변수명이 group인 변수를 새롭게 만들어서 50개의 케이스 중 처음 40개에는 1의 값을, 나머지 10개에는 2의 값을 부여하였다. 분석 결과에서 보듯이 분석표본의 Hit ratio가 당연히 유보표본의 Hit ratio보다 크다.

다음으로 이렇게 구한 Hit ratio가 얼마나 잘 집단을 예측한 것인지에 대한 비교 기준이 필요하다. C-max와 C-pro 두 가지 기준이 사용된다. C-max는 모든 대상을 가장 구성원 수가 많은 집단에 배정할 때의 Hit ratio 비율을 말한다. C-max에서의 Hit ratio는 판별식을 사용하지 않은, 즉 대상들의 속성에 대한 지식을 활용하지 않은 상태에서 얻을 수 있는 있는 Hit ratio의 최대값을 의미한다. C-max에 의한 Hit ratio는 가장 큰 집단의 대상수를 전체 대상수로 나눈 것이다. 앞의 예에서 C-max는 17/30(56.67)%이다.

C-pro는 각 대상을 집단의 크기에 비례하여 무작위로 각 집단에 배정할 때의 Hit ratio를 말한다. 두 집단의 경우 한 집단의 대상의 수가 차지하는 비율을 p라고 하면 다른 집단이 차지하는 비율은 1 − p 이다.

따라서 C-pro의 Hit ratio는 다음과 같이 계산된다.

$$\text{C-pro} = p^2 + (1-p)^2$$

앞의 예에서 p = 17/30이므로 C-pro는 50.9%이다.

결론적으로 판별식을 사용하여 얻은 Hit ratio는 판별식을 사용하지 않은 상태에서 얻은 Hit ratio보다 커야 한다. 앞의 자료에서 판별식을 사용하여 얻은 Hit ratio가 C-max나 C-pro보다 크므로 대상에 대한 지식을 활용하여 구한 판별분석이 타당성이 있는 것을 보여주고 있다.

15.4 판별분석의 유의사항

앞에서 언급한 대로 판별분석은 이미 집단이 구분되어 있어야 실행할 수 있다. 즉, 특정 대상이 속해 있는 집단을 알아야 한다. 이러한 자료를 가지고 판별식을 추정할 수 있으며 추정된 판별식을 가지고 예측이 가능하게 된다. 주의할 점은 특정 대상의 집단이 구분되어 있어도 특정 대상이 속하게 되는 집단이 고정불변한 것은 아니라는 것이다. 특정 대상이 어느 집단에라도 속하게 될 가능성이 존재해야 한다. 예를 들어 특정 대상이 회원이 될 것인지 또는 비회원이 될 것인지, 즉 어느 집단에나 속할 가능성이 존재한다. 그러나 남녀의 성별처럼 이미 소속된 집단이 고정되어 있어 변경이 불가능한 집단에 대해서는 판별분석을 실행해서는 안 된다.

부록

SPSS 사용방법: 판별분석

분석(A) → 분류분석(F) → 판별분석(D)

집단변수의 지정 — 집단변수의 범위 지정(예: 2개 집단인 경우 최소값(N): 1 최대값(X): 2) → 계속

독립변수의 지정 — 독립변수를 모두 이동

통계량

기술통계 — 평균, 일변량분산분석, Box의 M

함수의 계수 — Fisher의 방법, 비표준화(U)

행렬

→ 계속

분류

사전확률 — 모든 집단이 동일

표시 — 각 케이스에 대한 결과표, 요약표

공분산행렬 — 집단내

도표 — 결합-집단, 개별-집단, 영역도

→ 계속

선택 (유보표본으로 판별식의 타당성 검증 시 사용)

선택변수 지정 — 값 클릭

선택변수값에 분석표본으로 지정할 집단의 숫자를 입력

(값이 지정된 집단은 분석표본으로, 지정되지 않은 집단은 유보표본으로
예: 50개의 케이스에 대하여 처음 40개는 1을, 나머지 10개는 2를 입력하고 변수이름을 group으로 명명하였을 때 group=1인 경우 group=1인 집단은 분석표본으로 group=2인 집단은 유보표본으로)

→ 계속

→ 확인

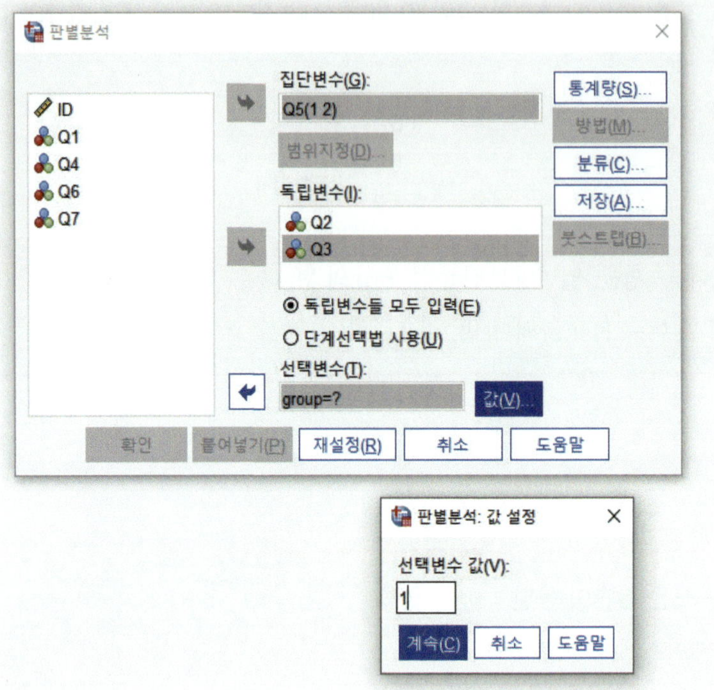
판별분석
집단변수(G):
Q5(1 2)
범위지정(D)...
독립변수(I):
Q2
Q3
독립변수들 모두 입력(E)
단계선택법 사용(U)
선택변수(T):
group=?
값(V)...
ID
Q1
Q4
Q6
Q7
통계량(S)...
방법(M)...
분류(C)...
저장(A)...
붓스트랩(B)...
확인
붙여넣기(P)
재설정(R)
취소
도움말
판별분석: 값 설정
선택변수 값(V):
1
계속(C)
취소
도움말

실습과제

〈표 10-1〉의 자료를 사용하여 Q5를 집단변수로, Q2, Q3, Q4를 독립변수로 판별분석을 실행하고 판별식의 Hit ratio를 평가하라.

CHAPTER 16

요인분석

요인분석은 변수들 간의 상관관계를 활용하여 유사한 변수들을 요인으로 묶는 기법이다. 이렇게 요인분석은 변수들을 묶는 기법인 반면에 군집분석은 대상들을 묶는 기법이다.

16.1 요인분석의 사용목적

요인분석(factor analysis)은 변수들 간에 내재된 차원을 발견하기 위해 사용되는 기법이다. 이러한 차원을 요인이라고 한다. 변수들은 관련된 요인에 높게 상관된다. 따라서 요인은 그 요인에 상관된 변수들을 대표하게 된다. 그러므로 분석에서 관련된 모든 변수들을 사용하기보다 추출된 요인들을 사용해도 자료의 대표성이 유지될 수 있다. 요인의 수는 변수의 수보다 적게 추출되므로 요인분석은 자료의 축소 및 요약을 위해서 사용된다.

요인분석의 결과는 추후 다른 분석에 사용될 수 있다. 예를 들어 회귀분석을 사용하는 경우 모든 변수들이 아니고 요인들을 독립변수로 사용할 수 있으며 변수들 간에 높은 다중공선성을 갖는 경우 요인들을 이용하면 다중공선성문제를 피할 수 있다.

또한 한 요인을 나타내는 변수들 중 낮은 상관관계를 가지는 변수를 제거함으로써 한 요인을 나타내는 변수들 간의 상관관계가 높도록 하여 측정의 신뢰성을 높일 수 있다.

16.2 요인분석의 실행

요인분석이 실행되기 위해서는 일반적으로 먼저 조사할 요인들을 결정하고 또한 요인들과 관련된 변수들을 선정해야 한다. 이렇게 선정된 변수들에 대하여 자료를 수집하고 이 변수들을 대상으로 요인분석을 실행한다. 각 변수는 등간척도 이상으로 측정되어야 한다.

한 예로 260명 학생으로부터 얻은 요인분석 자료의 각 변수 및 관련 설문은 〈표 16-1〉과 같다.

표 16-1 • 설문

변수명	설문
uou1	1) 울산지역 사람들은 울산대학교를 높이 평가한다
uou2	2) 울산대학교 학생이 되는 것은 매우 자랑스러운 일이라고 사람들은 생각한다.
uou3	3) 울산대학교는 전국적으로 높은 평판을 가지고 있다.
uou4	4) 울산대학교는 지역사회 교육의 책임을 잘 수행하고 있다.
uou5	5) 울산대학교는 지역문화발전에 기여하고 있다.
uou6	6) 울산대학교는 지역환경보전에 기여하고 있다

1. 요인행렬표의 산출

분석되는 모든 변수를 사용하여 요인분석을 실시한다. 요인분석을 실행하면 요인행렬표가 산출된다. 요인분석에서 추출되는 최대 요인의 수는 분석에서 사용한 모든 변수의 수와 같다. 〈표 16-2〉 요인행렬표에 나타난 값들은 요인적재량(factor loading)으로 요인과 변수 간의 상관계수를 나타낸다. 한 요인과 각 변수와의 요인적재량을 제곱한 값을 다 더한 값은 고유값(아이겐값, eigenvalue)이라고 한다. 고유값의 계산은 요인적재량 표에서 요인별로 아래쪽으로 요인적재량을 제곱해서 다 더하여 산출한다. 고유값은 각 요인의 설명력을 말한다. 총 요인의 고유값을 더하면 전체 변수의 수와 같다. 고유값이 크다는 것은 그 요인의 설명력이 크다는 것을 의미한다.

반면에 한 변수와 각 요인들과의 요인적재량을 제곱해서 다 더한 값은 공통분산(communality)이라고 한다. 각 변수의 분산은 1로 설정한다. 공통분산은 상관행렬표에서 각 변수별로 오른쪽으로 요인적재량을 제곱해서 다 더한 값이다. 이는 한 변수의 분산이 요인들에 의해서 설명되는 비율을 의미한다.

표 16-2 • 요인행렬표

	요인1	요인2	요인3	요인4	요인5	요인6
uou1	0.645	−0.579	0.329	−0.063	0.285	−0.235
uou2	0.722	−0.501	0.218	0.174	−0.296	0.251
uou3	−0.411	0.399	0.813	0.101	0.013	0.037
uou4	0.772	0.368	0.117	−0.414	−0.247	−0.153
uou5	0.809	0.374	−0.047	−0.079	0.299	0.328
uou6	−0.743	0.420	−0.119	0.458	−0.023	−0.218

2. 요인의 추출

요인추출에 사용되는 방법은 주성분분석(principal component analysis)과 공통요인분석(common factor analysis)이 있다. 주성분분석은 변수의 전체분산을 사용하는 반면 공통요인분석은 다른 모든 변수들과 공유하는 공통분산만을 사용한다. 주성분분석은 변수들의 분산-공분산 구조를 변수들의 적은 수의 선형결합, 즉 주성분으로 설명하고자 하며, 공통요인분석은 변수들 간에 내재하는 요인들로 공분산관계를 기술하고자 하는 목적을 가지고 있다. 변수의 수가 30개 이상이고 각 변수들의 공통분산값이 0.6 이상인 경우는 주성분성분과 공통요인분석의 결과 간에 거의 차이가 없다. 이 책에서는 주성분분석을 사용하여 설명할 것이다.

요인분석에서 추출되는 최대 요인의 수는 분석에서 사용한 모든 변수의 수와 같으므로, 자료의 축소를 위해서는 요인의 수를 제한해서 추출해야 한다. 요인의 수를 제한하게 되면 모든 요인을 이용하지 않게 되므로 각 변수의 분산이 다 설명되지 않게 된다. 따라서 주성성분분석에서는 변수들의 전체분산을 1로 설정하므로 공통분산의 값은 1보다 작게 된다. 요인을 추출하는 기준은 다음과 같다.

1) 고유값

고유값이 1보다 큰 요인들만 추출한다. 즉, 요인의 설명력이 상대적으로 큰 요인들만 추출한다. 요인추출의 기준으로 일반적으로 고유값(eigenvalue) 기준을 많이 사용한다.

2) 요인의 수의 사전 결정

연구자가 이론 및 설정한 모형에 의하여 요인의 수를 알고 있을 때 사용한다. 따라서 연구자가 요인의 수를 사전에 지정해서 그 수만큼 요인을 추출할 수 있다.

3) 추출한 요인들의 설명력의 합

각 요인들의 설명력을 합한 누적 설명력이 얼마 이상이 되도록 요인의 수를 추출하는 것이다. 따라서 사전에 누적 설명력의 합을 결정해야 한다. 〈표 16-3〉에서 누적 설명력이 80% 이상이 되도록 하려면 최소 3개의 요인을 추출해야 한다.

4) 스크리 도표

스크리 도표(scree plot)에서는 고유값의 크기로 요인들을 배치한다. 스크리 도표에서 한 요인을 추가할 때의 증가되는 설명력이 크지 않을 때 요인의 추가적 추출을 멈춘다. 즉, 꺾은선 그래프의 경사가 급격하게 줄어드는 곳에서 요인의 수를 결정한다. 〈그림 16-1〉에서는 4개까지 요인을 추출할 수 있다.

요인의 고유값이 1보다 큰 요인을 추출하는 경우 요인1과 요인2만 추출된다. 80% 이상의 누적 설명력을 원하는 경우는 요인을 3개 이상을 추출해야 누적 %가 80이 넘게 된다.

표 16-3 ● 설명된 총 분산

요인	초기 고유값			추출 제곱합 적재량		
	전체	% 분산	누적 %	전체	% 분산	누적 %
1	2.907	48.457	48.457	2.907	48.457	48.457
2	1.197	19.947	68.404	1.197	19.947	68.404
3	0.847	14.109	82.513			
4	0.431	7.190	89.704			
5	0.320	5.334	95.037			
6	0.298	4.963	100.000			

그림 16-1 • 스크리 도표

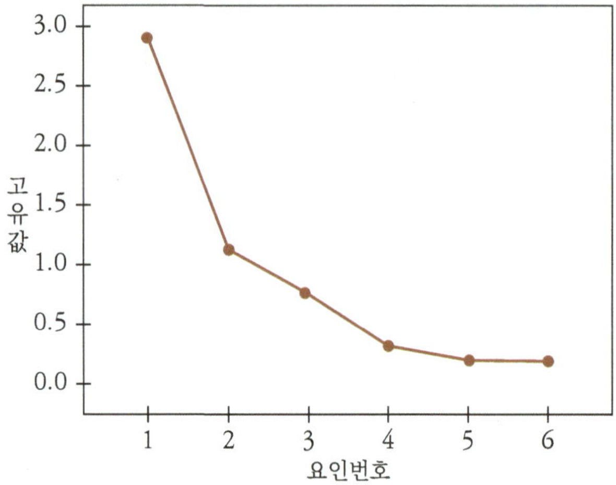

2. 요인의 회전

한 변수에 대하여 두 요인의 요인적재량이 높은 경우에 이 변수가 어느 한 요인에 높게 걸린다고 판정하기가 쉽지 않게 된다. 즉, 두 요인의 판별타당성이 낮아지게 된다. 따라서 판별타당성을 높이기 위하여 각 변수가 한 요인에만 매우 높은 요인적재량을 갖도록 요인을 회전시킬 필요가 있다. 〈그림 16-2〉에서 각 변수는 요인적재량에 의하여 두 요인을 축으로 하는 좌표에 표시할 수 있다. 변수가 어느 한 요인에 대하여 매우 가까워지도록 두 요인을 회전시키게 되면 요인적재량은 한 요인에 대하여 매우 높게 나타나고 다른 요인에 대하여는 매우 낮게 나타난다. 두 요인의 각을 직각으로 회전하는 베리멕스(Varimax) 방법이 비직각으로 회전하는 방법보다 더 많이 쓰인다.

요인분석 결과 uou1 항목은 요인1과 요인2에 절대값 크기로 요인적재량이 0.645, 0.579로 차이가 별로 없는 것으로 나타나고 있다. 따라서 한 요인에 높게 상관관계가 나타나도록 요인회전을 할 필요가 있다. 〈그림 16-2〉에서 보듯이 요인1과 요인2을 직각회전하여 uo1은 회전된 요인2에 요인적재량이 높도록 하였다. uou1은 요인의 회전후에는

그림 16-2 ● 요인의 회전

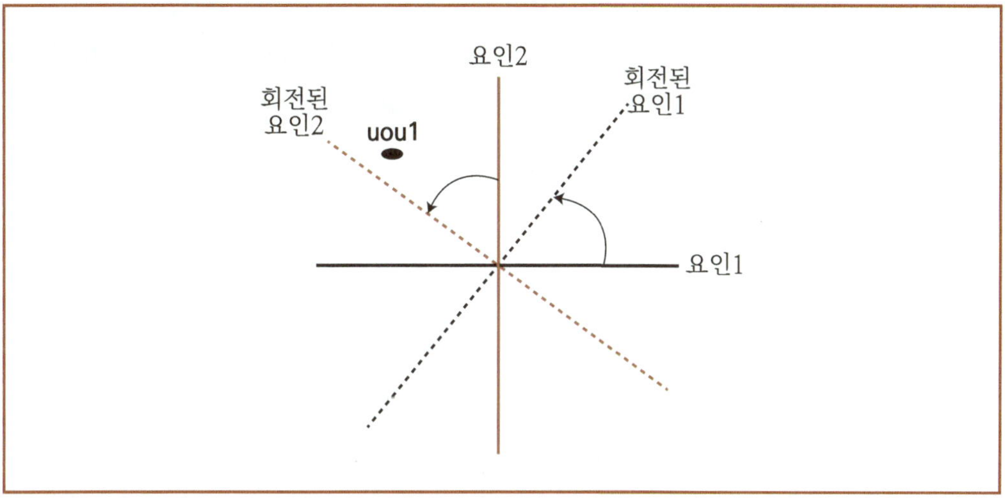

요인1에 0.152, 요인2에는 0.853으로 요인2와 높은 상관관계를 가지고 있다.

요인회전을 한 결과 〈표 16-5〉에서 보는 것과 같이 각 항목들이 한 요인에서만 요인적재량이 높은 것으로 나타나고 있다.

표 16-4 ● 원래의 요인행렬

	요인	
	1	2
uou1	0.645	−0.579
uou2	0.722	−0.501
uou3	−0.411	0.399
uou4	0.772	0.368
uou5	0.809	0.374
uou6	0.743	0.420

표 16-5 ● 회전된 요인행렬

	요인	
	1	2
uou1	0.152	0.853
uou2	0.260	0.839
uou3	−0.078	−0.567
uou4	0.835	0.185
uou5	0.868	0.203
uou6	0.844	0.127

3. 요인적재량을 통한 변수의 정제

요인회전을 한 후에 각 변수의 요인적재량은 한 요인에만 높게 나타나야 한다. 그러나 어떤 경우에는 요인회전 후에도 어떤 변수는 두 요인 이상에서 요인적재량이 높을 수 있다. 이러한 경우에는 이 변수를 제거해 주어야 한다. 또한 특정 변수의 요인적재량이 어느 요인에도 높지 않고 매우 낮게 나타나는 경우는 그 변수는 어느 요인도 잘 반영을 하지 못하게 된다. 따라서 이러한 변수도 또한 제거하여 요인의 변수들이 그 요인을 잘 반영하게 해 주어야 한다.

4. 요인별 신뢰도를 통한 변수의 정제

특정 요인에 높은 요인적재량을 갖는 변수들은 같은 요인을 나타내는 변수들이다. 따라서 이들 변수들은 서로 높은 상관관계를 가져야 한다. 일반적으로 크론바하 알파(Cronbach's alpha) 계수를 산출하여 상관계수가 낮은 변수는 제거한다. 크론바하 알파는 상관계수이므로 크론바하 알파 신뢰성계수가 0.6 이상이면 높다고 하며 0.6 미만이면 요인을 나타내는 변수들의 타당성이 의문시된다. 신뢰성계수가 0.6 미만이고 특정 변수를 생략할 때 신뢰성계수가 0.6 이상으로 향상되면 그 변수를 생략한다. 〈표 16-11〉과 〈표 16-12〉에서 신뢰성계수가 0.617인데 변수 uou3을 생략하면 신뢰성계수가 0.786으로 증가하고 있다. 그러나 신뢰성계수가 0.617로 높고 uou3의 요인적재량이 −0.567로 작지 않기 때문에 굳이 uou3을 제거할 필요는 없다.

5. 요인명의 결정

최종적으로 요인을 산출한 다음에는 요인의 해석을 위하여 요인명을 붙이는 것이 좋다. 요인명의 선정은 주관적이나 그 요인에 높은 요인적재량을 갖는 모든 변수들을 아우르는 요인명을 선정하는 것이 좋다. 〈표 16-5〉 회전된 요인행렬에서 요인1에 높게 걸린 항목들은 uou4, uou5, uou6으로 지역에 대한 기여에 대한 것이므로 지역사회 기여도라고 이름 붙일 수 있고, 요인2에 높게 걸린 항목들은 uou1, uou2, uou3으로 외부 사람들이 갖는 학교에 대한 인식이므로 학교의 평판이라고 이름 붙일 수 있다.

16.3 요인점수의 활용

요인분석의 결과는 차후 분석에 이용될 수 있다. 각 개인별로 각 요인에 대하여 요인점수(factor score)를 산출하여 모든 변수 대신에 모든 요인을 자료로 활용할 수 있다. 요인점수를 구하는 한 가지 방법은 회귀분석과 같이 각 변수들의 선형결합을 활용하는 것이다. 이렇게 구한 요인점수는 회귀분석에서 모든 변수 대신에 독립변수로 사용할 수 있다. 〈표 16-1〉의 예에서 uou1부터 uou6까지 6개의 변수를 독립변수로, 학교에 대

표 16-6 • 요인점수

	uou1	uou2	uou3	uou4	uou5	uou6	FAC1_1	FAC2_1
1	4	3	2	3	3	3	-.10492	1.24865
2	2	2	3	3	3	3	.41609	-1.16001
3	3	2	2	3	3	3	.13599	-.03779
4	2	3	3	2	2	3	-.60746	-.38334
5	1	1	4	2	1	2	-1.16711	-2.46420
6	2	2	3	2	2	2	-1.05184	-.83151
7	2	2	1	3	3	3	.18377	-.29516
8	2	2	3	2	2	2	-1.05184	-.83151
9	2	2	3	1	1	1	-2.51976	-.50301
10	2	2	3	2	3	2	-.57949	-.91768
11	3	3	3	3	4	3	.64752	.04026
12	2	3	3	3	3	3	.33911	-.56336
13	2	2	2	2	3	3	-.17430	-.63373
14	2	3	4	3	2	3	-.01707	-.90962
15	2	2	3	3	3	3	.41609	-1.16001
16	4	4	2	3	3	3	-.18189	1.84529
17	3	2	2	3	3	3	.13599	-.03779
18	2	3	3	3	3	3	.33911	-.56336
19	4	3	2	2	2	2	-1.57284	1.57715
20	3	3	3	4	4	3	1.12175	-.05360

한 소속감을 종속변수로 회귀분석을 실행하는 경우 uou1부터 uou6까지의 모든 변수를 사용하는 대신에 2개의 요인만 독립변수로 사용할 수 있다. 〈표 16-6〉의 uou1부터 uou6까지의 변수를 사용하여 요인분석을 실시한 후 SPSS 데이터 파일에 저장된 요인점수는 〈표 16-6〉과 같이 2개의 요인이 FAC_1 및 FAC_2로 데이터 파일에 저장된다.

16.4 요인분석의 유의사항

요인분석에 사용되는 변수들은 서로 간에 동등한 관계를 갖고 있어야 하므로 서로 간에 종속적인 관계를 가지면 안 된다. 따라서 다른 변수의 종속변수가 될 수 있는 변수는 제거해야 한다.

또한 변수들의 요인적재량이 여러 요인에 높게 나타나는 것은 통계적 분석에서 가능한 결과이므로 문제가 되지 않을 수 있으나 마케팅이나 경영학에서는 변수들이 두 요인 이상에서 높게 적재되는 경우 그 변수가 어느 요인에 속하는지를 명확하게 구분할 수 없게 되는 문제가 발생한다. 즉, 단일차원성(unidimensionality)에서 문제가 생기게 된다. 그러므로 변수들이 여러 요인에 높게 적재되는 경우에는 제거해서 그러한 변수들이 나타나지 않도록 다시 추정해야 한다. 반대로 변수가 어느 요인과도 요인적재량이 높지 않은 경우는 상관관계가 낮은 것이므로 그 변수도 제거하여 다시 추정해야 한다.

부록: 신뢰도

1. 신뢰도 계산

요인분석을 실행한 후에 각 요인별로 높게 적재된 항목들의 신뢰도를 계산해야 한다. 크론바하 알파값을 구하여 0.6 이상이면 신뢰성이 있다고 한다. 만약 특정 항목을 제거하여 신뢰도가 0.6 이상으로 높아지면 그 항목을 제거하여 신뢰도를 높일 수 있다. 요인적재량이 낮은 항목을 제거한 후에 다시 요인분석을 실행한 것처럼 크론바하 알파값을 낮추는, 즉 삭제된 경우 크론바하 알파값을 높이는 항목을 제거한 후에 요인분석을 다시 실행해야 한다.

2. 음이나 작은 신뢰도값

설문에서 어떤 항목을 다른 항목들과 달리 반대방향으로 코딩한 경우 요인분석에서 한 요인의 항목들의 요인적재량의 값이 양과 음이 함께 나오게 되어 신뢰성계수가 음이나 매우 작은 값으로 나올 수 있다.

예를 들면, 서비스의 만족도를 1점이 전혀 만족하지 않는다에서 5점이 매우 만족한다인데, 제품만족도는 1점이 매우 만족한다에서 5점이 전혀 만족하지 않는다로 작성한 경우 만족도요인에 서비스만족도와 제품만족도가 높게 걸리는 경우 신뢰도계수는 음의 값이나 매우 작은 값을 갖게 된다. 이러한 경우 한 쪽을 코드변경하여, 즉 같은 방향으로 만들어 주어야 한다.

요인1에서 제품만족도를 반대로 코딩 변경한다면 1은 5로, 2는 4로, 3은 3으로, 4는 2로, 5는 1로 값을 변경해야 한다.

표 16-7 • 신뢰도 통계량

Cronbach의 알파	항목 수
0.834	3

표 16-8 • 항목 총계 통계량

	항목이 삭제된 경우 척도 평균	항목이 삭제된 경우 척도 분산	수정된 항목 – 전체 상관계수	항목이 삭제된 경우 Cronbach 알파
uou4	5.75	2.308	0.679	0.786
uou5	5.64	2.105	0.744	0.720
uou6	5.85	2.441	0.666	0.799

요인1에 높게 걸린 uou4, uou5, uou6의 크론바하 알파값은 0.834로 신뢰도가 높게 나타나고 있다.

표 16-9 • 신뢰도 통계량

Cronbach의 알파	항목 수
0.079	3

표 16-10 • 항목 총계 통계량

	항목이 삭제된 경우 척도 평균	항목이 삭제된 경우 척도 분산	수정된 항목 – 전체 상관계수	항목이 삭제된 경우 Cronbach 알파
uou1	5.45	0.928	0.342	−0.844
uou2	5.71	0.916	0.262	−0.663
uou3	5.57	2.037	−0.302	0.786

요인2에 높게 걸린 uou1, uou2, uou3의 크론바하 알파값은 0.079가 나오고 있고, uou1이 삭제된 경우 크론바하 알파값은 —0.844로 나오고 있다. 이는 uou3가 uou1과 uou2와 달리 역코딩되어 있기 때문이다. 따라서 uou3을 반대로 코딩 변경하여 다시 크론바하 알파값을 구한 결과 0.617로 나와서 신뢰도가 양호한 것으로 나타나고 있다.

표 16-11 ● 신뢰도 통계량

Cronbach의 알파	항목 수
0.617	3

표 16-12 ● 항목 총계 통계량

	항목이 삭제된 경우 척도 평균	항목이 삭제된 경우 척도 분산	수정된 항목 – 전체 상관계수	항목이 삭제된 경우 Cronbach 알파
uou1	5.6654	2.494	0.512	0.434
uou2	5.9308	2.273	0.545	0.369
uou3	5.5731	2.037	0.297	0.786

부록: SPSS 사용방법

요인분석

분석(A) → 차원 축소(D) → 요인분석(F)

변수 (모든 변수 선택)

기술통계: 통계량: 일변량기술통계, 상관행렬: 계수

→ 계속

요인추출: 방법: 주성분

분석: 상관행렬 (또는 공분산행렬)

출력: 회전하지 않은 요인해법, 스크리 도표

추출: 고유값 기준: 1 (또는 고정된 요인의 수 선택 후 요인의 수를 입력)

→ 계속

요인회전: 방법: 베리멕스

표시: 회전 해법

→ 계속

점수: 변수로 저장

방법: 회귀

요인점수 계수행렬 표시

→ 계속

옵션: 결측값: 목록별 결측값 제외

계수출력형식: 크기순 정렬

→ 계속 → 확인

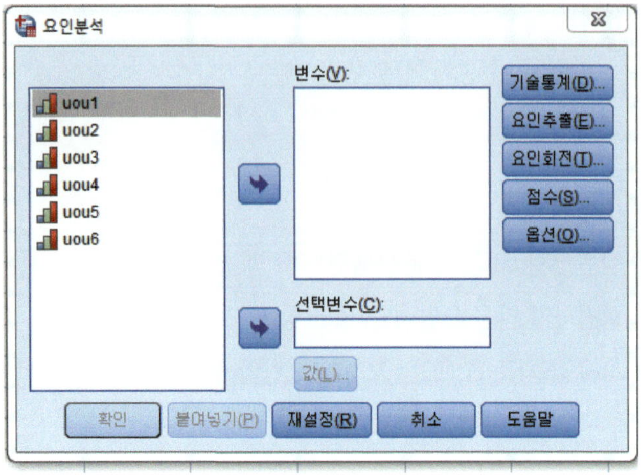

신뢰도계수 (각 요인별로 실행)

분석(A) → 척도분석(A) → 신뢰도 분석(R)

항목 (한 요인에 높게 걸린 항목들만 선택: 요인1: uou4, uou5, uou6)

모형: 알파

통계량: 다음에 대한 기술통계량: 항목, 항목 제거 시 척도

→ 계속 → 확인

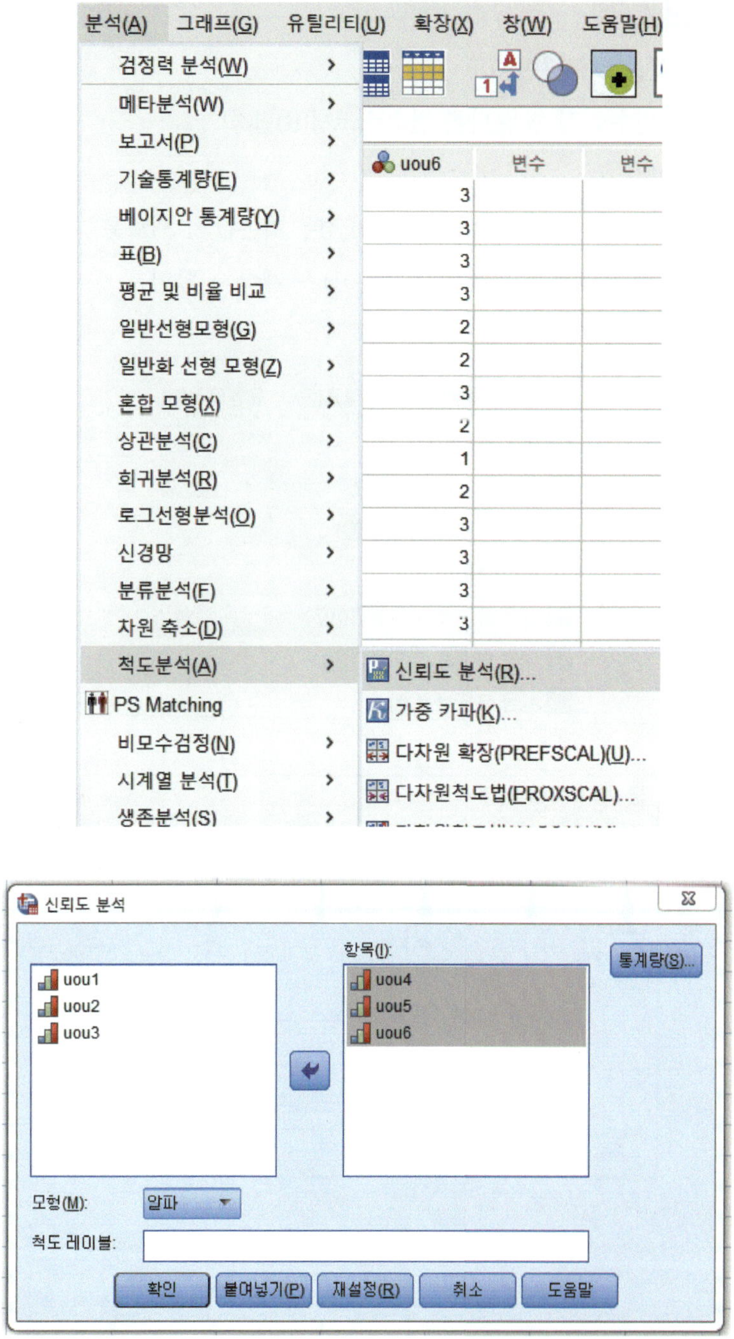
분석(A)
그래프(G)
유틸리티(U)
확장(X)
창(W)
도움말(H)
검정력 분석(W)
메타분석(W)
보고서(P)
기술통계량(E)
베이지안 통계량(Y)
표(B)
평균 및 비율 비교
일반선형모형(G)
일반화 선형 모형(Z)
혼합 모형(X)
상관분석(C)
회귀분석(R)
로그선형분석(O)
신경망
분류분석(F)
차원 축소(D)
척도분석(A)
PS Matching
비모수검정(N)
시계열 분석(T)
생존분석(S)
uou6
변수
변수
신뢰도 분석(R)...
가중 카파(K)...
다차원 확장(PREFSCAL)(U)...
다차원척도법(PROXSCAL)...
신뢰도 분석
항목(I):
통계량(S)...
uou1
uou2
uou3
uou4
uou5
uou6
모형(M):
알파
척도 레이블:
확인
붙여넣기(P)
재설정(R)
취소
도움말

코딩변경(Recode)

변환(T) → 같은 변수로 코딩변경(S)

(다른 변수로 할 경우 다른 변수로 코딩(R)변경)

변수(예: uou3 선택)

→ 기존값 및 새로운 값: (입력방법: 5점 척도인 경우 기존값: 1 새로운 값: 5 → 추가, 다른 값도 모두 변경요, 2 → 4, 3 → 3, 4 → 2, 5 → 1) → 계속 → 확인

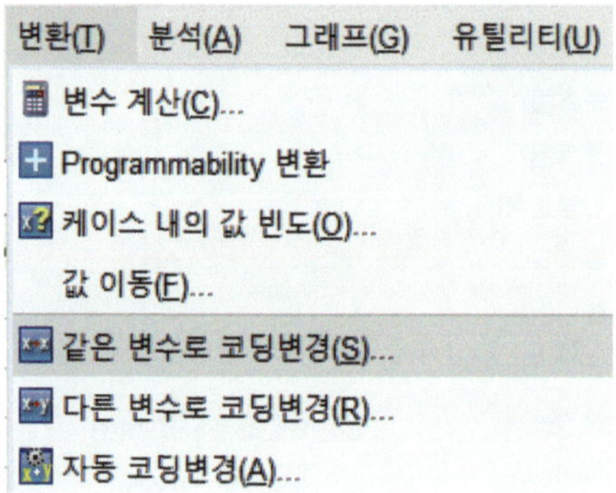

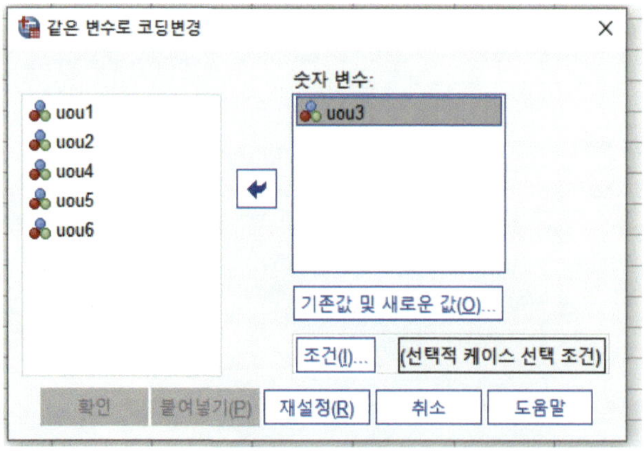

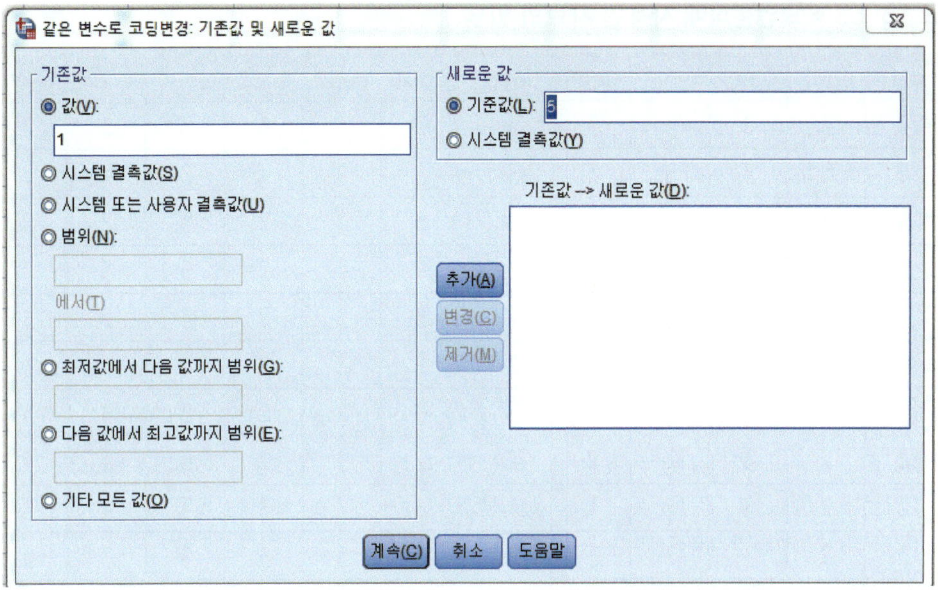
같은 변수로 코딩변경: 기존값 및 새로운 값
기존값
값(V):
1
시스템 결측값(S)
시스템 또는 사용자 결측값(U)
범위(N):
에서(T)
최저값에서 다음 값까지 범위(G):
다음 값에서 최고값까지 범위(E):
기타 모든 값(O)
새로운 값
기준값(L):
5
시스템 결측값(Y)
기존값 --> 새로운 값(D):
추가(A)
변경(C)
제거(M)
계속(C)
취소
도움말

표 16-13 • 요인분석에 사용된 자료의 일부

uou1	uou2	uou3	uou4	uou5	uou6	uou1	uou2	uou3	uou4	uou5	uou6
4	3	2	3	3	3	2	1	4	3	2	2
2	2	3	3	3	3	3	2	4	3	2	2
3	2	2	3	3	3	3	2	2	3	2	3
2	3	3	2	2	3	4	4	2	3	3	2
1	1	4	2	1	2	3	3	2	3	2	3
2	2	3	2	2	2	2	2	3	1	1	1
2	2	1	3	3	3	3	2	2	3	3	3
2	2	3	2	2	2	2	3	2	4	4	4
2	2	3	1	1	1	3	3	3	4	4	3
2	2	3	2	3	2	3	3	3	3	3	3
3	3	3	3	4	3	4	4	1	4	4	4
2	3	3	3	3	3	5	4	2	4	2	2
2	2	2	2	3	3	3	3	2	3	3	3
2	3	4	3	2	3	2	2	2	3	2	1
2	2	3	3	3	3	3	3	3	3	3	3
4	4	2	3	3	3	3	2	2	3	3	3
3	2	2	3	3	3	3	3	4	3	3	3
2	3	3	3	3	3	3	3	3	4	3	3
4	3	2	2	2	2	3	3	2	3	4	4
3	3	3	4	4	3	3	3	2	3	3	3
3	3	4	2	2	2	3	2	3	3	3	3
1	1	3	2	3	3	2	3	2	3	4	3
2	2	4	2	3	2	2	2	3	2	2	2
3	3	3	3	4	2	3	2	2	3	4	3
2	1	3	2	2	2	2	2	3	3	2	2

실습과제

〈표 16-13〉의 50개의 자료를 가지고 요인분석을 실시하라. 또한 각 요인별 신뢰도를 구하라.

CHAPTER 17

군집분석

군집분석은 대상들을 유사성에 의하여 군집으로 묶는 기법이다. 군집화방법은 크게 계층적 군집화방법과 비계층적 군집화방법으로 구분된다. 계층적 군집화방법으로 묶인 집단을 비계층적 군집화방법으로 묶인 집단과 비교하여 확인할 수 있다.

17.1 군집분석의 목적

군집분석(cluster analysis)은 대상들을 군집으로 묶기 때문에 마케팅 기본전략 중 하나인 시장세분화에 이용된다. 시장세분화는 시장을 세분시장으로 구분하는 것을 의미한다. 즉, 시장인 전체 소비자들을 그 특성에 의하여 세분시장들로 묶는 것이다. 모든 사람의 욕구가 다 같다고 생각하는 대중마케팅(mass marketing)은 전체 소비자를 하나의 군집으로 묶는 것을 말하지만, 사람들의 욕구가 같지 않으므로 하나가 아니라 여러 개의 세분시장으로 구분한다면 이는 세분화마케팅으로 전체 소비자를 몇 개의 군집으로 묶는 것을 말한다. 세분화마케팅에서 더 나아가 각 개인의 욕구를 차별적으로 충족시키는 1:1 마케팅은 각 개인을 한 군집으로 보는 것이라고 할 수 있다. 군집분석에서도 군집의 수는 일률적으로 고정되어 있는 것이 아니라 어느 정도로 유사한 집단들을 한 군집으로 묶을 것인가에 따라 달라진다. 군집분석에서 소비자들뿐 아니라 제품들도 대상으로 간주하여 군집분석을 사용할 수 있다.

이와 같이 마케팅원론에서 배운 시장세분화가 통계 분석기법인 군집분석을 사용하여 실제적으로 행해지게 된다. 그러므로 내용과 방법 모두를 알고 있어야 특정 전략을 실제적으로 실행할 수가 있다.

17.2 군집분석의 실행

1. 유사성의 계산

대상 간의 유사성은 일반적으로 유클리드(Euclidian) 거리에 의하여 구해진다.

2차원인 경우 두 점의 좌표가 (X_1, Y_1) (X_2, Y_2) 일 때 두 점 간의 유클리드 거리를 구하는 식은 다음과 같다.

$$\text{두 점 간의 거리} = \sqrt{(X_2 - X_1)^2 + (Y_2 - Y_1)^2}$$

2. 군집화방법

군집화방법은 크게 계층적 군집화방법과 비계층적 군집화방법으로 구분된다. 계층적 군집화방법은 대상이 한 군집에 속하게 되면 군집화가 계속되어도 끝까지 그 군집에 남아 있는 방법인 반면에 비계층적 군집화방법은 대상이 어떤 군집에 속해 있더라도 군집화를 하면서 대상과 군집의 거리를 계산하여 가장 가까운 군집으로 재배정하게 되어 속하는 군집이 바뀔 수 있는 방법이다.

1) 계층적 군집화방법

계층적 군집화방법에서 대상(또는 군집)과 군집(또는 대상) 간의 거리를 산정하는 방법에 의하여 단일결합법(single linkage method), 완전결합법(complete linkage method), 평균결합법(average linkage method), Ward의 방법 등이 있다.

예 ::: 군집분석을 위한 자료

대상을 한 변수(예: 제품의 품질)로만 10점 척도로 측정한 경우 5개의 대상의 평가가 A는 1, B는 4, C는 5, D는 7.5, E는 9.5라고 하자.

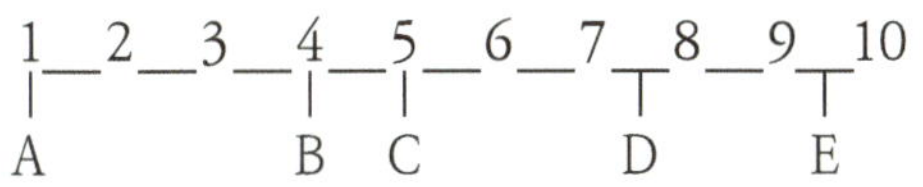

서로 다른 대상 간의 거리는 다음과 같은 행렬로 표시할 수 있다. 5개의 대상이 있으므로 각 대상을 군집으로 간주하면 5개의 군집이 존재한다.

	A	B	C	D	E
A					
B	3.0				
C	4.0	1.0			
D	6.5	3.5	2.5		
E	8.5	5.5	4.5	2.0	

(1) 단일결합법

단일결합법은 군집(또는 대상)과 군집 간의 거리를 최단거리로 산정하는 것이다. 즉, 두 군집의 대상들 간의 거리 중 가장 가까운 거리를 두 군집의 거리로 정하는 것이다.

가장 거리가 짧은 두 대상이 먼저 군집을 형성한다. 앞의 예에서 가장 거리가 짧은 두 대상은 B와 C이다. B와 C를 먼저 한 군집으로 묶는다.

BC군집과 각 대상 간의 거리는 최단거리로 구한다. BC의 군집과 3개의 대상이 있으므로 4개의 군집이 존재한다. 각 군집과 대상들 간의 거리를 구하면 다음 행렬과 같다.

	A	BC	D	E
A				
BC	3.0			
D	6.5	2.5		
E	8.5	4.5	2.0	

현 행렬에서 가장 작은 숫자 즉 가장 거리가 작은 것은 2.0으로 D와 E 간의 거리이다. 따라서 D와 E를 군집으로 묶는다. BC, DE의 군집과 A가 있으므로 3개의 군집이 존재한다. 각 군집과 대상들 간의 거리를 구하면 다음 행렬과 같다.

	A	BC	DE
A			
BC	3.0		
DE	6.5	2.5	

현 행렬에서 가장 작은 숫자 즉 가장 거리가 작은 것은 2.5로 BC와 DE 간의 거리이다. 따라서 BC와 DE를 군집으로 묶는다. BCDE와 A가 있으므로 2개의 군집이 존재한다. 각 군집과 대상들 간의 거리를 구하면 다음 행렬과 같다.

	A	BCDE
A		
BCDE	3.0	

현 행렬에서는 A와 BCDE 밖에 없으므로 이를 묶는다면, ABCDE의 한 군집으로 묶이게 된다.

이들 대상이 묶여지는 순서를 그림으로 보인 것을 덴드로그램(dendrogram)이라고 한다. 〈그림 17-1〉은 앞의 예에서 대상들이 묶이는 순서를 보여준다.

(2) 완전결합법

완전결합법은 군집(또는 대상)과 군집 간의 거리를 최장거리로 산정하는 것이다. 즉, 두 군집의 대상들 간의 거리 중 가장 먼 거리를 두 군집의 거리로 정하는 것이다.

그림 17-1 ● 덴드로그램

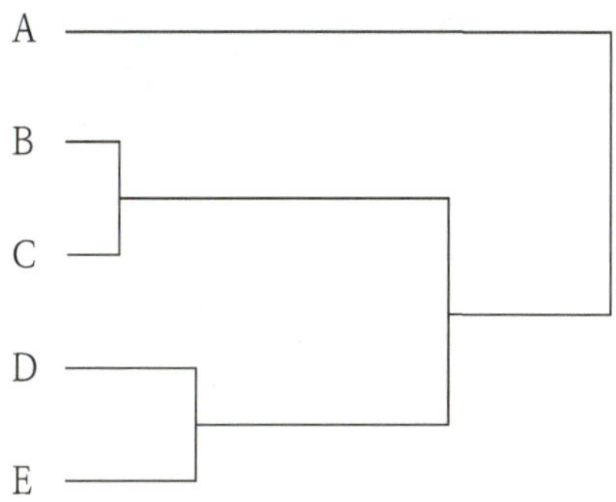

(3) 평균결합법

평균결합법은 군집(또는 대상)과 군집 간의 거리를 평균거리로 산정하는 것이다. 즉, 두 군집의 대상들 간의 모든 거리를 평균하여 두 군집의 거리로 정하는 것이다.

(4) Ward의 방법

Ward의 방법에서는 두 군집(또는 대상) 간의 거리를 두 군집에 속한 대상들의 평균에서 각 대상들이 얼마나 떨어져 있는지로 측정한다. 군집내의 각 대상들 측정치와 평균과의 차이의 제곱합으로 계산한다.

$$\text{두 군집 간의 거리} = \sum_{i=1}^{n}(X_i - \overline{X})^2$$

n: 두 군집에 속한 대상들의 수

먼저 각 대상들 간의 거리를 공식에 따라 구해야 한다. 앞의 예에서 A의 값은 1, B는 4, C는 4, D는 7.5, E는 9.5이다. 두 대상 A와 B 간의 거리를 구하면

AB의 평균은 $(1+4)/2 = 2.5$

AB의 거리 $= (1-2.5)^2 + (4-2.5)^2 = 4.5$

이러한 방식으로 각 대상들 간의 거리를 구하면 다음 행렬과 같다.

	A	B	C	D	E
A					
B	4.5				
C	8.0	0.5			
D	10.5625	3.625	3.125		
E	18.0625	8.125	5.125	2.0	

가장 거리가 짧은 두 대상은 B와 C이므로 먼저 군집을 이룬다. 각 군집과 대상들 간의 거리를 구하면 다음 행렬과 같다.

	A	BC	D	E
A				
BC	8.6667			
D	10.5625	6.5		
E	18.0625	11,1667	2.0	

가장 거리가 짧은 두 대상은 D와 E이므로 군집을 이룬다. 각 군집과 대상들 간의 거리를 구하면 다음 행렬과 같다.

	A	BC	DE
A			
BC	8.6667		
DE	39.5	18.5	

가장 거리가 짧은 두 대상은 A와 BC이므로 A와 BC가 군집을 이루게 되며, ABC와 DE 두 군집밖에 없으므로 최종 ABC와 DE가 묶여져 군집이 하나가 된다.

2) 비계층적 군집화방법

비계층적 군집화방법은 각 대상과 군집 간의 거리를 계산하여 대상을 가장 가까운 군집으로 재배정하게 된다. 비계층적 군집화방법으로 많이 쓰이는 기법인 K-means 방법을 설명한다.

K-means 방법은 다음과 같은 절차로 행해진다.

1. 전체 대상을 K 군집으로 나눈다.
2. 각 대상들을 각 군집의 중심으로부터의 유클리드 거리를 계산하여 더 가까운 군집에 재배정한다.
3. 2번째를 반복하여 더 이상의 재배성이 일어나지 않을 때 군십분석을 범춘다.

최종 결과에서 K개의 각 군집에 속한 대상들과 그 군집의 속성의 중심값(평균값)을 제시해 준다.

17.3 군집분석의 결과

앞의 예를 가지고 SPSS를 사용하여 단일결합법으로 계층적 군집분석을 실행한 결과는 다음과 같다.

표 17-1 ● 자료 입력

	V1
1	1.00
2	4.00
3	5.00
4	7.50
5	9.50

표 17-2 ● 군집화 일정표

단계	결합 군집	
	군집 1	군집 2
1	2	3
2	4	5
3	2	4
4	1	2

그림 17-2 • 군집분석 결과의 덴드로그램

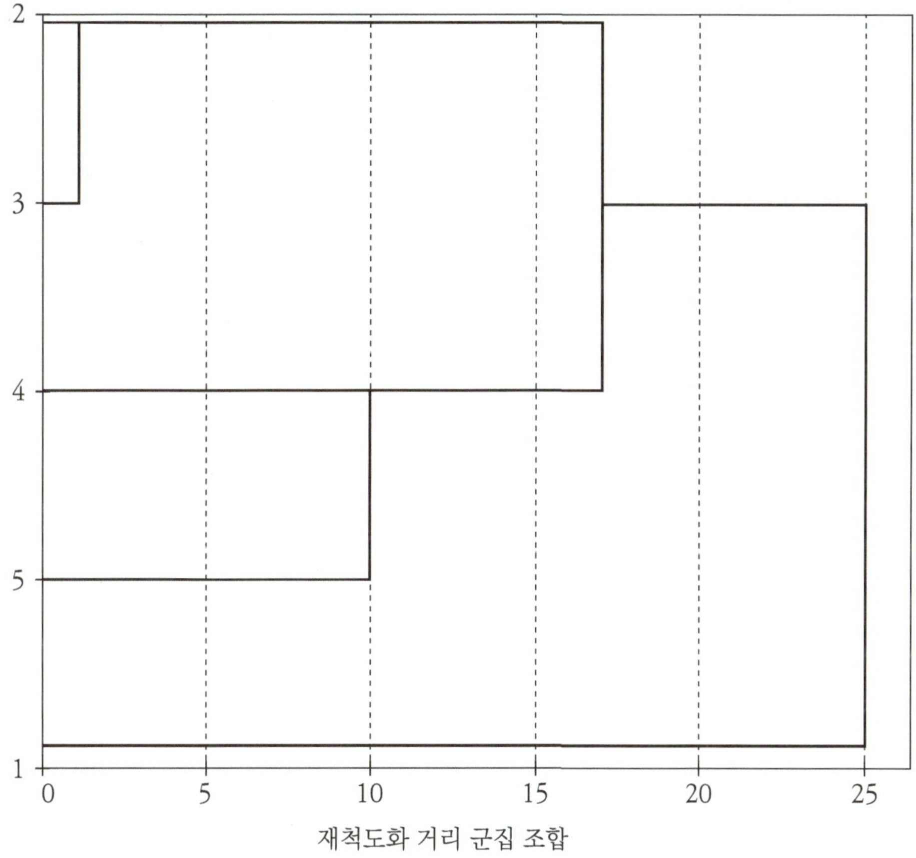

1단계에서 2와 3이 군집을 형성하고 2단계에서는 4와 5가 군집을 형성하고 3단계에서는 2과 속한 군집과 4가 속한 군집이 묶이며, 4단계에서 1과 2가 속한 군집이 최종적으로 군집을 형성한다.

비계층적 군집화인 K-means 방법으로 3개의 군집으로 군집화를 하면 결과는 〈표 17-3〉과 같다.

표 17-3 • 소속군집

케이스 번호	군집	군집중심에서의 거리
1	1	0.000
2	2	0.500
3	2	0.500
4	3	1.000
5	3	1.000

표 17-4 • 최종 군집중심

	군집		
	1	2	3
distance	1.00	4.50	8.50

K-means 방법을 사용한 군집결과에 의하면 대상 1이 한 군집으로, 대상 2와 3이 한 군집으로, 그리고 대상 4와 5는 한 군집으로 묶여져 대상들이 3개의 군집으로 나누어진다. 군집1의 지각된 품질 중심값은 1.0이고 군집2의 중심값은 4.50이고, 군집3의 중심값은 8.50이다.

비계층적 군집화방법인 K-means 방법과 계층적 방법인 단일결합법의 분류결과는 대상의 소속집단이 같게 나타나고 있다.

17.4 군집분석의 유의사항

군집분석은 시장세분화에 사용되는 기법이다. 동일 집단 내에서는 대상들은 서로 동질적이어야 하며 다른 집단 간에는 서로 이질적이어야 한다. 마케팅 STP(Segmentation-Targeting-Positioning) 전략에서 시장세분화는 표적화로 이어지게 된다. 즉, 군집분석은 표적화를 하기 위한 전단계인 시장세분화를 하기 위한 것이다. 그러므로 표적화를 하기 위해서는 각 세분시장의 특성의 비교가 이루어져야 한다. 따라서 비교를 위하여 각 군집들의 프로필(profile)의 평가가 이루어져야 한다. 평균값은 그 집단을 대표하는 값이기 때문에 각 군집들의 프로필로서 평균값을 많이 이용한다. K-means 방법에서는 최종 군집중심이 변수의 평균값이다.

부록

SPSS 사용방법: 군집분석

계층적 군집분석

분석(A) → 분류분석(F) → 계층적 군집분석(H)

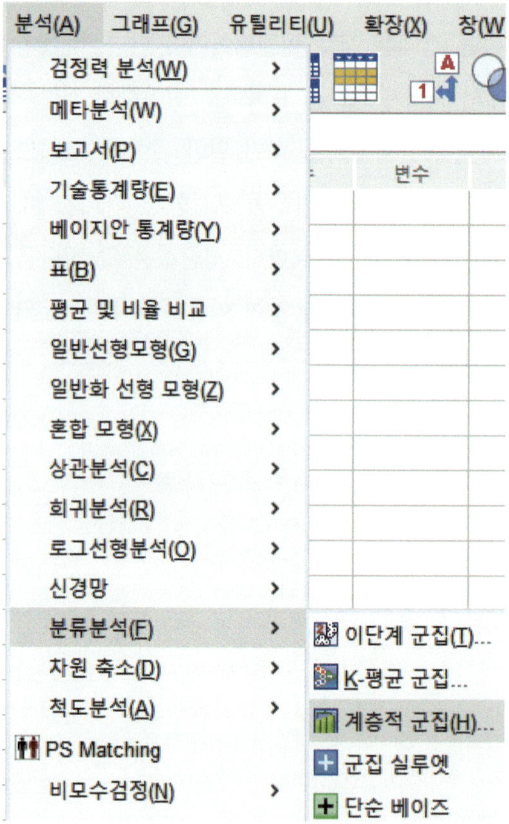

변수 지정: (모든 변수 예: V1)

군집 기준: 케이스 (순서번호가 케이스번호가 됨)

표시: 통계량, 도표

통계량: 군집화일정표 → 계속

도표: 덴드로그램 → 계속

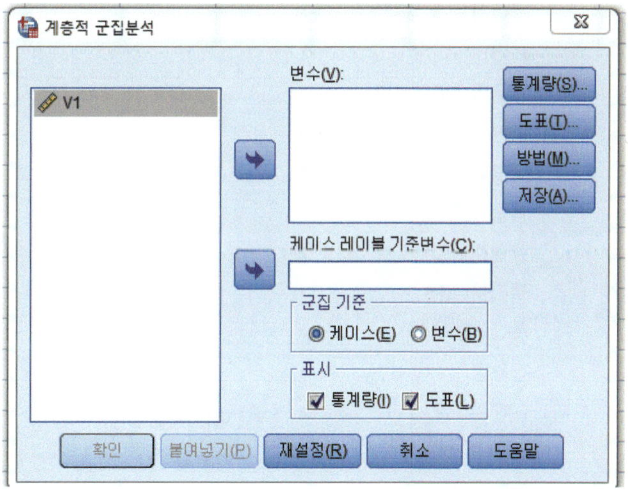

방법: 군집방법: 최근접 이웃 선택 (또는 가장 먼 이웃, 집단-간 연결, Ward의 방법)

→ 계속

→ 확인

비계층적 군집분석

분석(A) → 분류분석(F) → K-평균 군집분석

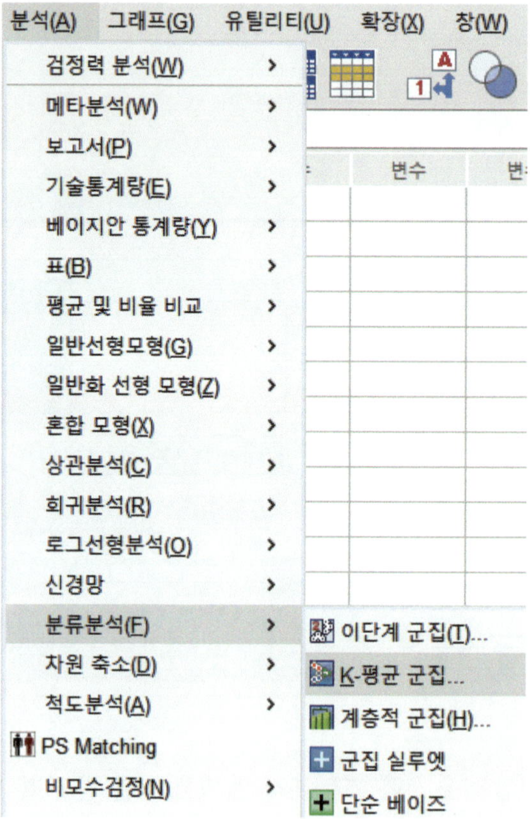

변수 지정

군집의 수 지정 (예: 3)

방법: 반복계산 및 분류하기

옵션: 통계량 → 각 케이스의 군집정보 → 계속

군집중심

최종값 저장: 새 데이터 세트(파일이름 지정, 예: clusterout)

→ 확인

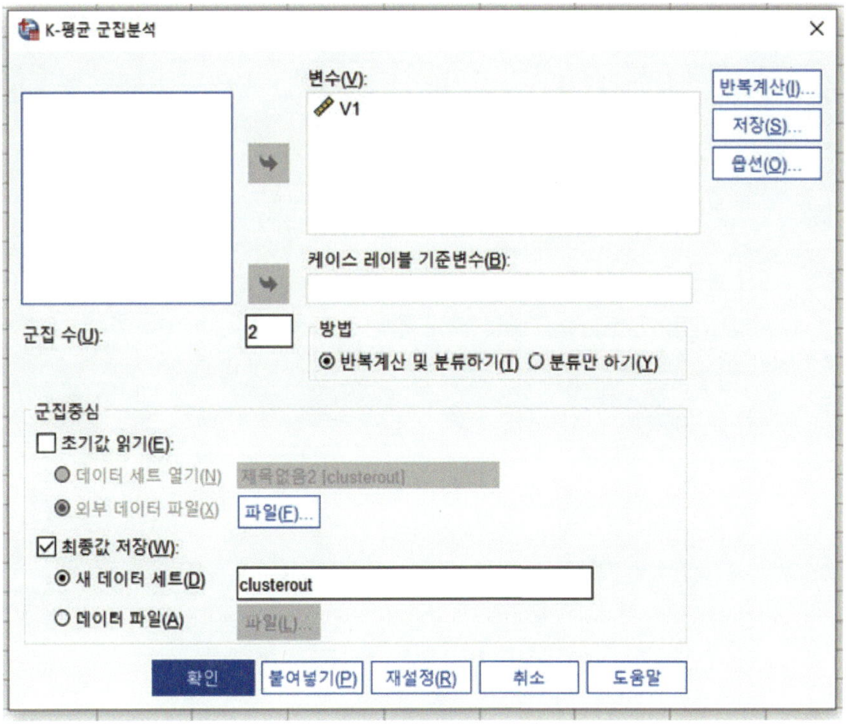

실습과제

〈표 10-1〉의 자료를 사용하여 계층적 군집분석과 비계층적 군집분석을 실행하고 결과를 비교하라.

CHAPTER

18

다차원척도법

다차원척도법은 응답자의 대상에 대한 지각을 시각적으로 나타내는 기법이다. 따라서 다차원척도법은 마케팅전략 중 제품지각도를 그리는 기법으로 사용된다.

18.1 다차원척도법의 목적

다차원척도법(multidimensional scaling)은 일반적으로 소비자의 제품에 대한 지각을 시각적으로 나타내는 기법으로 사용된다. 마케팅 기본 전략 중 군집분석에 의하여 시장세분화를 행한 후에는 이들 세분시장 중에서 표적시장을 선택하는 표적화(targeting)를 하게 된다. 그 다음으로 선택한 시장에서의 소비자들이 우리 제품을 경쟁제품들과 비교하여 어떻게 지각하고 있는지를 파악하게 된다. 이러한 경쟁제품들의 상대적 위치를 그림으로 나타낸 것이 제품지각도이며 이러한 제품지각도를 그리는 기법이 다차원척도법이다. 따라서 다차원척도법은 마케팅믹스 변수들에 의하여 소비자에게 제품의 이미지가 어떻게 심어졌는지 즉 어떻게 포지셔닝(Product positioning)이 되었는지를 확인하는데 사용된다.

예를 들어 콜라에 대하여 전체 소비자들을 연령 또는 직업에 의하여 세분화하고 젊은 층을 표적화하였으면 이들 젊은 층들이 콜라제품들에 대하여 어떻게 지각하고 있는지를 소비자조사를 통하여 얻은 자료를 가지고 다차원척도법을 사용하여 제품지각도를 그릴 수 있다.

18.2 다차원척도법의 실행

1. 대상의 선정

먼저 비교되는 대상을 선정해야 한다. 비교되는 대상들은 비교가 타당하고 동등해야 한다. 다차원척도법이 타당하기 위해서는 비교대상의 수는 차원의 수의 4배보다 큰 것이 좋다. 예를 들어 2차원에 지각도를 그리는 경우 비교대상의 수는 8개보다 큰 것이 좋다.

2. 자료의 수집

자료를 얻는 방식으로 크게 세 가지를 들 수 있다. 1) 대상 간의 유사성을 등간척도에 의하여 측정하거나, 2) 각 대상별로 속성을 측정하거나, 3) 대상 간의 유사성을 서열척도에 의하여 측정한다.

3. 차원의 수의 결정

차원의 수를 결정하는 한 가지 방법은 조사자의 주관적 평가로 조사자가 적절하다고 생각하는 차원의 수를 결정할 수 있다. 그러나 3차원 이상인 경우에는 지각도를 해석하기가 쉽지 않다.

차원의 수를 결정하는 또 다른 방법은 적합도 지수를 사용하는 것이다. Kruskal의 스트레스(stress)값은 차원수에 따른 실제거리와 추정거리가 얼마나 차이가 나는지를

표 18-1 • 스트레스값과 적합도

스트레스값	적합도
0.2 이상	매우 나쁨
0.2	나쁨
0.1	보통
0.05	좋음
0.025	매우 좋음
0	완벽

나타내는 적합도 지수이다. 차원이 증가할수록 스트레스값은 감소하게 된다. 스트레스값이 0.05 이하이면 적합도는 좋은 것으로 평가된다.

$$\text{스트레스} = \sqrt{\frac{\sum(d_{ij}-\hat{d}_{ij})^2}{\sum d_{ij}^2}}$$

d_{ij}: 대상 i와 j 간의 실제거리

$\hat{d}_{ij}$: 대상 i와 j 간의 추정거리

18.3 다차원척도법의 실례

여러 방법 중에서 자료를 수집하는 세 가지 방법을 가지고 어떻게 실행하는지 설명한다. 청량음료 브랜드를 사용하여 다차원척도법을 실행하며 사용된 브랜드는 다음과 같다 — 코카콜라, 펩시콜라, 닥터페퍼, 킨사이다, 스프라이트, 세븐업, 칠성사이다, 환타, 마운틴듀.

1. 데이터가 대상 간의 유사성에 의하여 얻어진 경우

대상 간의 유사성 자료를 다음과 같은 질문을 통하여 얻는다. 사용된 척도는 7점 등간척도이다. 비교대상의 수가 9개이므로 전체 비교 쌍의 수는 36개이다.

다음에 제시되는 청량음료들의 유사성을 평가하여 주시기 바랍니다.

	전혀 다르다			보통이다			매우 유사하다
1. 코카콜라-펩시콜라	1	2	3	4	5	6	7
2. 코카콜라-닥터페퍼	1	2	3	4	5	6	7
3. 코카콜라-킨사이다	1	2	3	4	5	6	7
4. 코카콜라-스프라이트	1	2	3	4	5	6	7
5. 코카콜라-세븐업	1	2	3	4	5	6	7
6. 코카콜라-칠성사이다	1	2	3	4	5	6	7
7. 코카콜라-환타	1	2	3	4	5	6	7

	전혀 다르다			보통이다			매우 유사하다
8. 코카콜라-마운틴듀	1	2	3	4	5	6	7
9. 펩시콜라-닥터세닥	1	2	3	4	5	6	7
10. 펩시콜라-킨사이다	1	2	3	4	5	6	7
11. 펩시콜라-스프라이트	1	2	3	4	5	6	7
12. 펩시콜라-세븐업	1	2	3	4	5	6	7
13. 펩시콜라-칠성사이다	1	2	3	4	5	6	7
14. 펩시콜라-환타	1	2	3	4	5	6	7
15. 펩시콜라-마운틴듀	1	2	3	4	5	6	7
…							
36. 환타-마운던듀	1	2	3	4	5	6	7

1명에 대하여 위의 설문을 사용하여 다음과 같은 자료를 얻었다고 하자.

철수 7 6 2 2 2 2 1 3 5 2 2 3 3 1 1 2 2 2 2 1 3 7 6 6 1 3 6 6 1 3 6 3 1 3 1 5

SPSS에 입력된 자료는 다음과 같다.

	B1	B2	B3	B4	B5	B6	B7	B8	B9
1	0	.	.	.	.	.	.	.	.
2	7	0	.	.	.	.	.		
3	6	5	0	.	.	.	.	.	.
4	2	2	2	0	.	.	.	.	.
5	2	2	2	7	0	.	.	.	.
6	2	3	2	6	6	0	.	.	.
7	2	3	2	6	6	6	0	.	.
8	1	1	1	1	1	3	3	0	.
9	3	1	3	3	3	1	1	5	0

SPSS 사용방법은 다음과 같다.

자료입력 후 '변수보기'에 변수이름 정의

분석(A) → 척도분석(A) → 다차원척도법(ALSCAL)(M)

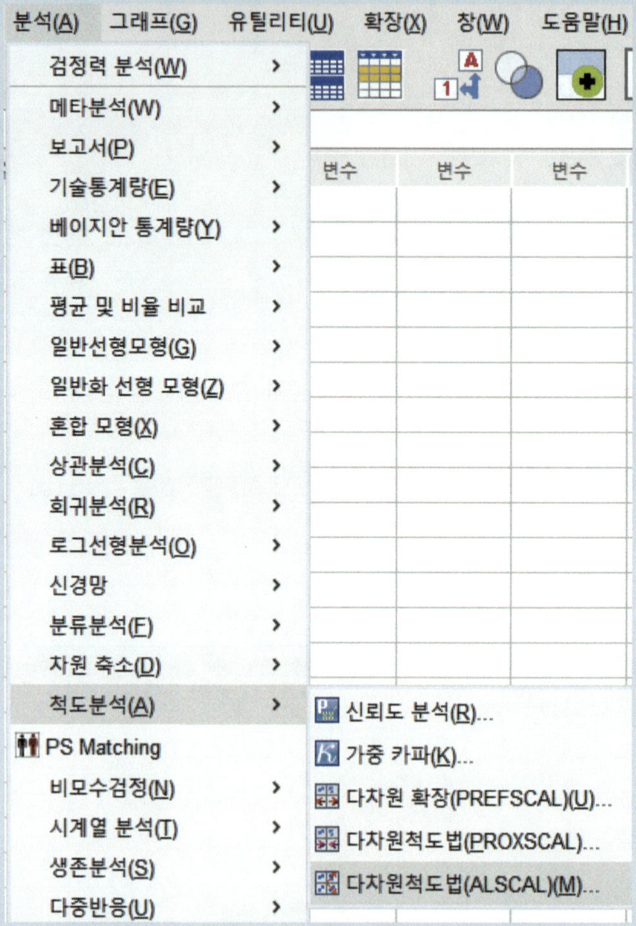

변수(V) 지정 (모든 대상을 다 지정; B1부터 B9까지)

거리: 데이터자체가 거리행렬(A)

행렬형태: 정방대칭형(S)

모형: 측정수준: 구간(I)

척도화모형: 유클리디안 거리(E)

조건부: 행렬(M)

차원: 최소값(N): 2 , 최대값(X): 2 → 계속

옵션: 표시: 집단 도표(G) → 계속

→ 확인

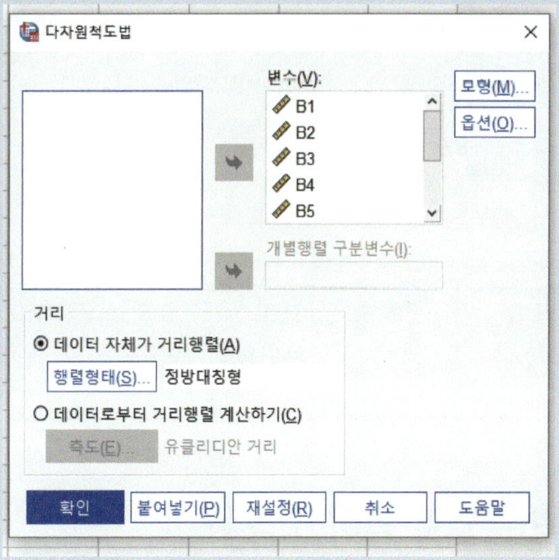

다차원척도법을 실행하면 얻어진 지각도는 〈그림 18-1〉처럼 나타난다.

〈그림 18-1〉에서 보듯이 컴퓨터결과는 단지 차원1 그리고 차원2로 표시하고 있다. 즉, 각 차원이 무엇인지 알려주지는 않는다. 각 대상들의 위치를 보고 차원명을 결정해야 한다. 〈그림 18-1〉에서 오른쪽 차원은 코카콜라의 브랜드로 이루어져 있으며 왼쪽 차원은 주로 펩시콜라의 상표로 이루어져 있다. 따리서 차원 2는 브랜드라고 명명할 수 있다. 차원 1의 아래쪽은 위의 브랜드들보다 더 톡 쏘는 맛으로 이루어졌다고 할 수 있다. 따라서 차원 1은 톡 쏘는 맛으로 명명할 수 있을 것이다.

그림 18-1 • 유사성 평가에 의한 제품지각도

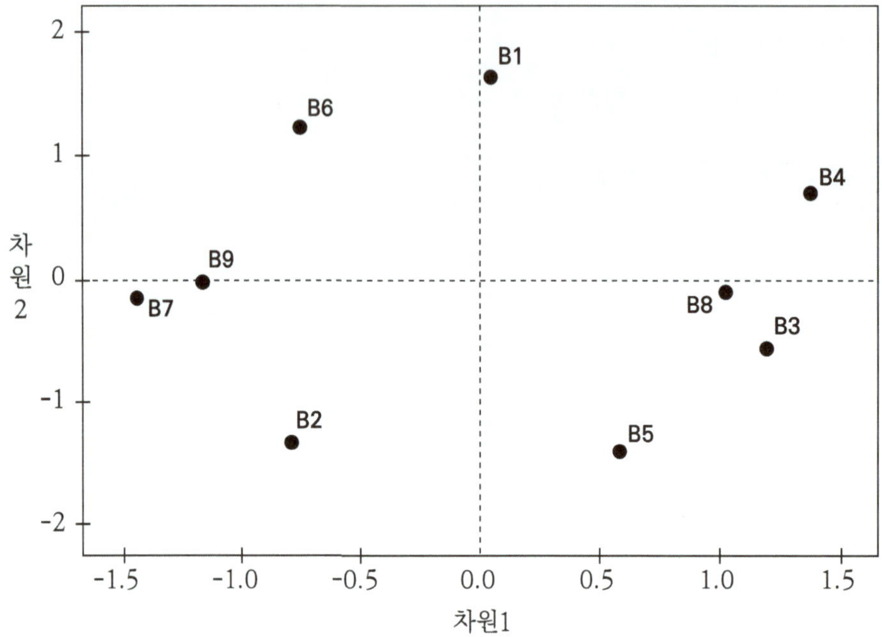

2. 데이터가 변수별로 얻어진 경우

속성, 즉 변수별 자료는 다음과 같은 설문을 통하여 얻는다. 다음의 예에서는 5점 등간 척도를 사용하였다.

다음 청량음료들에 대하여 항목별로 만족도에 대하여 평가하여 주시기 바랍니다.

		매우 불만족	불만족	보통	만족	매우 만족
코카콜라	맛	1	2	3	4	5
	청량감	1	2	3	4	5
펩시콜라	맛	1	2	3	4	5
	청량감	1	2	3	4	5
닥터페퍼	맛	1	2	3	4	5
	청량감	1	2	3	4	5
킨사이다	맛	1	2	3	4	5
	청량감	1	2	3	4	5
스프라이트	맛	1	2	3	4	5
	청량감	1	2	3	4	5
세븐업	맛	1	2	3	4	5
	청량감	1	2	3	4	5
칠성사이다	맛	1	2	3	4	5
	청량감	1	2	3	4	5
환타	맛	1	2	3	4	5
	청량감	1	2	3	4	5
마운틴듀	맛	1	2	3	4	5
	청량감	1	2	3	4	5

1명에 대하여 SPSS에 자료를 입력하면 다음과 같다. 첫째 열(VARNO)에 1과 2는 두 변수 맛과 청량감을 나타낸다. 한 대상의 두 변수에 대한 측정치를 같은 열에 입력한다.

SPSS에 입력된 자료는 다음과 같다.

	VARNO	B1	B2	B3	B4	B5	B6	B7	B8	B9
1	1	7	7	6	6	5	6	6	5	5
2	2	6	7	6	6	6	6	5	5	3

여러 명을 입력하는 경우는 아래 줄에 계속 입력하면 된다.

SPSS 사용방법은 다음과 같다.

변수이름 정의

VARNO B1 B2 B3 B4 B5 B6 B7 B8 B9

VARNO는 두 변수의 번호를 나타내며 1은 첫 번째 변수, 2는 두 번째 변수

분석(A) → 척도분석(A) → 다차원척도법(ALSCAL)(M)

변수(V) 지정 (대상만을 다 지정; B1부터 B9까지)

거리: 데이터로부터 거리행렬 계산하기(C)

측도: 유클리디안 거리

개별행렬 구분변수: 변수지정 (여기서는 VARNO로 변수를 구분함)

모형: 측정수준: 구간(I)

척도화모형: 개인차 유클리디안 거리(D)

조건부: 행렬(M)

차원: 최소값(N): 2 , 최대값(X):2 → 계속

옵션: 표시: 집단 도표(G) → 계속 → 확인

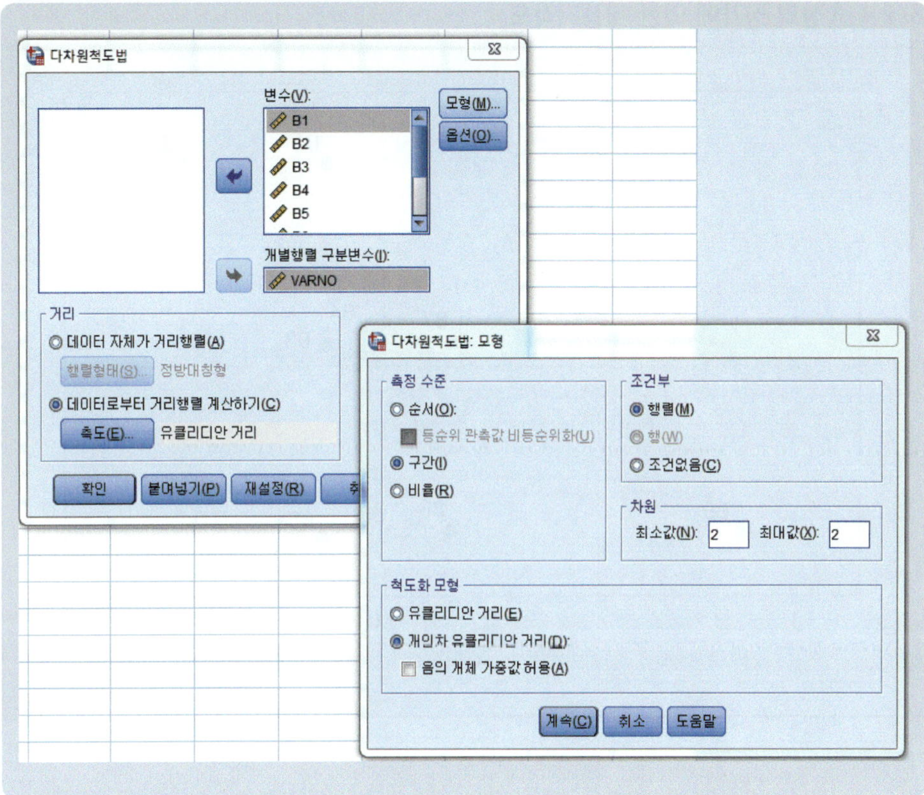
다차원척도법
변수(V):
B1
B2
B3
B4
B5
모형(M)...
옵션(O)...
개별행렬 구분변수(I):
VARNO
거리
데이터 자체가 거리행렬(A)
행렬형태(S)... 정방대칭형
데이터로부터 거리행렬 계산하기(C)
측도(E)... 유클리디안 거리
확인
붙여넣기(P)
재설정(R)
다차원척도법: 모형
측정 수준
순서(O):
동순위 관측값 비동순위화(U)
구간(I)
비율(R)
조건부
행렬(M)
행(W)
조건없음(C)
차원
최소값(N): 2
최대값(X): 2
척도화 모형
유클리디안 거리(E)
개인차 유클리디안 거리(D)
음의 개체 가중값 허용(A)
계속(C)
취소
도움말

그림 18-2 • 속성의 평가에 의한 제품지각도

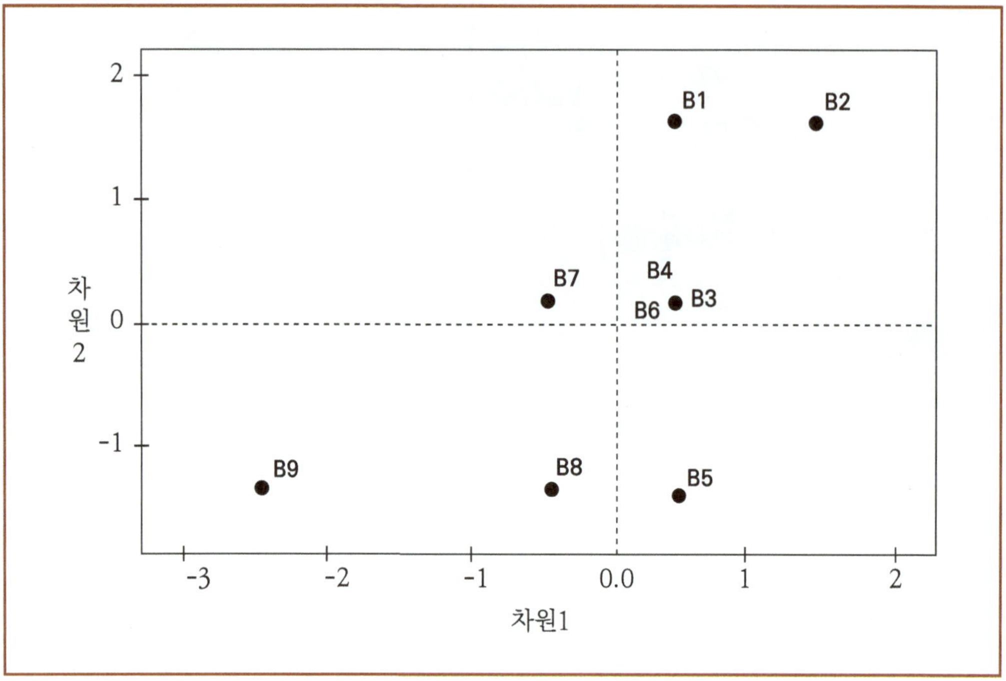

각 대상별 속성들을 평가한 자료를 사용하여 다차원척도법을 실시하면 얻어지는 지각도는 〈그림 18-2〉와 같다.

3. 데이터가 대상의 선호순위로 얻어진 경우

선호 순위에 관한 자료는 다음과 같은 질문을 통하여 얻는다. 순위이므로 서열척도가 사용된다.

> 다음 청량음료들의 선호의 순위를 1위부터 9위까지 매겨 주시기 바랍니다.
>
> 코카콜라 ____, 펩시콜라 ____, 닥터페퍼 ____, 킨사이다 ____, 스프라이트 ____, 세븐업 ____, 칠성사이다 ____, 환타 ____, 마운틴듀 ____

4명의 자료를 사용하여 다차원척도분석을 실시하였다.

	B1	B2	B3	B4	B5	B6	B7	B8	B9
1	2	1	3	4	6	5	7	9	8
2	1	2	3	5	4	6	7	8	9
3	3	4	5	1	2	6	7	8	9
4	4	3	5	6	7	2	1	9	8

> 자료입력후 '변수보기'에 변수이름 정의
>
> 분석(A) → 척도분석(A) → 다차원척도법(ALSCAL)(M)
>
> 변수(V) 지정(모든 대상을 다 지정; B1부터 B9까지)
>
> 거리: 데이터자체가 거리행렬(A)
>
> 행렬형태: 데이터의 형태: 직사각형(R)
>
> 행의 수(N) (위의 자료는 4; 4개 이상요)
>
> 모형: 측정수준: 순서(O)
>
> 척도화모형: 유클리디안 거리(E)
>
> 조건부: 행(W)
>
> 차원: 최소값(N): 2 최대값(X): 2 → 계속
>
> 옵션: 표시: 집단 도표(G) → 계속 → 확인

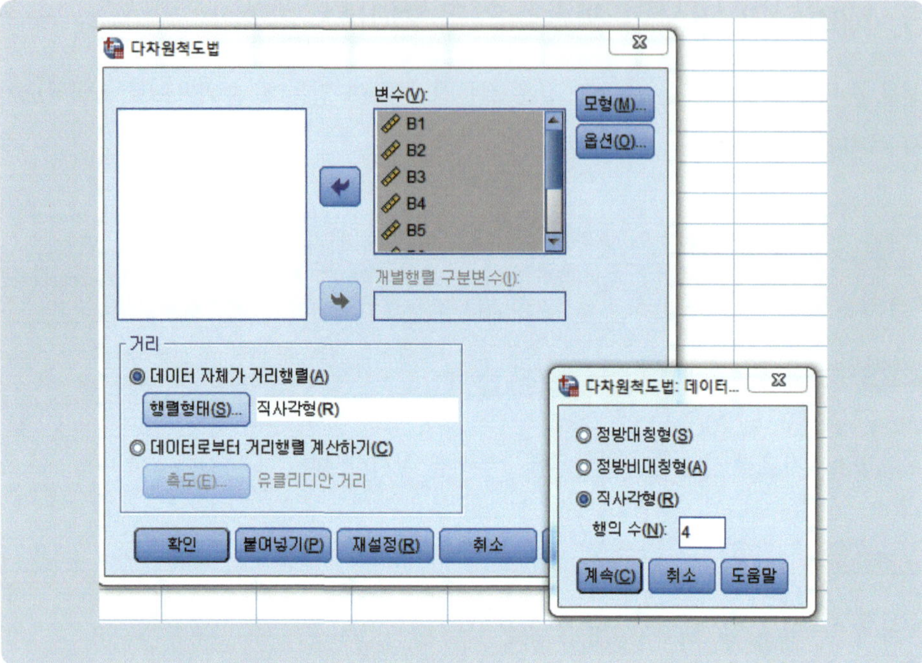

대상들의 선호도 순위로 구한 자료를 가지고 다차원척도법을 실행하면 얻어진 지각도는 〈그림 18-3〉과 같다. 선호도 순위로 얻어진 지각도에는 각 대상들을 위치시킬 뿐만 아니라 각 응답자들(행1, 행2, 행3, 행4)도 위치시킨다.

그림 18-3 • 선호도 순위에 의한 제품지각도

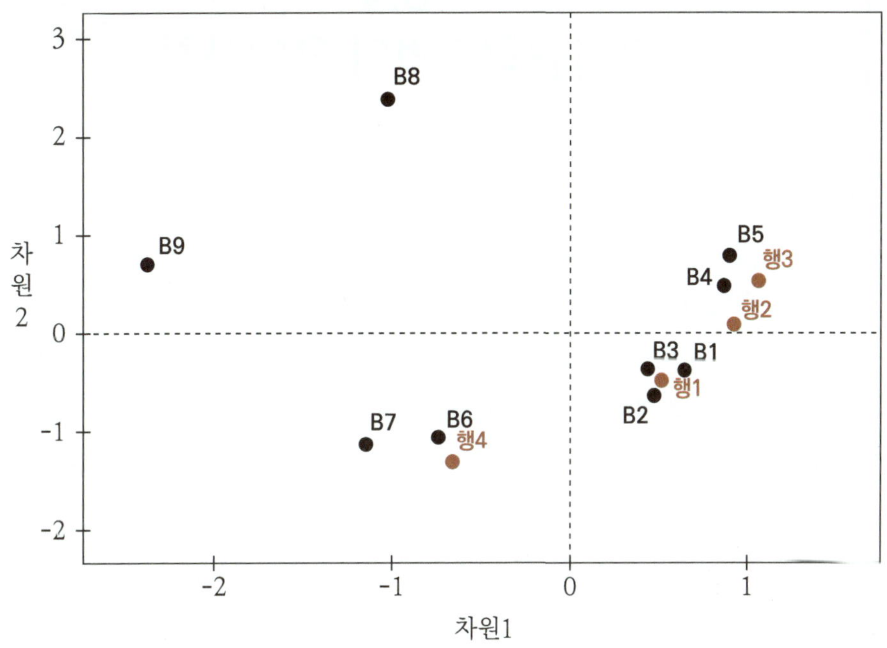

18.4 다차원척도법의 유의사항

다차원척도법은 여러 차원 상에 그림을 그릴 수 있으나 해석 및 사람의 시각적 한계로 인하여 일반적으로 2차원 평면에 많이 그리게 된다.

또한 차원의 해석 및 이름은 다차원척도법에 의하여 구해지는 것이 아니라 각 경쟁제품들의 상대적 위치를 가지고 차원을 파악하고 이름을 붙이므로 주관성이 개입되며 제품지각도가 타당성을 가지려면 2차원상에서는 8개보다 더 많은 제품들이 포함되는 것이 바람직하다.

선호도를 서열척도로 측정하는 경우 각 응답자들의 이상점(ideal point)이 그림 상에 표시된다. 이상점은 응답자가 가장 선호하는 한 점을 의미한다. 속성의 수준이 이상점에 가까울수록 그 속성의 선호도는 높아진다. 예를 들어 음료에서 각자가 선호하는 당도가 있을 것이다. 그러나 어떤 속성은 이상점이 아니라 이상벡터(ideal vector)가 더 적합할 수 있다. 이상벡터는 방향성을 가지고 있어 그 방향으로 갈수록 선호도가 더 커지는 것을 말한다. 예를 들어 품질은 좋을수록 선호도가 높아질 것이다.

실습과제

다음의 자료에 대해 다차원척도법을 실행하고 제품지각도를 해석하라.

철수 7 6 2 2 2 2 1 3 5 2 2 3 3 1 1 2 2 2 2 1 3 7 6 6 1 3 6 6 1 3 6 3 1 3 1 5

영수 6 5 2 2 2 1 1 3 5 2 2 3 3 1 1 2 1 2 2 1 3 6 5 5 1 3 5 6 1 3 6 3 1 3 1 4

CHAPTER 19

컨조인트분석

컨조인트분석은 여러 대안 중에서 최적의 대안을 산출하기 위하여 사용되는 기법이다. 따라서 평가대안은 명목척도의 비계량적 변수가 된다. 컨조인트분석에서 제시되는 대안은 속성과 속성수준에 의해서 결정되므로 관련된 속성과 속성수준을 잘 선정해야 한다.

19.1 컨조인트분석의 목적

컨조인트분석(conjoint analysis)은 최적 대안을 산출하기 위하여 특정 수준의 각 속성들로 구성된 대안들을 소비자들로 하여금 평가하게 하여 각 속성수준의 효용가치를 찾는다. 대안의 총 효용을 각 속성 수준의 부분 가치의 합으로 구한다면 최대의 효용값을 갖는 각 속성수준을 합성함으로써 최대의 효용값을 갖는 최적대안을 산출할 수 있다. 이렇게 최적 대안을 구해야 하는 모든 전략적 선택 상황에서 컨조인트분석을 사용할 수 있다.

예를 들어 전기밥솥의 경우 크기와 가격이 두 주요 속성이라면 크기는 2인용 또는 4인용에 대한 효용값을 구할 수 있으며 또한 가격의 몇 가지 수준에 대해서도 효용값을 산출할 수 있다. 효용값에 대한 자료에 기초하여 최적 크기와 최적 가격의 밥솥을 생산할 수 있다. 다른 예로 상가에 주차장을 설치하는 경우에 주요 두 속성이 지하에 위치하는지 또는 자체건물에 위치하는지의 여부라면 속성의 각 수준은 지하로 할 것인지 아니면 지상으로 할 것인지 또한 자체건물에 주차장을 둘 것인지 또는 부속건물에 주차장을 둘 것인지이다. 각 속성수준의 효용값을 구하여 최적의 속성 수준을 합성하여 소비자가 원하는 최적의 주차장을 건축할 수 있다.

19.2
컨조인트분석의 실행

1. 속성 및 속성수준의 결정

컨조인트분석의 대안은 속성 및 속성수준에 의해 결정된다. 따라서 심층면접법 또는 표적집단면접법의 방법을 통하여 관련된 속성을 잘 찾아야 한다. 관련성이 떨어지거나 관련성이 없는 속성을 선정한 경우 결과적으로 얻어지는 대안은 크게 유용하지 않을 것이다. 자료를 얻은 다음 컴퓨터 분석을 하는 것보다 더 중요한 것은 관련성이 높은 속성을 찾아서 자료를 수집하는 것이다.

응답자에게 제시되는 대안의 수는 속성 및 속성수준의 수에 의하여 결정된다. 예를 들어 2개의 속성에 2개의 수준이라면 대안의 수는 4개가 된다. 그러나 2개의 속성에 3개의 수준이라면 2^3으로 8개로 증가한다. 만약 3개의 속성에 2개의 수준이라면 3^2으로 9개가 된다. 이와 같이 속성의 수가 늘어나거나 속성수준의 수가 늘어나면 대안의 수는 기하급수적으로 증가하게 된다. 대안의 수가 많아지게 되면 한 번에 평가할 수 있는 범위를 넘어서게 된다. 따라서 대안의 수를 줄일 필요가 있으므로 속성의 수 및 속성수준의 수를 제한해야 한다. 속성뿐만 아니라 속성수준도 타당하고 실현가능한 수준을 찾아야 한다. 밥솥의 예에서 예를 들어 시간당 소비전력량이 10Watt 이하가 불가능한데 10Watt를 소비전력량 수준으로 선정하면 생산이 불가능하게 된다. 또한 속성 및 속성수준의 결합으로 발생하는 대안에서도 저가와 고급품질의 대안이 제시된다면 저가로 고급품질의 제품을 생산하는 것이 불가능할 수 있다.

2. 대안의 제시 및 자료의 수집

대안을 제시하는 방법은 총체적 제시법(full-profile approach)과 2요인 제시법(two-factor approach)이 많이 쓰인다. 총체적 제시법은 응답자에게 대안의 모든 속성이 제시되는 반면에 2요인 제시법은 한 번에 대안의 2개의 속성만 고려되도록 하는 것이다. 이렇게 제시한 대안들(SPSS를 이용한 경우 생성된 카드 프로파일들)에 대하여 응답자들로 하여금 평가하게 하여 자료를 수집한다.

평가하는 방식은 순위법과 등급법이 있다. 순위법은 비교대안들의 순위를 매기는 것이고 등급법은 개별 대안에 대하여 평가하게 하는데, 예를 들어 5점 척도 등의 등간척도로 평가하게 하는 것이다.

대안의 수가 많은 경우에는 부분요인설계(fractional factorial design) 방법을 활용하여 응답자에게 제시되는 대안의 수를 대폭 줄일 수 있다. 예를 들어 부분요인설계를 사용하면 108개의 대안을 18개까지 줄일 수 있다.

3. 효용식의 결정

총효용을 각 수준의 부분 효용값의 합으로 계산하는 방식을 사용하는 경우 총 효용과 부분 효용값의 식은 회귀식과 같은 형태를 갖는다.

속성이 두 가지라면 속성 1의 수준 *i*와 속성 2의 수준 *j*인 대안의 효용식은 다음과 같다.

$$V_{ij} = W_1V_{i1} + W_2V_{j2}$$

V : 효용값

i1 : 속성 1의 수준 i

j2 : 속성 2의 수준 j

W : 각 속성수준의 가중치

4. 컨조인트분석의 실행

대상이 밥솥이고 소비자 면담을 통하여 관련된 속성을 크기 및 디자인을 찾아내고 각각에 대하여 3개 수준 및 2개 수준을 정하였다고 하자. 그러면 총대안의 수는 2 × 2 × 2 = 8개이다.

> 밥솥의 크기: 1인용, 2인용, 4인용
> 디자인: 고전적, 현대적

부분 효용값을 합산하여 구한 총 효용값으로 대안들의 순위를 구하고 이 순위가 응답자가 응답한 원래 순위와 같아지도록 부분 효용값을 반복해서 수정한다.

〈표 19-1〉 컴퓨터 분석 결과는 각 속성의 수준별 부분 효용값(유틸리티)을 보여준다. 또한 〈그림 19-1〉과 〈그림 19-2〉처럼 그림으로도 각 효용값을 나타내어준다. 각 속성의 수준별 효용값을 비교하여 가장 큰 수준들을 합성하면 대안들 중에서 효용값이 가장 큰 대안을 산출할 수 있다.

속성들의 중요성을 비교할 때는 각 속성에서 가장 큰 부분 효용값과 가장 작은 효용값의 차이를 구하여 그 차이로써 중요성의 정도를 평가한다. 따라서 그 차이가 가장 큰 속성이 가장 중요한 속성이 된다.

표 19-1 • 유틸리티

		유틸리티 추정	표준오차
제품크기	1인용	−2.000	0.000
	2인용	2.000	0.000
	4인용	0.000	0.000
디자인	고전적	−0.500	0.000
	현대적	0.500	0.000

그림 19-1 ● 제품크기 수준별 유틸리티

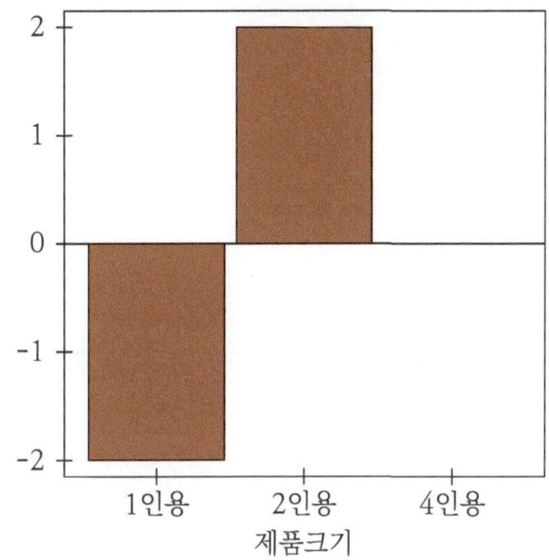

그림 19-2 ● 디자인 수준별 유틸리티

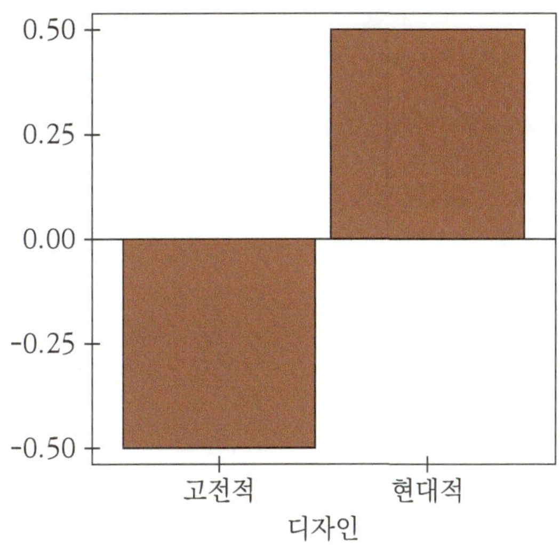

제품크기에서 2인용의 부분 효용값이 2.0으로 가장 크게 나타나고 있고 디자인은 현대적 디자인이 0.5로 부분 효용값이 더 크게 나타나고 있어 이를 결합하면 가장 총 효용값이 큰 대안을 산출할 수 있다. 즉, 2인용 현대적 디자인의 밥솥을 생산하면 가장 소비자효용이 큰 제품을 만들 수 있다.

제품크기에서 효용값의 최대값과 최소값의 차이는 4이고 디자인은 1이므로 제품크기가 더 중요한 속성이라고 할 수 있다.

19.3 컨조인트분석의 유의사항

컨조인트분석은 앞에서 언급하였듯이 고려 속성의 수 및 속성별 수준의 수가 증가함에 따라 전체적으로 평가해야 하는 대상의 수가 기하급수적으로 늘어나게 된다. 따라서 소비자와의 면담 및 사전조사를 통하여 고려 속성 및 속성수준을 소수로 한정해야 한다.

컨조인트분석은 일반적으로 전체 응답자에 대하여 실행하지만 개별 응답자에 대해서도 할 수 있다.

부록

SPSS 사용방법: 컨조인트분석

1. 카드프로파일 생성

데이터(D) → 직교계획(H) → 생성(G)

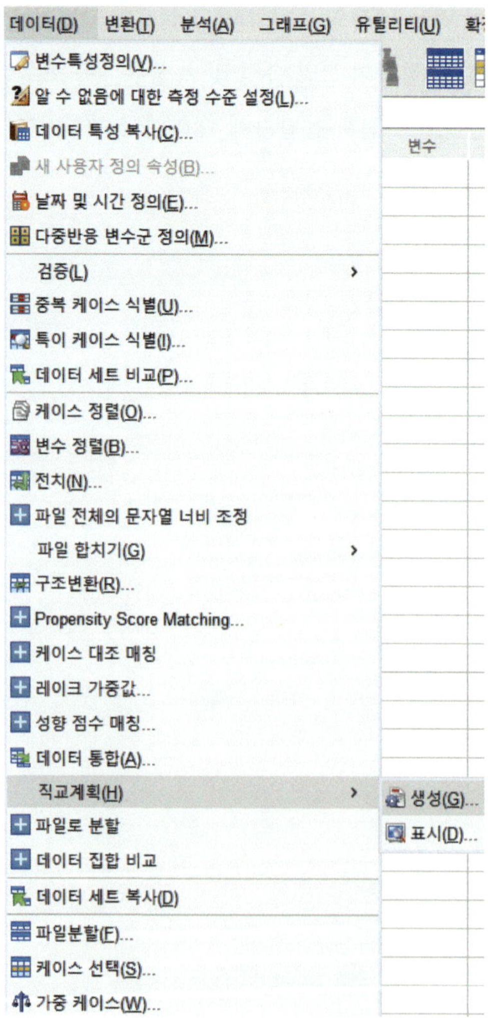

직교계획생성 박스에서

요인이름 지정 (예: 제품크기)

요인레이블 (예: 가족수)

→ 추가

아래 박스란에 요인이름(제품크기 '가족수'(?)) 클릭후

값 정의 클릭

1 1인용

2 2인용

3 4인용

→ 계속

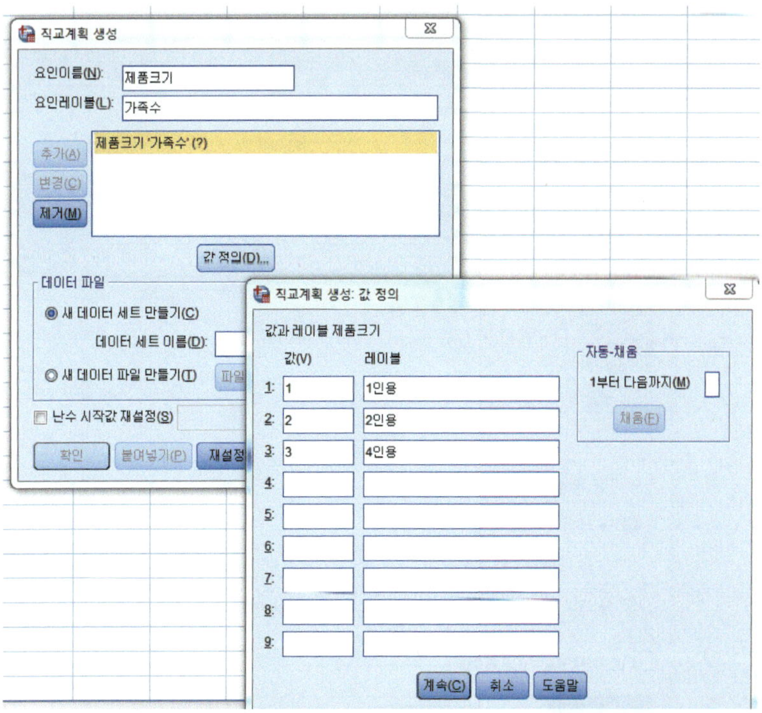

(두번째 요인을 추가함)

요인이름: 디자인

→ 추가

아래 박스란에 요인이름(디자인(?)) 클릭후

값 정의 클릭

1 고전적

2 현대적

→ 계속

데이터 파일 — 새 데이터 파일 만들기 — 파일 클릭 후 파일이름 입력 (예: d:\conjointdesign)

→ 확인

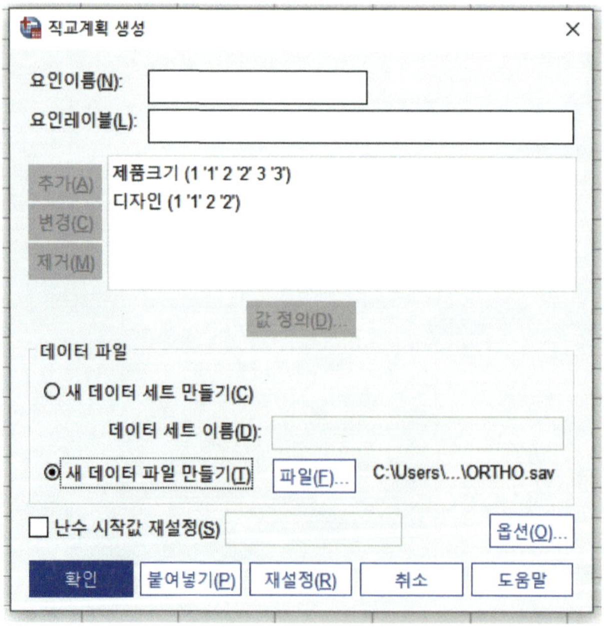

2. 카드 표시하기

(파일 → 열기 → 데이터 d:\conjointdesign.sav 을 열음)

데이터 → 직교계획 → 표시

계획 표시하기에서 요인들만 요인분석박스로 이동(예: 제품크기, 디자인)

형식에서 실험자 목록, 개체들의 프로파일 선택

→ 확인

카드의 프로파일을 생성하면 다음과 같은 결과가 얻어진다. 8개의 대안이 6개로 줄었다.

카드번호	제품크기	디자인
1	2인용	현대적
2	2인용	고전적
3	1인용	현대적
4	4인용	현대적
5	4인용	고전적
6	1인용	고전적

3. 자료수집

(변수명) ID CARD1 CARD2CARD3CARD4CARD5CARD6

자료:

	ID	CARD1	CARD2	CARD3	CARD4	CARD5	CARD6
1	1	1	2	5	3	4	6

(ID 1번 사람의 자료임)

선호도순위(작은 수가 더 선호되는 것임)

(자료를 저장요: 예: d:\conjointdata)

4. 컨조인트분석의 실행

파일 → 새로 만들기 → 명령문 (명령문 저장후에는 파일 열기 명령문)

아래의 명령문 입력 (입력후 명령문 저장요: 예 d:\conjointsyntax)

(아래에서는 d 디렉토리를 사용하였음. 디렉토리 확인은 파일에 마우스를 두고 오른쪽 버튼 클릭후 속성 클릭하여 확인.)

(순위가 아니라 카드자체의 평가인 경우 rank 대신에 score를 이용)

→ 실행 → 모두 (단축키: ▶)

실습과제

다음의 자료에 대해 컨조인트분석을 실행하라.

철수	1	2	5	3	4	6
영수	2	1	4	3	5	6

3부
보고서의 작성 및 발표

20장 보고서의 작성 및 발표

CHAPTER 20

보고서의 작성 및 발표

보고서는 조사의 최종적인 결과물이다. 따라서 보고서는 조사계획서에서 제시한 조사의 목적을 달성했다는 것을 내용적으로 보여주어야 한다. 일반적으로 최종 발표회를 통하여 보고서의 내용을 발표하고 필요하면 보고서를 수정하여 최종 보고서를 전달하게 된다. 효과적인 커뮤니케이션을 위해서는 보고서의 내용을 잘 기술해야 하고 발표도 잘할 필요가 있다.

20.1 보고서의 작성

1. 보고서의 포함 내용

의사결정자는 최종적으로 보고서를 받은 다음 보고서에 담겨있는 정보에 기초하여 의사결정을 하게 된다. 조사를 시작하기 전에 작성되었던 조사계획서는 조사의뢰자의 동의를 얻어서 확정된 것이다. 따라서 조사계획서에서 수집하고자 하였던 정보가 보고서에 모두 들어가는 것이 좋다.

또한 제시되는 정보는 조사 결과에 기초해야 한다. 즉, 조사 결과에 따라 정확하게 정보를 제시해야 한다. 따라서 수치 및 내용을 조작해서는 안 된다. 잘못된 정보를 제공하면 이에 기초한 의사결정은 당연히 의사결정문제를 해결할 수 없을 것이다.

보고서에서 제시되는 전략 및 제안들도 조사한 내용 및 결과에 기초해야 한다. 즉, 조사 내용 및 분석 결과가 제시되는 전략 및 제안들의 근거가 된다. 조사 결과가 뒷받침되지 않는 전략 및 제안들은 설득력이 떨어지게 된다.

전체 내용을 요약하여 보고서에 포함시킨다. 일반인이 이해하기 어려운 통계 자료 등은 본문에 포함시키기보다 부록으로 첨부하는 것이 더 낫다. 본문에서는 중요 자료만 언급하되 이해하기 쉽도록 말로 풀어 설명하는 것이 좋다. 본문내용의 이해를 돕기 위하여 표나 그림을 사용할 수 있다. 포함된 표나 그림에 대해서는 반드시 본문에 설명을 달거나 언급을 해야 한다.

보고서에서 가장 중요하게 점검할 사항은 조사계획서에 제시하였던 조사의 목적이 달성되었는지를 보고서가 보여주어야 하는 것이다. 조사의 목적을 서론에서 제시하고 본문을 통하여 제시한 조사목적이 달성되는 것을 보이고 결론에서 조사의 목적을 달성하였음을 최종적으로 강조해야 한다. 결론에서 관리자가 본 조사의 결과를 이용할 때 참고해야 할 한계점을 언급해야 한다. 예를 들어 표본추출에서 대학생들만 추출하였다, 또는 변수 선정에서 특정 변수는 생략되어 수집하지 못하였다는 것을 언급할 수 있다. 그리고 비슷한 주제로 앞으로 조사할 조사자를 위하여 미래 조사에 대한 제언을 할 수 있다.

보고서의 양식은 〈표 20-1〉과 같다.

표 20-1 • 보고서의 양식

1. 표지
   — 제목 및 발행기관
2. 목차
3. 요약
4. 서론
   — 조사의 배경 및 목적
5. 본론
   — 조사의 방법
   — 자료의 수집 및 분석
   — 분석 결과
   — 전략 및 정책 제언
6. 결론
   — 요약
   — 조사의 한계점
   — 미래 조사에 대한 제언
7. 부록
   — 통계적 결과
   — 설문지
   — 참고문헌

마케팅조사 참고 ::: 학생 논문 공모전 수상 논문의 목차의 예

수소차 산업을 선도하기 위한 울산의 전략 — 수소차 도시(Hy-Car City) 제안을 중심으로

요약

I. 서론

1. 연구의 배경
2. 연구의 목적
3. 연구의 구성

II. 본론

1. 수소연료진지차의 개념
2. 국내외 수소전지차 관련 정책 및 지원 현황
3. 울산광역시와 수소전지차
4. 전기차 정책에서 살펴본 소비자관점의 필요성
5. 연구모형
6. 설문조사
7. 모델제시 및 기대효과
8. 전략제안

III. 결론

1. 연구결과의 요약 및 시사점
2. 연구의 한계 및 미래연구의 제언

참고문헌

부록 — 설문지

2. 효과적인 문서의 작성

효과적인 문서를 작성하기 위해서는 다음과 같은 사항을 유의해야 한다.

첫째, 보고서는 독자가 잘 이해할 수 있도록 기술되어야 한다. 따라서 이해하기 쉽도록 설명은 모호하지 않고 명확하고 간결해야 한다. 장황하게 긴 문장보다는 짧은 문장이 이해하기가 더 쉽다. 또한 많은 내용을 하나의 긴 문장으로 기술하는 것보다는 짧은 문장들로 구분하는 것이 낫다. 표와 그림을 적절히 활용하여 이해도를 높이는 것이 좋다.

둘째, 설명은 논리적으로 전개되고 단락의 구성도 논리적으로 이루어져야 한다. 즉, 독자가 보고서의 내용을 잘 따라올 수 있도록 논리적으로 전개되어야 하고, 단락의 연결도 논리적으로 구성되어야 이해하기가 쉽다.

셋째, 보고서를 완성한 다음에는 내용이 제대로 되어 있는지 그리고 문장이 문법적으로도 정확한지 그리고 오타가 없는지를 확인하기 위해 다시 읽고 교정을 해야 한다.

20.2 발표

1. 발표의 준비

1) 발표 자료의 준비

발표를 위해서 일반적으로 파워포인트로 발표 자료를 준비한다. 파워포인트 파일은 다음과 같은 점을 유의하여 작성해야 한다. 발표할 파워포인트 파일을 인쇄하여 청중에게 배부할 수 있도록 준비하는 것이 좋다.

- 보고서의 내용을 간결하게 요약하되 중요 내용만 포함시킨다.
- 서체의 크기도 청중이 잘 볼 수 있도록 적정히 크게 한다.
- 줄의 간격도 보기에 좋도록 적정히 넓게 한다.
- 보고서의 문장이나 단락 전체를 화면에 그대로 제시하지 않는다.
- 한 화면에 너무 많은 내용을 넣으면 가독성이 떨어지게 된다.
- 문법적으로 잘못된 문장이나 오타가 없어야 한다.

2) 발표 장소 및 참석자의 확인

발표가 이루어지는 장소에 대한 사전 점검이 필요하다. 발표에 필요한 시각기자재가 구비되어 있는지, 발표 장소에 있는 컴퓨터에 필요한 소프트웨어 및 서체가 들어가 있는지를 확인할 필요가 있다. 동영상을 사용하는 경우 작동이 제대로 되는지도 확인할 필요가 있다.

또한 참석자들에 대한 파악이 필요하다. 몇 명이 참석하고 누가 참석하는지를 확인할 필요가 있다. 참석자들에 따라 인쇄물 및 발표 내용을 조정할 수 있다.

2. 발표 요령

발표(프레젠테이션)를 잘하기 위해서는 내용을 잘 이해하고 있어야 한다. 그러기 위해서는 사전 연습이 필요하다. 말할 내용을 독서카드나 발표원고 등에 미리 기록해 놓으면 발표 시에 매끄럽게 발표를 진행할 수 있다.

주어진 시간 내에 발표를 마치는 것이 좋다. 따라서 사전연습을 통하여 걸리는 시간을 체크한다. 일반적으로 발표는 30분에서 1시간 정도 하며 끝나고 질문을 받고 답하는 시간을 갖는다.

1) 발표시의 유의사항

발표 시에 다음과 같은 사항을 유의할 필요가 있다.

- 발음을 정확하고 명확하게 한다.
- 목소리도 너무 작거나 크지 않게 적정한 것이 좋다.
- 말의 속도도 너무 빠르지 않게 한다.
- 문장 사이에는 약간 쉬는 것이 좋다.
- 어, 이제 등의 군소리를 하지 않는다.
- 미리 준비한 원고를 그대로 읽지 않는 것이 좋다.
- 모든 청중과 눈을 맞추는 것이 좋다.
- 스크린이나 칠판을 보고 말하지 말고 청중을 보며 말한다.

2) 질문과 답변시의 유의사항

질문과 답변 시에 다음과 같은 사항을 유의할 필요가 있다.

- 질문을 잘 듣고 취지를 잘 이해하여 답한다.
- 너무 방어적인 태도를 보이지 않는다.
- 지나치게 성급하게 답하지 않는다.
- 질문을 잘 기억한다(질문을 기록할 수 있다).

3) 발표 시의 자세

밝고 진지한 표정을 짓고 자세도 바르게 서는 것이 좋다. 보기에 곤란한 자세는 취하지 않는 것이 좋으며 다음과 같은 자세는 지양하는 것이 좋다.

- 양손으로 강의탁자를 잡고 상체를 앞으로 굽히는 것
- 탁자나 칠판에 몸을 기대는 것
- 호주머니에 손을 넣는 것
- 삐닥하게 서는 것
- 팔장을 끼는 것
- 모자를 쓰는 것

실습과제

- 실행한 조사프로젝트에 대하여 보고서를 작성하라.
- 발표자료를 작성하고 발표하라.

부록

구조방정식모형

구조방정식모형(structural equation modeling)은 변수들 간의 종속적 관계를 추정하는 기법으로 회귀분석과의 차이점은 회귀식이 하나가 아니라 둘 이상의 회귀식이 포함되어 있어 함께 추정한다는 것이다. 한 예로 다속성태도모형에서 브랜드에 대한 신념은 태도에 영향을 미치고 태도는 구매의도에 영향을 미치게 된다. 이러한 경우 신념과 태도의 관계는 한 회귀식이 되고 태도와 구매의도의 관계도 한 회귀식이 된다. 이러한 경우 구조방정식모형을 통하여 두 회귀식을 동시에 추정하게 된다. 구조방정식모형을 추정하는 통계소프트웨어 프로그램은 LISREL, Amos 등이 있으며, 이 책에서는 Amos를 사용하여 설명하였다.

1. 모형의 설정

1) 구조모형

구조방정식모형은 변수들 간의 종속적 관계를 설정한 것이며 변수는 추상적 개념으로 관찰되지 않은(unobserved), 즉 내재변수들(latent variables)이다. 예를 들어 사랑은 직접적으로 관찰되지 않는 개념이다. 구조모형(structural model)은 이러한 개념들 간의 종속적 관계를 설정한 것이다. 〈그림 A-1〉에서 보듯이 앞의 회귀식의 종속변수(F3)는 이어지는 다음 회귀식의 독립변수가 된다

그림 A-1 • 구조모형

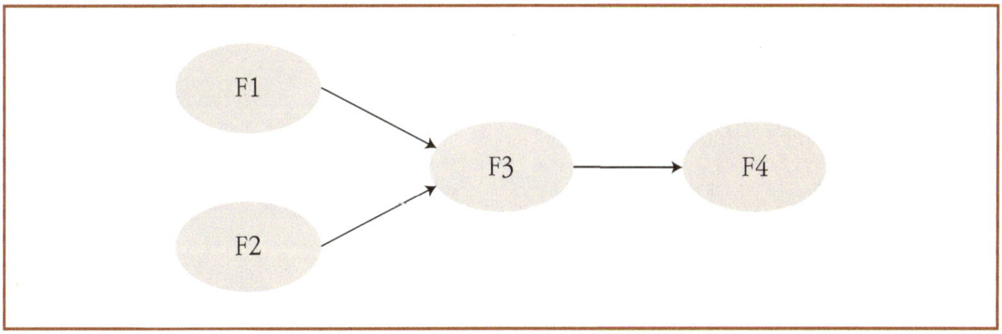

2) 측정모형

구조모형에서 사용되는 개념들은 직접적으로 관찰되지 않기 때문에 이러한 개념들을 나타내는 항목들이 필요하다. 이를 지시변수(indicator)라고 한다. 사랑은 직접적으로 나타나지 않지만 사랑을 하면은 그 사람을 생각하게 되고 만나고 싶어진다. 그러므로 사랑을 간접적으로 그 사람을 생각하는 정도 또는 만나고 싶은 정도로 측정할 수 있다. 개념과 지시변수들 간의 관계를 나타낸 모형을 측정모형(measurement model)이라고 한다. 사랑하면 생각하거나 만나고 싶어지는 것이므로 화살표의 경로는 사랑에서 생각하는 것과 만나고 싶어지는 것으로 그어지게 된다. 즉, 개념과 지시변수의 경로는 개념에서 지시변수로 향하는 반영적(reflective) 관계가 된다.

그림 A-2 • 각 개념별 측정모형

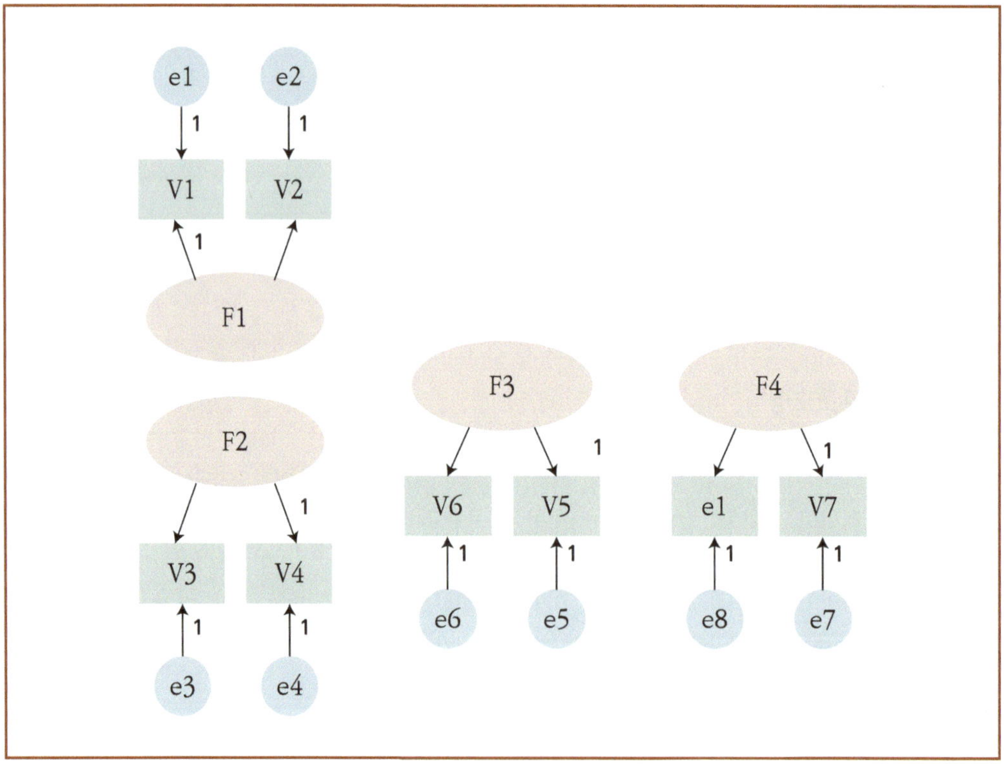

변수는 개념적 정의를 내리고 이에 기초하여 조작적 정의를 내리므로 개념들도 개념적 정의를 내리고 이에 따라 조작적 정의를 내린다. 지시변수들은 개념의 조작적 정의에 따라 선정하게 된다. 각 지시변수들은 각 개념들을 측정하는데 오차(error)가 발생하므로 오차항을 설정한다.

3) 구조방정식모형

구조모형과 측정모형을 결합한 것이 구조방정식모형이 된다. 〈그림 A-3〉과 같은 모형을 추정하게 된다. 종속변수로 사용되는 F3과 F4에는 이들 개념으로 경로가 그어지는 잔차(residual)항을 설정한다.

그림 A-3 • 구조방정식모형

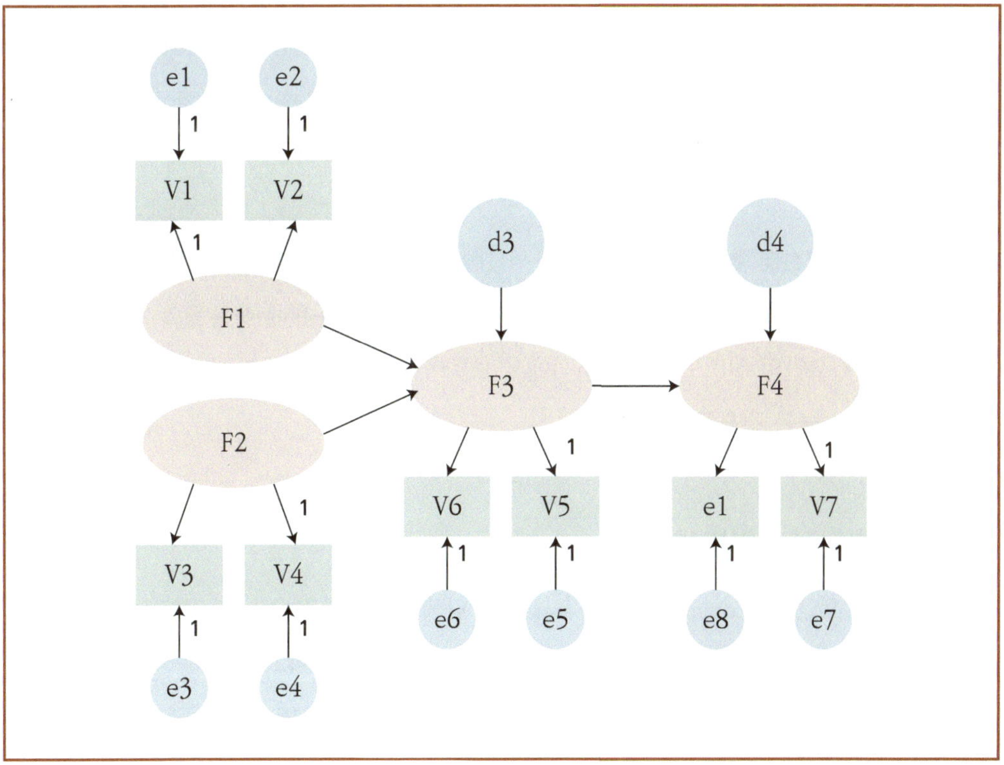

2. 모형의 설정

모형은 기본적으로 이론에 기초해야 한다. 이론은 현상의 체계적 설명이며 모형은 현상을 단순화시킨 것이다. 모형은 현상을 이해하기 위하여 설정하므로 당연히 이론에 기초해야 한다. 모형은 변수들 간의 관계를 그림으로 나타난 것을 의미한다.

3. 모형의 추정

모형을 추정하기 위하여 먼저 측정의 신뢰성과 모형의 타당성을 검증한다. 신뢰성과 타당성이 확보되면 다음 단계로 구조방정식모형을 추정하게 된다.

1) 탐색적 요인분석

측정모형에서 지시변수들은 개념을 측정하는 항목들이다. 같은 개념에 연결된 지시변수들은 같은 개념을 측정하기 때문에 서로 간에 높은 상관관계를 가져야 한다. 같은 개념의 지시변수들이 같은 요인에 상관관계가 높은지를 파악하기 위해서 요인분석을 사용한다.

일반적으로 전체 항목들에 대하여 요인분석을 실행하여 각 요인별로 해당 지시변수들끼리 묶이는지를 확인한다. 각 요인들의 신뢰도가 높아야 항목들의 신뢰성이 확보가 된다. 요인의 신뢰도는 요인분석에서 보듯이 크론바하 알파값이 0.6 이상이 되어야 신뢰도가 높은 것으로 간주된다.

2) 확인적 요인분석

확인적 요인분석(confirmatory factor analysis)은 탐색적 요인분석(exploratory factor analysis)과 달리 개념과 지시변수들의 관계를 미리 설정하고 이를 확인하고자 하는 것이다. 각 개념별로 측정모형을 설정하고 개념들 간의 상관관계를 설정하여 추정한다. 측정모형의 타

표 A-1 • 탐색적 요인분석의 결과의 예

Measures	cheong					Cronbach α
	Factor 1	Factor 2	Factor 3	Factor 4	Factor 5	
cheong 2	0.881	0.103	0.060	0.006	0.052	0.827
cheong 3	0.862	0.059	0.094	0.001	0.090	
cheong 4	0.723	0.045	0.296	0.086	0.068	
cheong 11	0.150	0.890	0.049	−0.096	0.008	0.861
cheong 10	0.102	0.873	0.015	0.058	−0.047	
cheong 12	−0.028	0.806	0.006	0.026	0.110	
cheong 13	0.019	0.756	0.034	0.038	0.012	
cheong 20	0.056	0.043	0.896	−0.031	0.017	0.902
cheong 19	0.109	0.058	0.884	−0.003	0.036	
cheong 18	0.103	−0.008	0.849	−0.031	−0.022	
cheong 21	0.147	0.023	0.831	−0.046	−0.005	
cheong 26	0.032	−0.094	0.019	0.900	0.098	0.896
cheong 25	0.073	−0.091	0.066	0.890	0.091	
cheong 23	0.044	0.015	0.068	0.862	0.031	
cheong 24	−0.052	0.119	0.038	0.789	0.149	
cheong 34	0.020	0.014	0.017	0.098	0.903	0.908
cheong 35	−0.014	0.026	−0.019	0.013	0.892	
cheong 32	0.050	0.035	0.028	0.128	0.892	
cheong 33	0.183	0.042	0.014	0.145	0.801	
commit 4	−0.100	0.125	0.131	0.023	0.120	0.792
commit 2	0.314	0.116	0.053	0.103	0.028	
commit 1	0.288	0.143	0.077	0.130	0.147	
commit 5	0.066	−0.080	0.070	−0.142	0.140	
commit 3	−0.043	0.287	0.113	0.236	0.064	

자료원: 김선희, 박종희, 김도일(2009), "상업적 관계에서 정의 개념정립과 척도개발," 마케팅연구, 24(3), 119-148.

그림 A-4 ● 확인적 요인분석의 모형

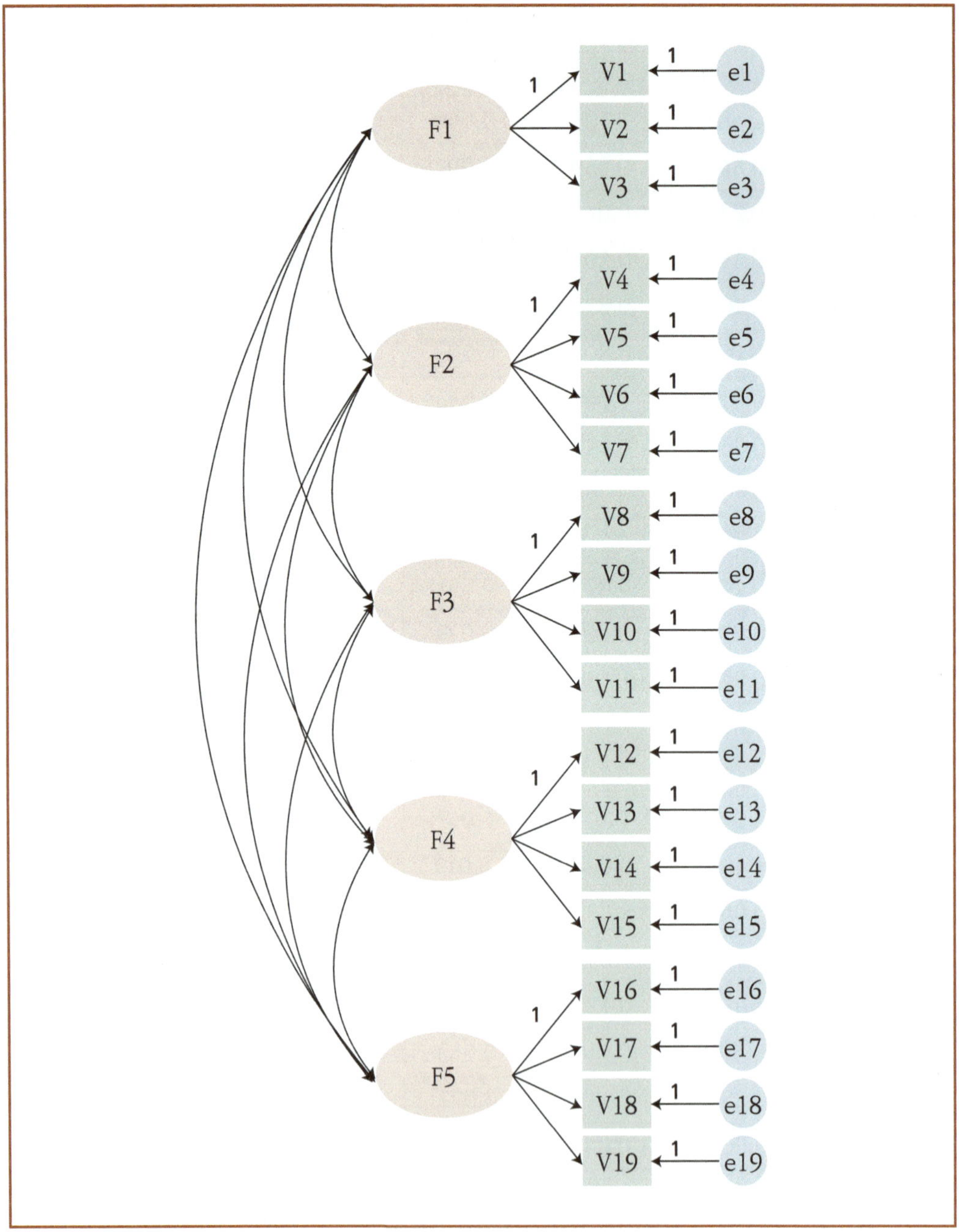

당성을 확인하기 위하여 지시변수들의 계수가 유의한지를 검증한다. 또한 모형의 적합도가 높은지를 확인한다. 판별타당성의 검증으로 평균분산추출값(Average Variance Extracted: AVE)이 개념 간의 상관관계계수의 제곱값보다 커야 한다. 개념별로 AVE값(표준화 요인적재량의 제곱값을 다 더하여 항목수로 나눈 값)은 0.5보다 커야 한다.

확인적 요인분석은 〈그림 A-4〉에서 보듯이 모든 개념들간의 상관관계를 설정한다.

3) 구조방정식모형

탐색적 요인분석과 확인적 요인분석을 통하여 신뢰성과 타당성이 확보되면 구조방정식모형을 추정하게 된다. 구조모형과 측정모형을 동시에 추정하게 된다. 〈그림 A-5〉와 같은 모형을 추정하게 된다. 분석 결과는 구조방정식의 적합도를 먼저 확인한다. 모형과 자료과 부합되는지를 확인하며 적합도가 높아야 구조방정식모형이 타당하게 된다. 이어서 구조모형에서 각 계수들이 유의한지를 검증하게 된다.

적합도는 절대 적합도 지수와 증분 적합도 지수로 구분된다. 절대적합도 지수인 카이제곱값은 다른 분석과 달리 유의하지 않아야 한다(모형과 자료가 차이가 없어야 하므로 카이제곱값이 작아야 하기 때문). 일부 절대적합도 지수의 예로 GFI는 0.9 이상, RMSR은 0.05 또는 0.08 이하이어야 한다. 일부 증분적합도지수로 AGFI, TLI 등은 0.9 이상이어야 한다.

4. 모형의 수정

모형을 추정하면 컴퓨터 분석 결과는 수정지수(modification indices)를 보여준다. 이는 어떠한 경로를 추가하거나 상관관계를 설정하면 적합도가 높아지는지를 수치적으로 제시해주는 것이다. 모형의 수정은 단순히 적합도가 높아지므로 하는 것이 아니라 이론적으로 정당할 때만 해야 한다.

표 A-2 • 확인적 요인분석의 결과

Factors	Items	Standardized factor loadings	S.E	t-values	AVE
Factor 1	cheong 2	0.875	0.154	—	0.640
	cheong 3	0.872	0.215	11.127	
	cheong 4	0.629	0.432	8.569	
Factor 2	cheong 10	0.869	0.160	—	0.628
	cheong 11	0.941	0.076	15.461	
	cheong 12	0.673	0.446	10.086	
	cheong 13	0.648	0.522	9.568	
Factor 3	cheong 18	0.843	0.152	—	0.700
	cheong 19	0.882	0.121	14.202	
	cheong 20	0.855	0.132	13.615	
	cheong 21	0.763	0.188	11.524	
Factor 4	cheong 23	0.741	0.361	—	0.683
	cheong 24	0.643	0.344	8.532	
	cheong 25	0.932	0.118	12.795	
	cheong 26	0.950	0.085	12.944	
Factor 5	cheong 32	0.872	0.111	—	0.716
	cheong 33	0.762	0.204	12.097	
	cheong 34	0.896	0.091	15.745	
	cheong 35	0.850	0.154	14.463	
Overall Model Fit	Chi-square = 256.432(p=0.00), d.f. = 142, GFI = 0.876, CFI = 0.945, NFI = 0.887, AGFI = 0.834, RMR = 0.033, RMSEA = 0.068				

그림 A-5 ● 구조방정식모형의 추정결과

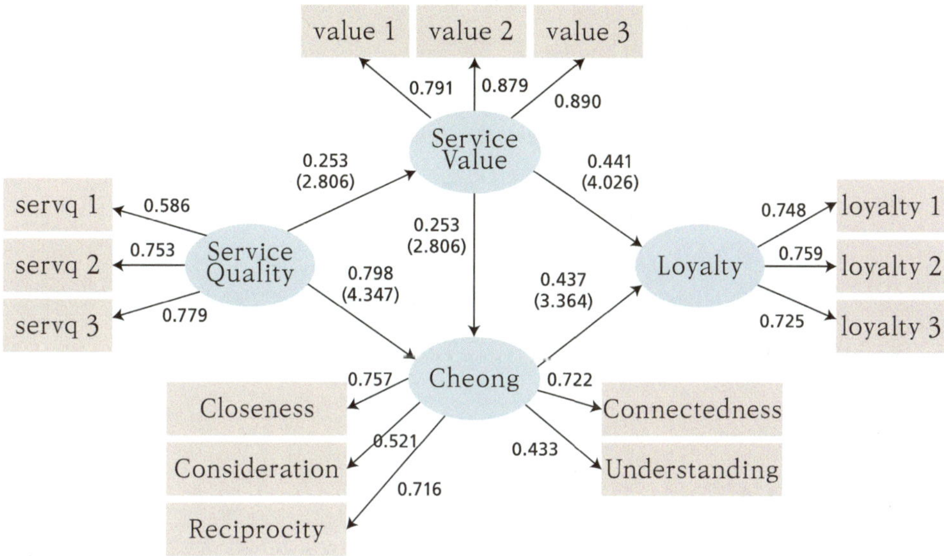

(경로의 값은 모형을 추정한 결과의 계수값, 괄호안의 값은 t값)

모형적합도

X^2 = 148.788(d.f. = 72, p = 0.000 Cmin/df = 2.066)

GFI = 0.887, CFI = 0.932, NFI = 0.877, RMR = 0.041

부록

통계표

1. 표준정규분포표
2. χ^2분포표
3. t분포표
4. F분포표

표준정규분포표

$$P(0 \leq z \leq z_0) = \int_0^{z_0} \frac{1}{\sqrt{2\pi}} e^{\frac{1}{2}z^2} dz$$

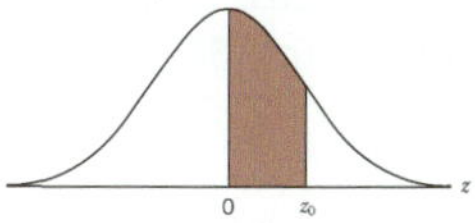

z	0.00	0.01	0.02	0.03	0.04	0.05	0.06	0.07	0.08	0.09
0.0	0.0000	0.0040	0.0080	0.0120	0.0160	0.0199	0.0239	0.0279	0.0319	0.0359
0.1	0.0398	0.0438	0.0478	0.0517	0.0557	0.0596	0.0636	0.0675	0.0714	0.0753
0.2	0.0793	0.0832	0.0871	0.0910	0.0948	0.0987	0.1026	0.1064	0.1103	0.1141
0.3	0.1179	0.1217	0.1255	0.1293	0.1331	0.1368	0.1406	0.1443	0.1480	0.1517
0.4	0.1554	0.1591	0.1628	0.1664	0.1700	0.1736	0.1772	0.1808	0.1844	0.1879
0.5	0.1915	0.1950	0.1985	0.2019	0.2054	0.2088	0.2123	0.2157	0.2190	0.2224
0.6	0.2257	0.2291	0.2324	0.2357	0.2389	0.2422	0.2454	0.2486	0.2517	0.2549
0.7	0.2580	0.2611	0.2642	0.2673	0.2704	0.2734	0.2764	0.2794	0.2823	0.2852
0.8	0.2881	0.2910	0.2939	0.2967	0.2995	0.3023	0.3051	0.3078	0.3106	0.3133
0.9	0.3159	0.3186	0.3212	0.3238	0.3264	0.3289	0.3315	0.3340	0.3365	0.3389
1.0	0.3413	0.3438	0.3461	0.3485	0.3508	0.3531	0.3554	0.3577	0.3599	0.3621
1.1	0.3643	0.3665	0.3686	0.3708	0.3729	0.3749	0.3770	0.3790	0.3810	0.3830
1.2	0.3849	0.3869	0.3888	0.3907	0.3925	0.3944	0.3962	0.3980	0.3997	0.4015
1.3	0.4032	0.4049	0.4066	0.4082	0.4099	0.4115	0.4131	0.4147	0.4162	0.4177
1.4	0.4192	0.4207	0.4222	0.4236	0.4251	0.4265	0.4279	0.4292	0.4306	0.4319
1.5	0.4332	0.4345	0.4357	0.4370	0.4382	0.4394	0.4406	0.4418	0.4429	0.4441
1.6	0.4452	0.4463	0.4474	0.4484	0.4495	0.4505	0.4515	0.4525	0.4535	0.4545
1.7	0.4554	0.4564	0.4573	0.4582	0.4591	0.4599	0.4608	0.4616	0.4625	0.4633
1.8	0.4641	0.4649	0.4656	0.4664	0.4671	0.4678	0.4686	0.4693	0.4699	0.4706
1.9	0.4713	0.4719	0.4726	0.4732	0.4738	0.4744	0.4750	0.4756	0.4761	0.4767
2.0	0.4772	0.4778	0.4783	0.4788	0.4793	0.4798	0.4803	0.4808	0.4812	0.4817
2.1	0.4821	0.4826	0.4830	0.4834	0.4838	0.4842	0.4846	0.4850	0.4854	0.4857
2.2	0.4861	0.4864	0.4868	0.4871	0.4875	0.4878	0.4881	0.4884	0.4887	0.4890
2.3	0.4893	0.4896	0.4898	0.4901	0.4904	0.4906	0.4909	0.4911	0.4913	0.4916

z	0.00	0.01	0.02	0.03	0.04	0.05	0.06	0.07	0.08	0.09
2.4	0.4918	0.4920	0.4922	0.4925	0.4927	0.4929	0.4931	0.4932	0.4934	0.4936
2.5	0.4938	0.4940	0.4941	0.4943	0.4945	0.4946	0.4948	0.4949	0.4951	0.4952
2.6	0.4953	0.4955	0.4956	0.4957	0.4959	0.4960	0.4961	0.4962	0.4963	0.4964
2.7	0.4965	0.4966	0.4967	0.4968	0.4969	0.4970	0.4971	0.4972	0.4973	0.4974
2.8	0.4974	0.4975	0.4976	0.4977	0.4977	0.4978	0.4979	0.4979	0.4980	0.4981
2.9	0.4981	0.4982	0.4982	0.4983	0.4984	0.4984	0.4985	0.4985	0.4986	0.4986
3.0	0.4987	0.4987	0.4987	0.4988	0.4988	0.4989	0.4989	0.4989	0.4990	0.4990

χ^2분포표

$$P(\chi^2 \geq \chi^2_{\alpha}) = \alpha$$

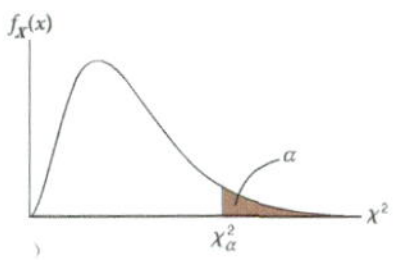

d.f.	$\chi^2_{0.995}$	$\chi^2_{0.990}$	$\chi^2_{0.975}$	$\chi^2_{0.950}$	$\chi^2_{0.900}$	$\chi^2_{0.100}$	$\chi^2_{0.050}$	$\chi^2_{0.025}$	$\chi^2_{0.010}$	$\chi^2_{0.005}$
1	0.0000	0.0002	0.0010	0.0039	0.0158	2.7055	3.8415	5.0239	6.6349	7.8794
2	0.0100	0.0201	0.0506	0.1026	0.2107	4.6052	5.9915	7.3778	9.2103	10.5966
3	0.0717	0.1148	0.2158	0.3518	0.5844	6.2514	7.8147	9.3484	11.3449	12.8382
4	0.2070	0.2971	0.4844	0.7107	1.0636	7.7794	9.4877	11.1433	13.2767	14.8603
5	0.4117	0.5543	0.8312	1.1455	1.6103	9.2364	11.0705	12.8325	15.0863	16.7496
6	0.6757	0.8721	1.2373	1.6354	2.2041	10.6446	12.5916	14.4494	16.8119	18.5476
7	0.9893	1.2390	1.6899	2.1673	2.8331	12.0170	14.0671	16.0128	18.4753	20.2777
8	1.3444	1.6465	2.1797	2.7326	3.4895	13.3616	15.5073	17.5345	20.0902	21.9550
9	1.7349	2.0879	2.7004	3.3251	4.1682	14.6837	16.9190	19.0228	21.6660	23.5894
10	2.1559	2.5582	3.2470	3.9403	4.8652	15.9872	18.3070	20.4832	23.2093	25.1882
11	2.6032	3.0535	3.8157	4.5748	5.5778	17.2750	19.6751	21.9200	24.7250	26.7568
12	3.0738	3.5706	4.4038	5.2260	6.3038	18.5493	21.0261	23.3367	26.2170	28.2995
13	3.5650	4.1069	5.0088	5.8919	7.0415	19.8119	22.3620	24.7356	27.6882	29.8195
14	4.0747	4.6604	5.6287	6.5706	7.7895	21.0641	23.6848	26.1189	29.1412	31.3193
15	4.6009	5.2293	6.2621	7.2609	8.5468	22.3071	24.9958	27.4884	30.5779	32.8013
16	5.1422	5.8122	6.9077	7.9616	9.3122	23.5418	26.2962	28.8454	31.9999	34.2672
17	5.6972	6.4078	7.5642	8.6718	10.0852	24.7690	27.5871	30.1910	33.4087	35.7185
18	6.2648	7.0149	8.2307	9.3905	10.8649	25.9894	28.8693	31.5264	34.8053	37.1565
19	6.8440	7.6327	8.9065	10.1170	11.6509	27.2036	30.1435	32.8523	36.1909	38.5823
20	7.4338	8.2604	9.5908	10.8508	12.4426	28.4120	31.4104	34.1696	37.5662	39.9968
21	8.0337	8.8972	10.2829	11.5913	13.2396	29.6151	32.6706	35.4789	38.9322	41.4011
22	8.6427	9.5425	10.9823	12.3380	14.0415	30.8133	33.9244	36.7807	40.2894	42.7957

d.f.	$\chi^2_{0.995}$	$\chi^2_{0.990}$	$\chi^2_{0.975}$	$\chi^2_{0.950}$	$\chi^2_{0.900}$	$\chi^2_{0.100}$	$\chi^2_{0.050}$	$\chi^2_{0.025}$	$\chi^2_{0.010}$	$\chi^2_{0.005}$
23	9.2604	10.1957	11.6886	13.0905	14.8480	32.0069	35.1725	38.0756	41.6384	44.1813
24	9.8862	10.8564	12.4012	13.8484	15.6587	33.1962	36.4150	39.3641	42.9798	45.5585
25	10.5197	11.5240	13.1197	14.6114	16.4734	34.3816	37.6525	40.6465	44.3141	46.9279
26	11.1602	12.1981	13.8439	15.3792	17.2919	35.5632	38.8851	41.9232	45.6417	48.2899
27	11.8076	12.8785	14.5734	16.1514	18.1139	36.7412	40.1133	43.1945	46.9629	49.6449
28	12.4613	13.5647	15.3079	16.9279	18.9392	37.9159	41.3371	44.4608	48.2782	50.9934
29	13.1211	14.2565	16.0471	17.7084	19.7677	39.0875	42.5570	45.7223	49.5879	52.3356
30	13.7867	14.9535	16.7908	18.4927	20.5992	40.2560	43.7730	46.9792	50.8922	53.6720
40	20.7065	22.1643	24.4330	26.5093	29.0505	51.8051	55.7585	59.3417	63.6907	66.7660
50	27.9907	29.7067	32.3574	34.7643	37.6886	63.1671	67.5048	71.4202	76.1539	79.4900
60	35.5345	37.4849	40.4817	43.1880	46.4589	74.3970	79.0819	83.2977	88.3794	91.9517
70	43.2752	45.4417	48.7576	51.7393	55.3289	85.5270	90.5312	95.0232	100.425	104.215
82	52.7674	55.1743	58.8446	62.1323	66.0757	98.7803	104.139	108.937	114.695	118.726
90	59.1963	61.7541	65.6466	69.1260	73.2911	107.565	113.145	118.136	124.116	128.299
100	67.3276	70.0649	74.2219	77.9295	82.3581	118.498	124.342	129.561	135.807	140.169

t분포표

$P(t \geq t_\alpha) = \alpha$

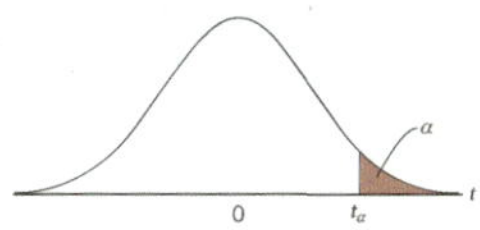

d.f.	α				
	0.1	0.05	0.025	0.01	0.005
1	3.078	6.314	12.706	31.821	63.657
2	1.886	2.920	4.303	6.965	9.925
3	1.638	2.353	3.182	4.541	5.841
4	1.533	2.132	2.776	3.747	4.604
5	1.476	2.015	2.571	3.365	4.032
6	1.440	1.943	2.447	3.143	3.707
7	1.415	1.895	2.365	2.998	3.499
8	1.397	1.860	2.306	2.896	3.355
9	1.383	1.833	2.262	2.821	3.250
10	1.372	1.812	2.228	2.764	3.169
11	1.363	1.796	2.201	2.718	3.106
12	1.356	1.782	2.179	2.681	3.055
13	1.350	1.771	2.160	2.650	3.012
14	1.345	1.761	2.145	2.624	2.977
15	1.341	1.753	2.131	2.602	2.947
16	1.337	1.746	2.120	2.583	2.921
17	1.333	1.740	2.110	2.567	2.898
18	1.330	1.734	2.101	2.552	2.878
19	1.328	1.729	2.093	2.539	2.861
20	1.325	1.725	2.086	2.528	2.845
21	1.323	1.721	2.080	2.518	2.831
22	1.321	1.717	2.074	2.508	2.819

d.f.	α				
	0.1	**0.05**	**0.025**	**0.01**	**0.005**
23	1.319	1.714	2.069	2.500	2.807
24	1.318	1.711	2.064	2.492	2.797
25	1.316	1.708	2.060	2.485	2.787
26	1.315	1.706	2.056	2.479	2.779
27	1.314	1.703	2.052	2.473	2.771
28	1.313	1.701	2.048	2.467	2.763
29	1.311	1.699	2.045	2.462	2.756
∞	1.282	1.645	1.960	2.326	2.576

F분포표

$\alpha = 0.05$

	df_1								
df_2	1	2	3	4	5	6	7	8	9
1	161.45	199.50	215.71	224.58	230.16	233.99	236.77	238.88	240.54
2	18.51	19.00	19.16	19.25	19.30	19.33	19.35	19.37	19.38
3	10.13	9.55	9.28	9.12	9.01	8.94	8.89	8.85	8.81
4	7.71	6.94	6.59	6.39	6.26	6.16	6.09	6.04	6.00
5	6.61	5.79	5.41	5.19	5.05	4.95	4.88	4.82	4.77
6	5.99	5.14	4.76	4.53	4.39	4.28	4.21	4.15	4.10
7	5.59	4.74	4.35	4.12	3.97	3.87	3.79	3.73	3.68
8	5.32	4.46	4.07	3.84	3.69	3.58	3.50	3.44	3.39
9	5.12	4.26	3.86	3.63	3.48	3.37	3.29	3.23	3.18
10	4.96	4.10	3.71	3.48	3.33	3.22	3.14	3.07	3.02
11	4.84	3.98	3.59	3.36	3.20	3.09	3.01	2.95	2.90
12	4.75	3.89	3.49	3.26	3.11	3.00	2.91	2.85	2.80
13	4.67	3.81	3.41	3.18	3.03	2.92	2.83	2.77	2.71
14	4.60	3.74	3.34	3.11	2.96	2.85	2.76	2.70	2.65
15	4.54	3.65	3.29	3.06	2.90	2.79	2.71	2.64	2.59
16	4.49	3.63	3.24	3.01	2.85	2.74	2.66	2.59	2.54
17	4.45	3.59	3.20	2.96	2.81	2.70	2.61	2.55	2.49
18	4.41	3.55	3.16	2.93	2.77	2.66	2.58	2.51	2.46
19	4.38	3.52	3.13	2.90	2.74	2.63	2.54	2.48	0.42
20	4.35	3.49	3.10	2.87	2.71	2.60	2.51	2.45	2.39
21	4.32	3.47	3.07	2.84	2.68	2.57	2.49	2.42	2.37
22	4.30	3.44	3.05	2.82	2.66	2.55	5.46	2.40	2.34
23	4.28	3.42	3.03	2.80	2.64	2.53	2.44	2.37	2.32
24	4.26	3.40	3.01	2.78	2.62	2.51	2.42	2.36	2.30
25	4.24	3.39	2.99	2.76	2.60	2.49	2.40	2.34	2.28

	df_1								
df_2	1	2	3	4	5	6	7	8	9
26	4.23	3.37	2.98	2.74	2.59	2.47	2.39	2.32	2.27
27	4.21	3.35	2.96	2.73	2.57	2.46	2.37	2.31	2.25
28	4.20	3.34	2.95	2.71	2.56	2.45	2.36	2.29	2.24
29	4.18	3.33	2.93	2.70	2.55	2.43	2.35	2.28	2.22
30	4.17	3.32	2.92	2.69	2.53	2.42	2.33	2.27	2.21
40	4.08	3.23	2.84	2.61	2.45	2.34	2.25	2.18	2.12
60	4.00	3.15	2.76	2.53	2.37	2.25	2.17	2.10	2.04
120	3.92	3.07	2.68	2.45	2.29	2.17	2.09	2.02	1.96
∞	3.84	3.00	2.60	2.37	2.21	2.10	2.01	1.94	1.88

α = 0.01

	df_1								
df_2	10	15	20	24	30	40	60	120	∞
1	241.88	245.95	248.01	249.05	250.09	251.14	252.20	253.25	254.32
2	19.40	19.43	19.45	19.45	19.46	19.47	19.48	19.45	19.50
3	8.76	8.70	8.66	8.64	8.62	8.59	8.57	8.55	8.53
4	5.96	5.86	5.80	5.77	5.75	5.72	5.69	5.66	5.63
5	4.74	4.62	4.56	4.53	4.50	4.46	4.43	4.40	4.36
6	4.06	3.94	3.87	3.84	3.81	3.77	3.74	3.70	3.67
7	3.64	3.51	3.44	3.41	3.38	3.34	3.30	3.27	3.23
8	3.35	3.22	3.15	3.12	3.08	3.04	3.01	2.97	2.93
9	3.14	3.01	2.94	2.90	2.86	2.83	2.79	2.75	2.71
10	2.98	2.84	2.77	2.74	2.70	2.66	2.62	2.58	2.54
11	2.85	2.72	2.65	2.61	2.57	2.53	2.49	2.45	2.40
12	2.75	2.62	2.54	2.51	2.47	2.43	2.38	2.34	2.30
13	2.67	2.53	2.46	2.42	2.38	2.34	2.30	2.25	2.21
14	2.60	2.46	2.39	2.35	2.31	2.27	2.22	2.18	2.13
15	2.54	2.40	2.33	2.29	2.25	2.20	2.16	2.11	2.07
16	2.49	2.35	2.28	2.24	2.19	2.15	2.11	2.06	2.01
17	2.45	2.31	2.23	2.19	2.15	2.10	2.06	2.01	1.96
18	2.41	2.27	2.19	2.15	2.11	2.06	2.02	1.97	1.92
19	2.38	2.23	2.16	2.11	2.07	2.03	1.98	1.93	1.88
20	2.35	2.20	2.12	2.08	2.04	1.99	1.95	1.90	1.84
21	2.32	2.18	2.10	2.05	2.01	1.96	1.92	1.87	1.81
22	2.30	2.15	2.07	2.03	1.98	1.94	1.89	1.84	1.78
23	2.27	2.13	2.05	2.00	1.96	1.91	1.86	1.81	1.76
24	2.25	2.11	2.03	1.98	1.94	1.89	1.84	1.79	1.73
25	2.24	2.09	2.01	1.96	1.92	1.87	1.82	1.77	1.71
26	2.22	2.07	1.99	1.95	1.90	1.85	1.80	1.75	1.69
27	2.20	2.06	1.97	1.93	1.88	1.84	1.79	1.73	1.67
28	2.19	2.04	1.96	1.91	1.87	1.82	1.77	1.71	1.65
29	2.18	2.03	1.94	1.90	1.85	1.81	1.75	1.70	1.64
30	2.16	2.01	1.93	1.89	1.84	1.79	1.74	1.68	1.62
40	2.08	1.92	1.84	1.79	1.74	1.69	1.64	1.58	1.51
60	1.99	1.84	1.75	1.70	1.65	1.59	1.53	1.47	1.39
120	1.91	1.75	1.66	1.61	1.55	1.50	1.43	1.35	1.25
∞	1.83	1.67	1.57	1.52	1.46	1.39	1.31	1.22	1.00

찾아보기

P

Q

R

S

T

U

V

W